教育部人文社会科学研究青年基金（16YJCZH139）

关系管理

——为了未来

RELATIONSHIP MANAGEMENT FOR THE FUTURE

［瑞典］摩萨德·泽奈尔汀　等著
于　力　孙天笑　译

中国财经出版传媒集团
经济科学出版社
Economic Science Press

图书在版编目（CIP）数据

关系管理：为了未来/［瑞典］摩萨德·泽奈尔汀等著；于力，孙天笑译．—北京：经济科学出版社，2019.3
ISBN 978-7-5218-0317-4

Ⅰ.①关…　Ⅱ.①摩…②于…③孙…　Ⅲ.①管理学　Ⅳ.①C93

中国版本图书馆 CIP 数据核字（2019）第 037240 号

责任编辑：申先菊　刘　双
责任校对：靳玉环
责任设计：齐　杰
责任印制：邱　天

关 系 管 理
——为了未来
［瑞典］摩萨德·泽奈尔汀　等著
于　力　孙天笑　译
经济科学出版社出版、发行　新华书店经销
社址：北京市海淀区阜成路甲 28 号　邮编：100142
总编部电话：010-88191217　发行部电话：010-88191522
网址：www. esp. com. cn
电子邮件：esp@ esp. com. cn
天猫网店：经济科学出版社旗舰店
网址：http：//jjkxcbs. tmall. com
北京季蜂印刷有限公司印装
710×1000　16 开　14.25 印张　250000 字
2019 年 3 月第 1 版　2019 年 3 月第 1 次印刷
ISBN 978-7-5218-0317-4　定价：99.00 元
（图书出现印装问题，本社负责调换。电话：010-88191510）

PREFACE前言

维基百科（Wikipedia）将乔治·卢卡斯（George Lucas）导演的电影《星球大战》描述为一部史诗级的太空歌剧。女主角莉亚·欧嘉纳·索罗（Leia Organa Solo）公主是帕德梅·艾米达拉·天行者（Padmé Amidala Skywalker）的女儿，男主角卢克·天行者（Luke Skywalker）的双胞胎妹妹。反面人物达斯·维达（Darth Vader）抓住了莉亚公主（二人均不知道他其实是莉亚和卢克的生父）并加以折磨。后来，莉亚公主被卢克·天行者、欧比王·肯诺比（Obi－Wan Kenobi）、汉·索罗（Han Solo）、伍基人楚巴卡（Chewbacca）和两个机器人救出。虽然这个故事主要讲述的是莉亚和汉之间绽放的浪漫爱情（他们后来结婚并有了三个孩子），但是还有一段莉亚与失败者楚巴卡之间的秘密关系。楚巴卡的“温和、多毛、非英语使用者”的形象设计灵感，是乔治看到他的阿拉斯加雪橇犬坐在自己的车上时产生的。“楚巴卡”这个名字据说来源于俄语和乌克兰语中对狗的称呼。楚巴卡原本是帝国的奴隶，汉·索罗违抗命令并没有杀掉楚巴卡，这使得楚巴卡成为汉·索罗的第一位助手和伙伴。结果，索罗因违抗命令而被帝国军队开除，并成为一个走私者。楚巴卡欠了汉·索罗一条命，并发誓要用余生来效忠他。问题是：这样一个不可思议的角色是如何赢得莉亚公主的芳心的？答案是什么？那是因为，他曾经读过《关系管理——为了未来》这本书！

顾客是具有不同欲望与需求的人。有人认为，大多数个体都在可持续的人际关系中寻求满足感。他们致力于某种道德标准，并探索如何丰富自身生命中的各种可能，并避免在社会中受到他人的侵害。为了赢得这些人的心，一个以关系为基础的组织需要理解他们现在和未来的需求与欲望，并为他们提供一个好用、实用、有技术含量并有象征性的价值组合。

为了未来而进行关系管理，为我们提供了有助于理解关系创造、发展和维持的独特且强有力的工具和路线图。本书具有综合性和独特性，既涵盖了已有的经典智慧与当下的最新思想，又在此基础上对未来的关系进行了展望。这一交叉学科著作提出了用于创造组织动态竞争力而需要采取的全面关系管理（Total Relationship Management，TRM）战略。

为了未来而进行关系管理，通过综合的研究和实践，为有效地管理以关系为基础的组织提供了新的审视。本书适用于从事经济管理相关领域研究的学者和正在面临未来挑战的专业人士研读，也可作为高等学校经济管理类教材或创业者培训、管理人员培训等。

本书的出版得到教育部人文社会科学研究青年基金（16YJCZH139）和2016年齐鲁工业大学（山东省科学院）教学改革研究项目的资助，在此表示衷心的感谢！感谢经济科学出版社的领导、编辑和专家对本书的编辑和出版给予热情帮助和支持，尤其感谢申先菊编辑为本书的出版付出了大量的辛勤劳作。本书翻译工作，得到了滕丽美、盛洁、高秀妍、秦琳琳和曹志远的参与和帮助，齐鲁工业大学（山东省科学院）市场营销专业2014级的全体同学也为本书的审校工作提出大量建议，在此表示感谢！由于水平有限，本书的写作和翻译难免存在不足之处，敬请各位前辈、同仁和读者批评指正！

林奈大学　摩萨德·泽奈尔汀

齐鲁工业大学（山东省科学院）　于力

2019年1月6日

CONTENTS目录

第1章　关系方法的变革

> 哲学家只是用不同的方式解释世界，但是问题在于如何才能改变世界。
>
> 卡尔·马克思

在远古时期人类就运用与他人的关系来处理生活中遇到的不同事件。虽然关系营销（Relationship Marketing，RM）是营销中最古老的方法，却极少有人理解。该话题的范围很广泛，很多学者和研究人员都从不同的角度入手进行了研究，它被尝试从不同角度来定义，并逐渐成为被营销人员和管理人员使用的热门词汇之一。

关系营销能够吸引、保持客户，并在多业务组织中增强客户关系（Berry et al.，1983）。

Sheth 和 Kellstadt（2002）认为，在20世纪80年代晚期和90年代早期，有以下三个重要原因推动了关系营销的普及。

（1）20世纪70年代的能源危机和随之发生由于生产过剩而引发的经济滞涨和原材料成本上涨，导致竞争在全球范围内变得日趋激烈，因此有必要专注于保留顾客以及在为获取顾客而进行的营销活动上进行支出。

（2）服务市场的出现。服务营销（例如法律、会计、医疗）和个人护理成为研究的最新热门领域。

（3）供应商合作。在企业对企业营销中，大多数公司开始建立针对“关键客户”“全国大客户”和“全球大客户”的管理流程和项目，目的在于巩固和增加每个客户的业务份额，使他们减少供应商，最好是仅保留一个供应商关系。这主要是受到20世纪80年代质量驱动模式——全面质量管理（Total Quality Management，TQM）的深层刺激，因为减少供应商数量并增强与少数供应商的合作关系，能够以相对较低的成本获得更好的质量。

作者还认为有以下三个原因正在改变未来的关系营销过程和定义。

（1）信息技术（Information Technology，IT）的影响。互联网和IT是影响

顾客关系管理（Customer Relationship Management，CRM）的最主要因素。相对于市场营销，IT 的职能则成为一种驱动力量。在 TQM 理念的普及期间，营销曾再次被边缘化，使企业的注意力从营销部门转移到顾客身上。互联网使病毒式营销（Viral Marketing）和在线社交网络（Online Social Networks）成为可能，并有能力以最低限度的努力影响大规模的个体（Subramani & Rajagopalan，2003）。根据 Bampo 等（2008）提出的定义，病毒式营销是一种在点对点形式进行的通信中，个体之间因受到鼓励而进行的流行词的传递，这涉及使用社交网络，如 Facebook、Twitter、Youtube 和 Flickr 等营销技术来提高品牌知名度，或达到其他的营销目标。病毒式营销能够以多种形式进行，如视频剪辑、交互式 Flash 游戏、广告游戏、电子书、有名牌效应的软件、图像或文本信息，它是一种能够获取数百万浏览者的完美方式，如图 1.1 所示。

图 1.1　病毒式营销图示

（2）选择性和针对性。它是指这样强烈的观念：在使用关系营销时应该是有选择性的。关系营销不是也不应该是一种简单的理念，而是一种普遍的哲学，也不仅仅是几种营销关系之一。关系管理应该是有选择性和针对性的。

（3）顾客外包。很多公司现在发现他们在一些顾客身上并不盈利，也无法弥补为之服务所产生的固定成本（例如，在银行业或电信业的一些顾客），甚至长期来看也是如此，同时，他们也无法降低为这些顾客服务的成本。Sheth & Kellstadt（2002）建议这些公司应该立即探索顾客外包的假设与理论，这与他们提出的顾客获取和顾客保留的理论与假设类似。

根据 Payne（1995）的论述，20 世纪 80 年代出现的关系营销的概念，这并不是一种新的发现，而是重新认识了这一种早已成为商业成功基石的方法。

关系营销注重在顾客生命周期（Customer Life Cycle）中发展、保持并增强顾客关系，而不是吸引新顾客（Vieira，2010）。“回头客”是所有企业的血液，Drucker（一位高层管理人员但不是营销顾问）曾经说过：“企业的目的在于创造并保留顾客。”早在 1963 年，他就强调了吸引和保留顾客的重要性。他这样写道：由于企业的目的在于创造并保留顾客，它便仅有两个核心职能，即市场营销与创新。市场营销的基本职能在于在获取利润的前提下吸引并保留顾客。

那么，我们能够从这一古老又现代且具有价值的论述中学到什么呢?

（1）在组织中顾客处于核心地位。

（2）市场营销对于组织的成功起着核心的作用。

（3）市场营销活动应该关注创造、保持并保留盈利性顾客。

Berry（1983）最早将“关系营销”用于描述一种营销的长期方法而引入市场营销领域。此外，一些美国和斯堪的纳维亚学者也曾经讨论并完善关系营销的内容（如 Jackson，1985；Crosby & Stephens，1987；Rosenberg & Czepiel，1984；Christopher et al.，1991；Grönroos，1990；Gummesson，1987；McKenna，1991；Zineldin，1993，2005）。顾客关系则紧紧围绕着这一市场营销视角的核心。

这一视角基于重新认识市场营销的交叉职能，而不是基于部门职能。职能方法常常意味着，当组织中的一部分出现问题时，这些问题往往有可能也存在于其他未能注意的地方。市场营销方法的主要问题在于跨部门和职能之间的各自为政与缺乏合作，这将导致低水平的公司业绩，并降低顾客满意度。关系营销强调组织应围绕着跨职能流程进行市场营销活动，而不是围绕着组织职能或部门职能。这一趋势在新产品或服务流程中显得尤为清楚和重要，这些流程需要研发部门、市场营销部门、工厂和物流部门的共同努力（Dressler，2004）。这使得内部流程与顾客需求之间联系得更加紧密，也会获得更高的顾客满意度。

将市场营销视作一种跨职能的方法或导向的哲学并不是 20 世纪 80 年代或 90 年代的新发现。根据 Drucker 的论述，市场营销的核心在于一切有效的营销思考、计划和行为。1973 年，他这样写道：市场营销是非常基本的，不能把它当作一个独立的职能来进行思考……应该从其最终的结果出发，也就是从顾客的角度出发，从而把它作为一个整体进行思考。

这意味着市场营销是一切职能的核心，组织的协调是满足顾客需求的重点。

很多关于关系营销的文献（如 Berry，1983；Rosenberg & Czepiel，1984；Jackson，1985；Crosby & Stephens，1987；Grönroos，1990；Christopher et al.，1991；McKenna，1991；Zineldin，1995；Grönroos & Ravald，1996；Christopher & McDonald，1995；Zineldin et al.，1997；Zineldin，1998；O'Reilly，2007；Moran，2008；Fagerstrom & Ghinea，2010；Vieira，2010；Daugherty，2011；Zineldin，Akdag & Vasicheva，2011）都关注了长期的顾客保留，但是这一现代方法当然不是一个新问题。追溯到 1973 年，Drucker 总结了顾客和保留未来业务的重要性：

是顾客决定了企业是什么。是顾客支付产品或企业服务的意愿单方面决定了经济资源向财富的转化以及物质向产品的转化。对于企业，尤其是对其未来和成功而言，思考生产什么并不是最重要的。顾客认为他（或她）在购买什么、认为什么是有价值的，这才是决定性的——这决定了企业是什么、它生产什么，以及它是否能够成功。而且，顾客购买什么以及价值观永远都不是一个产品，而是一种效用；这意味着一项产品或服务为他带来了什么。顾客是企业的基础，并决定着企业的存活。

这意味着相对于关注短期利益或销售，与顾客建立长期关系将是一种更加适当的战略。

1.1 关系管理还是市场营销

应该很清楚的是，顾客并不购买关系。当他们购买的时候，他们期待的是企业提供的全部利益和价值，即产品、创意和服务，这包括核心产品/服务、其他有形或无形的属性与利益。关系不是由企业达成终极目标或结果，而是为实现终极目标或结果（即销售并赚取合理的利润）而采取的方法。关系是一种工具（许多种工具之一），可以被用来劝说顾客购买，并将顾客转化为忠诚的顾客。企业并不营销买卖关系，因为关系不是一种能够买卖的商品，而是一种在处理顾客关系时能够使用的工具或战略。作为一种工具，它与其他工具，如价格、质量、服务和促销等十分类似，这是一种能够被描述为“以顾客为中心”或“市场导向的管理学”的管理哲学。

关系是一种工具，用于探索与顾客和其他利益相关者之间的直接联系，同时建立顾客数据，开发顾客导向的服务，增加顾客忠诚度，最终增加顾客的购买、重复购买，以及交叉购买行为。其主要目的并不是关系本身，而是其所产生的结果。这样，相对于使用“关系营销”这个词，我们可以使用“基于市场营销的关系”“关系战略”或“关系管理”。Payne（1995）将其论述如下：

> 虽然“关系营销”一词现在已经被广泛采用，但是可能有更好的词汇能够强调这种曾经是关系管理的跨职能的活动。

他是想说，可以用“关系战略”“关系哲学”或“关系管理”来替代“关系营销”的概念。这不仅仅具有语义学上的意义，还有助于做一个重要区分，这对于组织的长期发展具有战略意义。

本书使用“关系管理”，而不使用“关系营销”一词。在很多语境下，二者是几乎可以互换的。有时企业会使用“顾客关系管理”（customer relationship management）一词，因为他们并不希望这种观点与使用“市场营销”的方式有过于紧密的联系。在其他情况下，例如在一些公共部门组织中，市场营销理念还没有被完全接受，因此“关系管理”（用于顾客和纳税人等）这个词更受青睐。我们认为，“关系营销”的重点在于运用特定的营销工具和技术，而“关系管理”则描述管理人员如何开发新能力和营销工具来吸引并保持与顾客更强的交换关系。

1.2 历史展望

“市场”一词容易被误解。对于一般人而言，“市场”是指买卖产品和服务的场所。“市场”一词也被用于命名一些建筑物、地点、机构和商店，例如，富尔顿鱼市（the Fulton Fish Market），休斯敦城市市场（the Greater Houston Metropolitan Market），股市和超市。然而，经济学家所说的市场通常是指一种自我均衡机制，这其中的价格变化基于商品的需求量与供给量，并始终保持均衡的状态。这样来看，其实交易发生的地点与市场的定义并没有什么关系。市场真正的含义是价格与数量之间的反应机制。例如，我们可以在斯德哥尔摩进行外汇交易，但是交易产生的影响可能会遍及全球各地。

理解市场的方式有很多。市场可以是一群对产品和服务具有相似需求的顾客；可以是一群对某一特定产品有购买欲望，并且有能力支付货币或用其他资源进行交换的潜在顾客；可以是企业根据人口统计数据划分出的目标顾客群。无论哪一种理解方式，都强调了这些人或顾客群体要具有购买力，并愿意为了获取特定有形或无形资源而付出自己的资源以进行交换。

市场营销（Marketing）一词源于拉丁文中的“mercatus”，也就是市场的意思，词根是“mercari”，意思是进行交易。不过这依然无法解决人们对于市场营销一词的错误理解。如果你去问他们是怎么理解市场营销这个词的，他们很可能说“销售”“广告”“促销”“定位”“包装”或“市场调查”等。事实上，市场营销包含了上述的一切活动，但还不止于这些活动。市场营销主要是为了提高顾客满意度和发现市场机会，并使组织的人力、财力和物力资源与顾客的需求和欲望相匹配。

Drucker（1973）认为，国际收割机公司（International Harvester Company）在19世纪中期首次进行了市场营销活动。赛勒斯·霍尔·麦考米克（Cyrus Hall McCormic，1809—1884）是第一个明确将市场营销视为商业企业中一个重要的、独立的位置的人。他还认为，市场营销能够开发顾客，是一项专业的管理工作。

历史书仅仅提到他发明了收割机，却没有交代，他还为现代营销学中的商品、市场调查和市场分析等市场营销工具提供了基础，明确了市场地位、价格政策等的概念，并最早开始为顾客提供产品零件和服务，以及分期付款的服务。早在1850年，他就作出了这些创举，而这些成就，却在50年之后才逐渐被人们理解并歌颂，而且也仅仅是在美国国内而已。

不过，很多企业和商人依旧不认为满足顾客是提高销售额和利润的最佳途径。一个众所周知的例子就是亨利·福特（Henry Ford）在20世纪初时提出的营销理念：“无论顾客想要什么颜色的车，我们永远只提供黑色的。”

为了研究市场是如何向关系营销导向发展的，首先简要了解关系营销的发展历程。

1. 关系至上时代

19世纪上半叶期间，买卖双方之间的交易十分简单。生产商、零售商、银行家和汽车代理商自身都很了解各自的顾客，知道他们的需求和欲望，并最终通过个性化的服务来满足顾客的需求和欲望。百货商店、汽车租赁公司、租房公司、银行、生产企业或者是美发店等企业都一度认为企业的经营主要靠顾客占有量。当时的业务往来主要取决于企业和每一个顾客之间的“一对一关系”以及企业对于自己顾客的了解程度。这样一来，生产商和零售商就能够为顾客解决问题，重点关注关键顾客（忠实顾客），巩固与那些购买额较高的顾客之间的关系（顾客保留），向顾客销售更多产品和服务，并调整（灵活性）产品或服务以满足顾客日益增长的需求和欲望（顾客满意度）。

简而言之，19 世纪上半叶的企业老板和员工在从事营销活动时都以关系为导向，经理人则会与顾客建立长期关系，并针对每一位顾客培养与其之间的关系，还会将顾客的信息（数据库）牢记于心。换句话说，这个简单的贸易时代体现出的正是一种买卖关系。

2. 生产导向期（产品就是一切）

19 世纪下半叶，欧洲和美国都处在工业革命的巅峰时期。随着新技术、新劳动力和新生产方式的出现，市场中的产品大量涌现，出现了供过于求的情况。这得益于工业革命，厂商能够更高效地生产高质量产品。工业革命后，绝大多数厂商都进入了大生产的时代。

他们主要生产实物产品，重视技术的改进和内部效率的提高，依靠大量生产、降低市场成本，从而发挥规模经济的效应，但基本不做营销活动。后来，大众传媒和沟通工具出现了，这使顾客与企业之间的关系不再牢固，于是企业发现，他们不得不开始采用公众营销技术，营销人员开始对顾客进行统计，形成数据库。这背后隐藏的一个哲理是：“生产你能做出的最好的产品，人们自然就会来买了。”生产导向理念一直持续到 20 世纪初，想要成功运用这种理念，就一定要让顾客忠于自己的产品；否则，就会像后来我们看到的一样，企业不得不单方面忠诚于顾客了。

3. 销售导向

在 20 世纪 30 年代的经济大萧条期间，很多厂商不再以产品为导向，而是转向了以销售为导向。

那时，人们不具备足够的购买力，所以企业没办法明确顾客的需求。很多组织认为只有大规模销售、疯狂进行广告“轰炸”才能在当时的市场环境中生存下来，或提高利润。那时，提高销售量的方法是想办法更高效地卖掉现有产品，而这也是销售理念和销售导向的重要组成部分。其背后的理念是，进行营销活动最好的办法就是进行大量的促销活动和人员推销。可惜，这种方法不仅花费高，而且还很低效，因为他们其实是在想办法进入一个巨大又离散的市场。营销人员关注的重点不是顾客的需求而是企业的销售活动，换句话说就是“闷头蛮干”。

4. 营销导向

到了20世纪50年代，营销人员和管理人员还意识到，即使进行大量生产和疯狂促销，顾客也未必会买账。于是他们明白了，在生产之前，首先务必要搞清楚顾客想要什么产品，而不是像以前一样生产出产品后再想办法改变顾客的想法和需求，让他们购买自己的产品。可以说，这是一个对营销重新进行探索的时代，也可以叫作顾客导向时代。

营销策略的前提是，我们已经掌握了消费者的需求，这也是营销理念或营销导向的核心。如前文所述，直到20世纪50年代，这一理念才被人们所接受，因为在此之前，并没有进行营销活动的诱因，人们的购买力不够强，市场竞争的压力也不是很大，所以厂商不需要为了顾客的需求来调整产品，他们只想卖一些好生产的产品。

从销售向营销导向的转移促使营销组合理论得以发展。20世纪60年代，哈佛商学院的波顿（Borden）最早开始研究营销组合的理念和方法，他认为，在规划营销战略的时候，一定要重点考虑营销的四个组成部分（产品、价格、促销和渠道）。

营销导向型组织务必要与顾客建立亲密关系，从而了解顾客的需求、欲望和问题。组织一定要重视长期利益而不是短期利益或销售额。对于一切有效的市场思维、计划和行动而言，市场营销的概念都是核心。营销导向是关系导向的基础。

5. 关系导向（顾客满意才是王道）

令人惊讶的是，在现代营销时代到来大约40年后，很多组织都只采用这一种方法。在20世纪80年代的下半叶，关系营销为很多组织都带来了极大的利益。如今，绝大多数组织所处的市场都是瞬息万变的。在如今这个全球化竞争严峻的市场，组织每天都要面对很多根本性的变化，比如，管制的放宽和恶性竞争。管理人员要采用关系策略，从而应对越来越多的不确定因素：

（1）沟通、生物工程、电子技术和生产方法方面的新科技；

（2）更短的产品生命周期；

（3）顾客不断变化的消费模式和消费行为；

（4）见识广博和精明的顾客；

（5）日益激烈的国内外竞争。

从不断变化的竞争环境和市场状况来看，无论大型还是小型公司，都要更注重吸引和保留顾客。管理人员和营销人员已经认识到，他们必须改变并重组搭建和维持顾客或工业顾客关系的方式。事实上，市场营销导向和关系导向有很多相同基础：

已知的消费需求是营销策略的基础，这一真理本身也就是市场营销的根本概念。这一从20世纪中叶开始盛行的理念至今都依然十分适用，以致人们一直想知道，为什么人们没有早点发现这一点（Assael，1985）。

关系营销是以顾客为导向、关注长期利益、整合了市场营销和其他组织职能的组织性管理理念。关系管理理念将市场营销整合进了企业经营的每一个阶段。这并不是一种全新的理念，只不过是通用电气公司的一位高管在1952年明确描述了它的定义而已：

通过对市场营销的调查和研究，工程师、设计人员和生产人员可以知道消费者希望从某一特定产品中得到什么，他们愿意为此付多少钱，以及人们在何时，何地会想购买它（美国通用电气公司，1952年年度报告）。

关系营销并不仅仅是关注买卖双方的交易，而是关注不同组织间的、全部的、可持续的关系，因此，可以说，关系管理包含了组织用以与顾客搭建、维护和发展可持续关系的一切活动和工具。

1.3　新市场营销时代的新主题

一次又一次的解禁运动和日益激烈的竞争，组织需要同时面对着的威胁和挑战，更不用提中东欧各国经济的自由化，这一切都使得有效的市场营销和整体顾客保留策略变得更加重要。

很多组织如今都发现他们正面临着极其激烈的竞争，充满了不确定因素的市场环境和无穷多的机会。例如，25年前，IBM公司只有20个竞争者，而如今，电脑企业却多达一万多家。因此，企业一定要提高工作效率，更加准确地把握当前及潜在顾客的需求和需要，同时，顾客也希望企业的产品或服务能够展现出和他们自身需求与需要相匹配的特性和利益。

如今，进行市场营销的首要任务是在这样一个管制不断放宽、越发复杂、竞争日益激烈的环境中开发和保留顾客。McKenna（1991）认为，在这个全新的竞争时代，管理要面对无数新的和无止境变化的商业环境，而通常这一切都是不可控的。在他看来，如今这个全新的竞争时代具有以下特征：

（1）产品和服务日渐多样化，甚至在极细微的细分市场中也是如此的；

（2）全球化竞争加剧；

（3）市场变得很零碎，因而务必要进行市场定位；

（4）工业化区别不明显；

（5）产品生命周期循环加速；

（6）分销渠道不断发展，但是，过多分销渠道会让顾客不知所措，企业最应该做的应该是维持在一个让顾客容易触及的位置；

（7）传统的大众媒体忘记了有理不在声高的道理，一味地加强宣传力度，却没有传达明确有效的信息，这依然会让消费者产生疑惑；

（8）组织规模变小，并开始重新发掘，规划自己的经营模式；

（9）商业环境和竞争事态变得难以捉摸；

（10）预测和调查难以给企业指出一条出路。

这种全新的环境让企业明白，有效竞争是唯一的活路。为了开发新市场，建立新关系，组织不得不“简政放权”，重组关系、策略和业务模式。不过，在后续章节也会看到，尽管传统的营销模式（TM）和关系营销模式（RM）存在很多相似之处，但事实上，二者具有几个明显的差异。

关系营销模式反映出了进行整体跨部门的营销需要，其关注的重点从获取顾客转移到了顾客保留上来，并期望能够保证有一定资源（时间、资金和管理资源）可以直接投放到主要任务上，如图1.2所示。

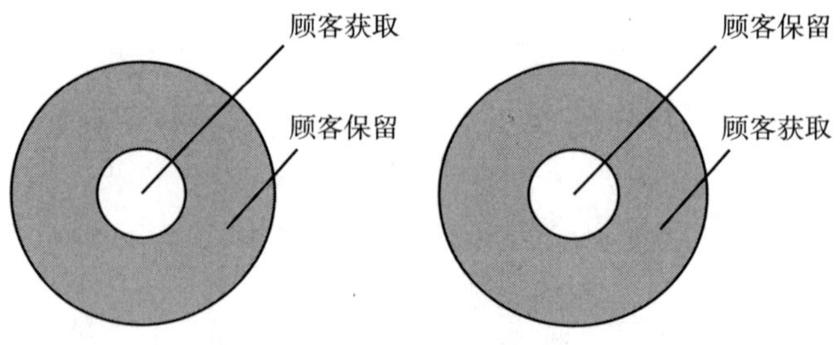

图1.2 市场营销核心

1.4 回到起点

关系营销和市场营销理念都以满足顾客需要和需求为核心。这一现代的营销观念提倡与顾客建立长期关系。事实上，这种所谓的“关系营销”活动是把处于21世纪这个全球化竞争大环境中的企业重新带回了19世纪初，那时的商人都很了解自己的顾客，知道他们的需求，并尽力满足他们。

在诸多市场中，我们可以发现图1.3中的循环模式，它展现了生产导向、销售导向、营销导向和关系导向之间的关系。

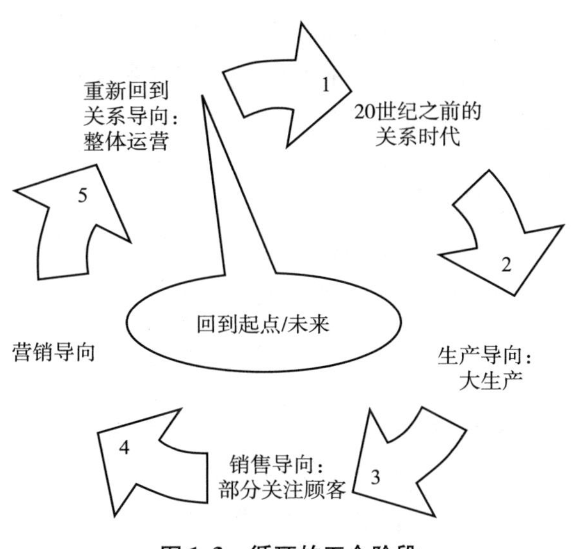

图1.3 循环的五个阶段

关系营销管理的核心是顾客满意度。顾客满意度能够引发顾客忠诚，而且，通常还能帮助企业与顾客建立长期关系。生产导向、销售导向和营销导向或顾客导向的恰当结合是搭建、发展和加强长期顾客关系的基础。如果企业没能争取组合产品/服务的质量、促销、人员推销、广告、展示和销售服务，就无法与目标顾客建立或实现良好的关系。有一些（绝对不是全部）市场会折返到之前的某个阶段。有时候，特别是现今的生产技术会使企业直接折返到生产导向阶段。不过，如果我们对上述的市场营销循环进行全面的分析，就会发现每个阶段之间都有很多共同点和共同基础。

重要的是，当你从历史的角度回顾市场是如何向关系方法演变的时候，你或许会疑惑，做这些到底是为了什么？是不是所有组织都应该长期奉行关系营销模式呢？答案一定会让你感到惊讶，并非如此。从后续章节我们会了解到，与顾客、供应商和其他相关方维持亲密的关系也有一定的局限和弊端。有些企业会避免依靠某一个或特定几个转包商、供应商或分销商。在理想环境中，企业或许会愿意采用关系营销模式，但这依然不能保证绝对成功。在很多情况下，关系营销是无法发挥作用的。有些顾客或许会更喜欢远距离沟通，因为他们希望购买物美价廉的商品，所以需要的是一个价格与质量方面高度竞争的市场，而不是一个期望建立长期关系的市场。

没有定型的组织的策略应该是让现有顾客使用更多现有的产品和服务，从而确定自身的主要产品和服务。之后，营销人员要关注顾客的需要和顾客满意度，一种有效方法是要让顾客或合作者明白，我们会竭诚为他们服务，以满足他们的需求，让他们感到满意。以下列出了一些与特定顾客或工业顾客创建有价值的关系策略相关的核心问题：

(1) 关系导向符合我们的策略吗?

(2) 我们组织的任务和价值是什么?

(3) 在接下来的十年里，关系管理会成为我们对顾客进行营销和企业运营的核心吗?

(4) 要保留哪些顾客?

(5) 什么时候开始一段新的关系？什么时候结束?

(6) 营销人员如何才能使顾客的需求在交易中得到满足，并且让我们获利?

(7) 顾客对企业表现、关系和品牌忠诚的感知强度有多大?

(8) 为什么如今顾客忠诚度对于我们而言是如此重要?

(9) 管理人员如何才能创造新的环境和方法，从而鼓励员工与企业建立、保持并加强长期战略关系?

(10) 整体质量和市场营销是如何吸引他人的?

(11) 关系导向策略会给股东带来更多价值吗?

(12) 组织应该如何利用信息技术、Web 2.0 和其他社交媒体与网络来建立更加牢固的关系?

(13) 是否需要利用新的方法来提高管理的效率和表现，加强市场营销的功能?

大多数组织能够提供更多样的产品，因此顾客就得到了更多的选择。这种近乎无限的选择会给其他企业形成一个威胁，尤其是当新竞争者提供了这种选择时。

顾客有了更多比较的机会。新的顾客不会再关心以前的原则、理解方式和开展业务的方式，而是去看一家企业是否愿意来满足自己的需求、愿望和要求。如今的顾客希望企业能够开发和改进新的市场与产品或服务，而不是仅仅控制着一个市场，改进自己抢占市场份额的手段和技术。

不同于以往企业的大量生产观和顾客观，关系理论策略能够给组织带来更高的效率和更可观的利润。没有创造性的关系管理、顾客保留和获取策略，组织就无法获得成功。如今，组织需要一种全新的全面关系管理方法。因此，服务质量、全面质量管理、全面关系管理以及市场营销思想在当今组织的运营中发挥着越来越重要的作用。事实上，这种现代关系模式是将 21 世纪这些处于全球竞争中的组织带回了 20 世纪以前。

简而言之，管理理论为组织创建有价值的、双赢的长期关系提供了一个体系，而本书就是要为您讲解这个体系。

第2章　了解关系管理中的要素
——一个整体的概念

人生是一场谁也逃不掉的游戏。

Edwin Robinson

2.1　营销组合与关系管理

随着市场营销从销售导向阶段向营销导向阶段慢慢发展，“营销组合”的理论随之产生。如今，营销组合理论通常指著名的“四大营销组合策略”（4P），即产品、价格、促销（沟通）和渠道（分销）（McCarthy，1971）。

不过，众所周知，营销组合的概念或方法最早是在20世纪60年代时，由哈佛大学商学院教授N. H. Borden提出的。他指出，在规划营销方案时，营销人员应该考虑到以下要素或者说重要的组成部分（Borden，1964）：

（1）产品（Product）的规划（P1）；
（2）定价（Pricing）（P2）；
（3）品牌化；
（4）分销渠道（Place）（P3）；
（5）人员推销；
（6）促销（Promotion）（P4）；
（7）广告；
（8）包装；
（9）陈列；
（10）服务；
（11）仓储运输；
（12）市场调研。

之后，Borden 的十二个营销组合要素，被简化为四个，也就是如今我们所说的 4P。这些营销组合的要素实际上是营销人员为达到优化产品流通或升级服务等目的，所必须处理好的四个关键的决策范围，只有这样，他们才能做到比竞争者更让客户满意。美国市场营销协会（American Marketing Association，AMA）对于市场营销（管理）的具体定义如下（AMA，1985）：

> 市场营销是对营销理念、定价、促销、商品（可以是创意、货品和服务）的分销进行规划并实施，最终以此促成交易，使客户（可以是个人和组织）达到目的的过程。

如果想满足客户的需要并让企业盈利，那么就要让产品、价格、渠道和促销这 4P 在每一个营销方案中都共同发挥作用。通常，营销组合要素被看作是可控的变量，因为它们的确可以被改变。因此也有人将管理活动所产生的结果描述为对营销活动的创造性结合。

Kotler & Keller（2009）对于“交易”的定义如下：

> 交易是通过提供某物作为回报而从某人处得到自己想要的产品的过程……交易是否能够实现，取决于交易双方能否就交易内容达成共识。也就是说，交易双方都要通过这场交易来盈利（至少不是亏损）。交易是一个创造价值的过程，因为一笔交易通常能让交易双方都盈利。

在交易的初始阶段，卖方要了解潜在购买者的需要，并据此实施完善的企业销售策略。营销人员必须通过对高品质货品、服务以及创意的生产、分销、促销和定价来积极管理、优化和促成一段令人满意的交易关系。

然而，一些学者花费了大量的时间和精力去批判、攻击这一传统营销组合理论。Dixon 和 Blois（1983）指出，这种传统的营销组合方法无法充分满足市场营销理念的要求。Zineldin（1995a）表示，传统营销组合理论并不适用于服务业。Rafiq 和 Ahmed（1992）认为，Zineldin 对 4P 理论的评论可以进一步扩大到工业产品的营销。他们的观点是，4P 理论没有充分考虑到在工业产品的买卖双方之间建立一种长期合作的关系问题。

工业产品营销的互动式研究法强调，对于一次成功的营销来说，仅仅协调好营销组合要素是不够的，更要建立长期的合作关系。凭借这种关系，买卖双方之间的纽带会变得越来越有影响力，以致最终变成一个壁垒的角色，将其他供应商拒之门外（Ford et al.，1986）。例如，Grönroos（1990，2000）认为传统的营销组合方法太过于狭隘，他说：

根据营销组合方法来定义市场营销就像是把一张目标清单当作定义，这种定义方法不可能是最恰当的。

20世纪八九十年代，在Grönroos批评用一些要素来解释某种现象不可取时，许多研究者则很喜欢使用或是拓展4P理论，将P的数量增加到6、7甚至更多。

Judd（1987）提出了5P，Brookes（1988）将客户服务定义为第5个P。Kotler（1986）则提出了6P（公共关系和政策）。Booms和Bitner（1982）在服务营销中提出了7P（人、有形展示和过程）。他们的观点是，4P理论没有充分考虑到人的作用、过程性和有形展示。Wind（1986）提出了11要素——事实上，想说有多少个要素，就可以总结出来。不过，在研究科学的市场营销或管理问题的过程中，我们的任务既不应该是提出新的P或R，也不是数一数一共应该有几个P或R。

例如，Gummesson（1995a）发现了市场营销学中的30种关系，他评论道：

我们还可以提出更多的关系。商业是复杂的，因此各种各样的关系是多维的，数不胜数的。我们要尊重这种复杂性；我们为简化各种关系所做的每一分努力，都将会降低这种复杂性……或许，对于营销组合，其他研究者还会有一些离经叛道的定义和解释。

我赞同Gummesson和Grönroos的观点，用一张列满P或R的清单来概括一个新的概念，或是来定义一个现象的确是行不通的。增加一些新的要素、分类、成分或者是P，都不足以从根本上改进市场营销方法和管理思维。此外，一张清单也无法在各种条件下适用于各种情况，更无法考虑到所有相关成分。

与此同时，我也反对那些攻击营销组合方法意义、理论和重要性的研究人员与作者。营销组合理论和方法对于各大产业（如服务业和制造业）还依然具有积极作用。如果一家企业的产品或服务的质量、价格、促销和分销渠道不合适，或是其他的任意营销组合要素都不合适，则无法和顾客建立良好的关系。采取正确的营销组合和关系组合，可以为企业提供机会去创建一种良好的、全面的关系质量组合（详见第8章）并在现有客户与潜在客户之间营造良好的氛围。Grönroos（1990）认为：

事实上，我完全无法相信，像4P模型这种源于20世纪五六十年代那个大众消费品时代，并且完全没有被证实过的理念，是如何在90年代的今天，依然被普遍认为是可行的。

答案其实很简单，因为管理人员和营销人员依旧坚信4P理论的“神圣地位”和正确性。他们可以自由地相信、改进、反思和更新这种“圣物”而不会摧毁它。实际上，企业也不得不靠4P理论来建立顾客关系。

关系营销整合了广告、促销、公共关系和直销等要素，以一种效果更好、效率更高的方式，将信息传达给顾客。它的核心是与顾客培养一种可持续的关系，这里的可持续是指，让相关产品不仅辐射到顾客自身，更要辐射到其他的家庭成员（Copulsky & Wolf，1990）。

我们并不是要求学生、教师、市场营销人员、研究者和管理人员都忽视或忘记这一理论，从而抛弃这个市场营销管理的基础理论，即一个沿用了30年的理论。而是不得不要求和鼓励他们在牢记基本概念的同时努力去反思、改变和改进它。毕竟，它在理论层面和实践层面都还很实用。在考虑某一具体的P或R要素是否应该被纳入此次营销活动中时，一个关键的问题是该要素能否为顾客或任一利益相关方创造出他们想要的价值并让他们满意。Jobber（1995）的观点与此一致，他认为：

关键的问题在于不要忽视它们的作用，如4P方法或其他方法能否用来将市场营销的决策范围概念化……4P方法的作用还在于它为营销决策和早已被证明有效的商学院上课时的案例分析提供了一种效果显著且有实践意义的框架。

4P方法的不足之处明显不在于有多少个P。如果战略家、教师、学生或者营销人员都仅仅关注这4个分类，而不是对其具体分类下的具体活动、组成部分和各要素间的内在关系进行全面的分析，他们当然会认为营销组合方法没能全面而深入地概括市场营销，或明确反映出企业和顾客或其他合作方之间关系的本质。

事实上，没有绝对合理的答案能够解释为什么这些延伸出的P的概念不能被合并到传统的4P框架中。如果我们全神贯注地对上述提及的要素进行一个全面的分析，我们会发现很多要素可以被归纳入4P中的一个。4P理论中的每一个P都是其附属活动的集合，都具有与顾客、供应商以及经销商等引发或建立关系的潜能。人的作用、过程性和有形展示也可以被囊括进产品策略。

建立和维护长期合作关系可以被归入促销策略，因为它包括人员销售、广告、展示和服务。包括纵向的一体化和连锁化在内的合作联盟与合作网络，都可以归为分销渠道，因为它包含了在对现有产品或服务进行营销时采取的一切活动和需要考虑到的物流支持。此外，分销渠道还包括与中间商（如机构、批发商、经销商等）的关系，中介方就是指那些能够帮助企业联系到最终客户，并满足他们需要和期望的中间商。

Juttner和Werli（1995）探讨了市场营销组合、开发新客户，以及维持现有客户基础这三者的关系。

（1）产品策略：产品或服务的价值是由买卖双方的互动决定的。这其中的复杂性进而导致商品价值进一步提高以及各类服务的整合统一——这里所说的服务甚至包括产品的生产过程。

（2）定价策略：实际上，对企业来说，每一段关系都是一份投资，因为它能够体现出一个企业对产品的定价是以“顾客终身价值”为准则而进行的，这种终身价值会反映出每个顾客随着时间的推移所具有的不同价值。

（3）沟通组合或者说促销：信息的交流不仅能够将产品的特性传达给顾客，还能够直接地了解到顾客的特征和偏好。通过每一次新的沟通（交易），都能更加了解客户，或者说收集“个人推销与联络记录”并保存到“客户信息档案”中。由于在数据处理方面的出色表现，新的信息和沟通技术对于关系营销的运行而言便越来越重要了。

（4）分销系统或渠道：分销是一个非常重要的变量，我们必须对其产生价值的潜力进行评估。成功开发这种潜力，至少可以让我们减少在关系维护方面的阻力（如时间和知识）或加强与客户的后期联络（如凭借新的客户信息，描述出与客户沟通时应注意的要点）。分销系统中，最有意义的一点便是根据客户分类，给他们传递不同的信息——“定制化分销”。此外，分销系统还能促进重要对话的发生——也就是我们所说的“关键时刻”。

2.2　服务营销与关系管理

在市场营销中，服务的作用对于关系的建立和巩固而言至关重要。很多服务营销学者一直在研究服务质量对顾客满意度的影响、顾客满意度对于客户保留的影响以及客户保留对于最终盈利的影响。其基本观点是，更好的服务质量可以提高顾客满意度，得到满足的顾客便会和该企业建立起较为牢固的关系，这便使企业能够留住顾客，并让顾客具有较高的忠诚度或让这种关系的寿命得以延长。

"北欧服务营销学派"（Nordic School）在20世纪80年代所进行的一项研究最终催生了服务营销这一新理论（如Grönroos，1984；Gummesson，1985）。该研究表明，服务营销需要新的内涵以及针对服务行业的新战略。最终，Gummesson提出了一个新的营销理念（图2.1），该理念统一了服务营销理论、互动网络研究法以及传统营销组合理论。

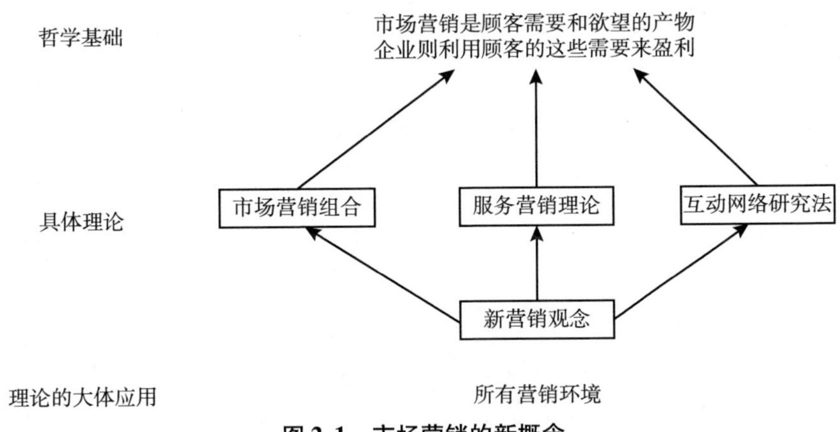

图2.1　市场营销的新概念

新的营销理念特别强调了一些要素的重要性，如顾客参与度、一体化生产、销售与消费，以及营销人员和顾客的密切互动，该营销理念的理论基础是传统营销组合理论，当代服务营销理论和工业市场营销相互作用理论的整合。此外，新理念的另外一个理论基础，是关于传统营销组合理论（4P理论）在服务业和工业营销中产生误导的假说。

经过整合后的新理念对于产品类型和购买者类型没有任何限制，也就是说它适用于所有产品，也适用于所有类型的客户，无论是有形商品还是服务、个人消费者还是组织性消费者。

2.3 工业市场营销和关系营销：一种互动观

市场营销在消费品（以消费为目的）领域被成功应用后，便开始被应用于工业产品（以制造其他产品为目的）领域，购买工业产品的客户通常为企业或组织。很多市场营销学者对于市场营销组合理论在工业产品领域的应用效果很不满意，他们认为对于工业产品的营销是有别于消费品的。Håkansson（1982）提出了专门针对工业产品市场的“互动法”（Interaction Approach）。

市场营销学者强调，工业产品市场中买卖双方的关系有不一样的特点，例如，在工业产品市场中，买卖双方都是市场中的积极参与者，所以二者的关系通常都是长期的、联系密切的。而且，买卖双方企业之间的联系是双向的，这种互动关系就比单一方向的关系复杂得多。工业产品营销理论指明了工业产品市场中买卖双方关系管理和互动的重要性，这种重要性主要体现在四个大方面（环境、氛围、互动双方和互动过程）和若干变量上，如图 2.2 所示。

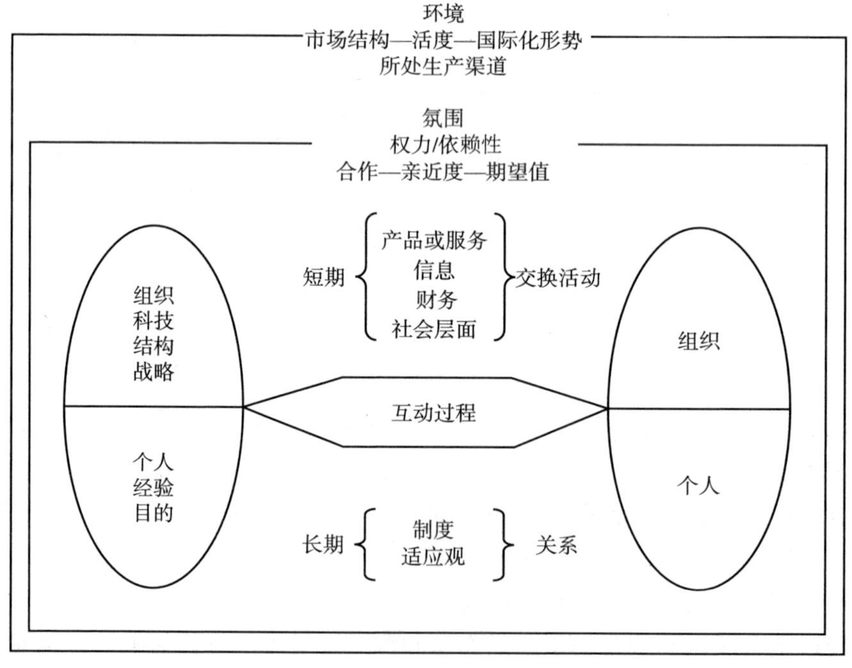

图 2.2　对互动模型的解释

1. 环境

买卖双方在社会大系统下，进行广泛意义上的活动。外部环境特征会对双方的关系和互动产生影响。例如，在模型中，环境涉及市场结构、双方关系的活度，以及双方所在市场的国际化形势、社会系统和所处的生产渠道。

2. 氛围

双方所处环境的氛围，会影响他们的关系和互动过程；反过来，氛围也会受到双方自身和互动本身的特性影响。例如，企业的能力、双方的合作、双方关系的亲近度，以及个人层面和组织层面的期望值。氛围还会影响二者的关系，使其变好或变糟。

3. 互动主体

参与互动的双方的特性（如组织的规模、结构、战略和经验）会影响交互过程的类型。例如，卖方企业对买方的看法会影响自己采取的行动，这些特征会影响双方关系的走向和亲近度。

4. 互动过程

在互动模型中，互动过程由产品或服务的交换、信息的交换、财产相关的交换和社会层面的交换这四个短期交换进程和制度与适应观的交换这两个长期交换进程组成的。产品的复杂度和交换过程中存在的必须解决的问题将会决定双方关系会就此终止，还是进一步发展。这些交换能否实施都取决于互动双方的特性。经过多次互动后，二者之间便会达成某种制度化的共识，也就是他们各自希望对方能够提供的东西。

因此，作为工业产品市场营销战略中的关键一环，“买卖双方互动法”完全可以取代营销组合的理念。同时，人员推销很可能成为工业产品市场中为买家提供信息的重要渠道，也是影响买家作出最后决定的最重要的影响因素，而广告则很可能是消费者市场的主要宣传方式。

就实践层面而言，值得重视的是，要综合考虑上述的四个主要方面和它们的次级变量，才能知道买卖双方的关系如何以及影响其关系的决定性要素。在特定环境下，每一个企业在制定企业发展方针和进行任务规划的过程中，都务必具备自己明确、有效且稳固的关系管理体系，时时把握自身市场营销战略的导向。关于企业任务和企业目标的具体问题，会在第 8 章详细讨论。

2.4 商业关系的基本条件

企业会想尽办法利用市场营销策略和顾客建立一种正式的、可持续的关系，以此来确保下一次业务合作的实现。管理人员和营销人员一定要时刻牢记企业的任务、资源和战略，这样才能创建出以满足顾客需求为核心的环境。想要取得成功，很重要的一点就是要让顾客知道，对于企业来说，满足他们的需求，就是企业的首要任务。管理人员和营销人员一定要了解顾客，了解买卖双方关系的性质，要知道是什么影响顾客最后作出买还是不买的决定。那么，是什么因素刺激消费者最终购买了呢？换言之，一家企业如何能做到自己提供的产品或服务既可以满足购买者的需求，又能让自己盈利呢？

关系管理理论的哲学基础是，所有营销活动和管理活动都应建立在与顾客或其他利益相关方互利共赢这一基础之上，而目标则是（依然是）促成交换。交换是市场营销理念的核心，通过这种方式，企业才能设法让顾客和企业自身（包括员工、股东以及管理者）都满意（Hennig－Thurau et al.，2002）。简而言之，市场营销管理要时刻努力去实施一种以创建和维持持久客户关系和交换合作的战略。

以下这七个条件对于培养持久互利的业务关系和交换合作而言是十分重要的（Zineldin et al.，1997）：

（1）有两个或两个以上的个人、群体或组织愿意加入这段合作关系，并参与互动；

（2）每一方都要拥有一些其他人想要得到的东西；

（3）每一方都愿意为了得到自己想要的东西而放弃自己拥有的东西，也就是说，所谓的关系，必须是对双方都有益的；

（4）每一方在自由接受或拒绝交换后，都会比交换之前的情况要好（至少不是变差了）；

（5）在一段关系中，各方都要沟通，让大家知道各自拥有什么，愿意用什么来交换；

（6）参与一段关系中的各方都要知道，道德价值、道德规范、相互依赖、承诺和相互适应是开展、发展和巩固一段积极的、可持续的、长期合作关系的重要基石；

（7）关系中的各方都要做到，尽量多地支持对方，而非反对。

因此，一段关系可以定义为：

（1）一种让两个或两个以上事物相互联结、相互影响的方式（如顾客保留和某一企业利益的关系，住房困难户和健康问题的关系）。

（2）一种让两个或两个以上的人共度时光或共同生活，并使彼此感觉到友好和浪漫的环境。

管理人员和营销人员的基本作用就是采取各种措施及策略去开发和维护客户，增强他们的忠诚度，将他们发展成长期顾客（消费者、批发商、经销商、供应商等）。客户保留和客户忠诚度可以理解为，顾客承诺继续和这家企业进行业务往来或交换。

关系管理理念关注一些策略性问题，例如服务业导向、流程管理观、合作关系和网络组建，以及一些战略性问题，如直接接触客户、顾客数据以及以顾客为导向的服务体系：

（1）设法与顾客或企业建立正式、可持续的合作伙伴关系网；

（2）确保下一次交易会发生，并且（或者）建立可持续的交换关系（顾客保留和顾客忠诚度）；

（3）关注顾客的需要；

（4）重视顾客满意度；

（5）让顾客了解到，公司十分重视他的需要是否被满足了；

（6）建立顾客数据库；

（7）了解顾客及双方关系的特性：

①是什么驱使顾客决定买还是不买，或者使顾客决定是否要建立关系？

②是什么要素刺激客户最终决定购买，或让顾客决定建立亲近的长期关系？

③顾客为什么不再购买这家企业的产品，或为什么不再与这家企业保持关系？

④营销人员和管理人员如何能够促成一笔既能满足客户需要又能让企业盈利的交易？

开发新客户所要付出的努力比留住老客户要多得多（据估算要多5倍）。在《财富》杂志的一篇文章中，Sellers（1989）这样暗示：

一鸟在手，胜似五鸟在林！

换句话说，企业与更多对自己感到满意的顾客维持关系，他们便更有可能让顾客（从这家企业）购买产品，或（与该企业）进行交易。更高的顾客信任度和顾客保留所带来的结果是：更低的成本、更多的营收、更好的产品或服务质量、更高的转移成本、更低的价格敏感度、良好的口碑、更大的市场份额、更高的效率、更高的生产力和更多的利润。

一段关系中的各方都要认识到，正如广泛意义上的生活和特定意义上的商业系统都不是我们想得那么简单，任何一段紧密的合作关系中，都同时存在光明面和阴暗面。这种关系很容易变成负担，甚至还可能带来麻烦。一方可以利用自己的技术力量或经济力量迫使另一方看似得到了最大的经济效益。如果一个经销商只从一个或为数不多的厂商处进货，那么他则有可能被迫进更多的货，从而使费用和服务成本都变高。所以说，关系太过亲近也会扼杀灵活性和创造力。

2.5 交换、价值与关系

交换和关系模型应该被视为一个过程而非结果。这是一个创造价值的过程，它意味着无论是关系还是交换，都要让参与的各方在参与这项活动后得到一定的利益。根据 Foa（1974）的社会交互作用理论，该理论适用于商业范畴、市场营销、资源交换，这些交换的资源被分为六类，分别是：产品、服务、资金、信息（包括情报）、地位和情感。

他们认为，多样化的资源交换是通过社交行为完成的，同时，这些交换需要依靠交换双方的需要和力量。

对于企业而言，这六类用于交换的资源分别是：货物或服务、时间、产品、销售活动、性能和那些通常能为企业带来经济效益或是可在日后促使企业与同一个或其他客户进行交易的信息。客户投入包括诸如资金、时间和购物活动一类的东西；企业输出则包括产品或服务、不同的价值观、企业文化和品牌声誉。

对于顾客而言，是否进行交换取决于以下五个价值（Foa，1974）：

（1）功能性价值：可靠性、耐用性、可用性、性能和价格；

（2）社会性价值：也就是指当地人口规模、经济实力和种族文化的状况如何；

（3）情感性价值：具体的感觉，以及能否加强或延长这种感受（如舒适感、安全感、兴奋、浪漫、激情、愤怒、恐惧、自责、友谊、忠诚和信任）；

（4）认知性价值：接受新鲜事物的能力；

（5）条件性价值：人们在面对意料之外的情况时是否会改变最初的决定。

事实上，在消费者市场中，消费者与企业并不一样，各自有着截然不同的资源和力量。然而，上述的交换模型却可以总结为以下三点：

（1）物体相关。以功能性价值和功利性为主。为了得到金钱或其他产品而提供产品或服务，用某种有价值的资源交换另一种有价值的资源。产品外观、信誉、耐用度、可用度、性能和价格是评估一个交换的价值或意义时最主要的因素。

（2）过程相关。能够传达心理的或情感的、社会的、认知性的、条件性的或其他无形价值的象征意义。

（3）混合相关。这种交换融合了功能性、功利主义含义和象征含义（过程相关）或者说融合了交换价值的有形与无形的属性和意义。

首先，顾客关系（个人或者企业）必须包含互动和交换。消费者市场中一段关系里的权利不对称要比在企业对企业（B2B）关系中还要明显，但这也不意味着，在企业对企业关系中，权利永远是平衡的。

买卖双方在分销渠道中的关系有时可被描述为权力、控制权和统治权的斗争（Takala & Uusitalo，1996）。

交换（关系）在不同市场环境中有以下四种类型：

（1）仅存在于两方之间的简单的关系和交换，例如供应商和顾客之间的二分关系。这是亲近型长期关系（半复杂或复杂）的基础；

（2）半复杂交换（关系），它含有两个以上的参与方，和一个简单的工作网；

（3）复杂的交换（关系），包括合作伙伴关系的战略性工作网和合作联盟（如多企业之间）；

（4）极复杂交换（关系），是一种大规模的交换（关系）。包含科技升级、高速发展的产业和大规模制度化等。

关系管理学需要将注意力从产品外形或功能相关的问题上转移到同时包含有形和无形属性的交换过程上来。决定如何管理一段关系并不是一件容易的事情，需要进行互动，要弄清楚对方的特性，找到驱动力和采取行动。该过程包含三个基本要素：需求、行动和满意度。双方都会明确表达他们的需求，需求便会引发行动；反过来，行动也会使需求被满足。

第 3 章　关系管理/关系营销

智者说话，是因为他们有话要说；愚人说话，是因为他们不得不说些什么。

Plato

3.1　关系管理/关系营销概述

20 世纪 90 年代，企业与消费者经历了巨大的转变和变革。一些重要的环境因素促使企业将注意力转向市场营销和消费者。企业意识到，它们必须进行变革与重组，从而建立并维持顾客关系。例如，很多制造商发现他们与供应商之间的密切关系是无价的，尤其是在技术变革与国际竞争持续增加的情况下（Sheth & Kellstadt，2002）。逐渐地，制造商开始将值得信任的供应商当作战略伙伴，与其分享信息，并与他们一起开发具有成本优势且质量优良的新产品。

如今，企业在国内外都面临着激烈的竞争。多数管理人员和营销人员有理由相信，与顾客建立可持续的商务关系（如物流渠道、供应商、最终消费者等），事关发展与存亡。根据 Lewis（1991）的研究，世界从未如此相互依赖过。所有的一切都表明，合作是商业中最基本的增长力量。

这种多样化且不确定的环境已经迫使组织开始重组，以增加生存与发展的机会，而关系营销的出现，就是在重组方面的一大突破（Vieir，2010）。关系营销曾被用于表示一系列不同类型的关系营销活动。不幸的是，在文献中很少出现关于关系营销概念的明确表述。在某种程度上，“关系营销”变成了一个流行语，它被用来表示一系列不同的议题或观点，并成为一个概括词汇（Brodie et al.，1997）。

现有的一些定义如下：

关系营销的定义应包含所有形式的关系交流，因此它是指一切以建立、发展并维护良好关系为目的的营销活动（Morgan & Hunt，1994）。

营销最重要的问题是建立、维系并增强（通常，但不一定是长期）与顾客和其他合作伙伴的关系，获取利润，从而确保各方实现目标，这需要通过相互交流并恪守承诺才能实现（Grönroos，1990）。

关系营销是指吸引、维系并在一个多重服务组织中巩固顾客关系（Berry et al.，1983）。

此外，Christopher（1991）等归纳如下：

关系营销概念的出现，形成了新的焦点，它整合了以市场为导向的顾客服务和质量。

营销是指建立、维系并增强与客户和其他利益相关者之间的长期利益关系。这是通过持续的共同利益交换流程来实现的，包括履行承诺以及运用营销组合（Barnes et al.，1996）。

Zineldin（1995）将“公司与公司之间的关系”（Business-to-Business 关系，B2B 关系）定义如下：

B2B 关系是在特定行业中、至少两个合作方之间的一种动态联系，并且合作方之间都希望通过这段关系创造利益。关系中任何一方的行为和活动总是或多或少地依赖于其他合作方的付出。B2B 关系具有高度的适应性并涉及一个复杂的交互模式，包括商业与社会之间的交流，其质量和特征取决于交互流程的质量。该关系不仅包括合作关系，还包括双方的冲突关系。

事实上，该定义是相对全面的，它包括了建立和维系顾客关系中的关键问题和要素：

（1）“关系”反映了当今市场环境的动态特征；

（2）当事双方对这种关系都有共同的正面预期；

（3）相互依赖性是重要的先决条件；

（4）强调适应性也是重要的因素；

（5）关系的质量和特征取决于互动环节的质量及其内容（例如，产品/服务、社会、财务和信息）；

（6）关系管理关注的是在利润的基础上开发新顾客并保留顾客；

（7）最重要的问题在于：当事双方应该预见到这种关系既包括合作也包括冲突，这是因为现实生活是复杂的，也就是说，双方必须同时评估其正反两个方面。

但是，这些对市场营销中关系管理的定义导致了新一轮关于范式的争论，有人将市场营销视为来自不同组织的员工之间所进行的综合行为，并强调长期关系的建立与维护。关系营销的核心元素是人际关系、互动以及社会交换。表3.1整理了关系营销出现后的部分文献。

表3.1　市场营销中关系管理出现后的部分文献

学者/流派	服务内容	组织间交换	渠道	网络	战略管理	信息技术战略
Berry, Grönroos, Payne, Gummesson, Zineldin et al.	X					
Håkansson, Ford, Hallén, Dwyer, Gummesson, Zineldin et al.		X				
Brown, Buzell & Ortmeyr et al.			X			
Ford, Håkansson & Snehota Easton, Johansson & Matsson, Webster & Frederick et al.				X		
Zineldin, Normann & Ramirex, Payne Christopher et al.					X	
Zineldin, Constantinides & Fountain, Boulos et al.						X

Bordie et al.（1997）认为关系营销曾在六个研究流派中出现过。第一个流派从服务的内容来研究市场营销（例如：Berry, 1983; Grönroos, 1980, 1990; Gummesson, 1995; Zineldin et al., 1997）。第二个流派则关注组织间的交换关系（例如：Håkansson et al., 1982; Ford, 1990; Hallén et al., 1987; Dwyer et al., 1987; Gummesson, 1995; Zineldin, 1998）。第三个流派根据关于渠道的文献来构建新的关系营销范式，如渠道关系的有效发展及效率（例如：Brown et al., 1995; Buzzell & Ortmeyer, 1995; Zineldin et al., 1997, 2004）。第四个流派则以网络关系为基础（例如：Webster & Frederick, 1992; Easton, 1992; Johanson & Matsson, 1985, 1988; Zineldin et al., 1997, 2005）。第五个流派从战略管理文献的角度出发，从价值链的角度引申出关系的作用（例如：Normann & Ramirez, 1993; Zineldin et al., 1997）。第六个流派关注的则是其战略影响，如信息技术、因特网、社会和网络媒体及Web 2.0对组织间关

系的作用（例如：Zineldin，1998，2000，2004，2005；Boulos et al.，2006；Constantinides & Fountain，2008）。

为了弄清并协调不同的观点与市场营销调查流派和实践，Coviello 等（1996）综合了欧洲和北美学院派的营销观点，构建了一个分类框架，该框架同时涵盖了服务、互动、渠道和网络等研究流派。从此，区分出包括五种类型的两大基本营销视角：交易营销（Transaction Marketing，TM）；关系营销（Relationship Marketing，RM）：数据营销（Database Marketing），交互式营销（Interaction Marketing），网状体系营销（Network Marketing），技术营销（Technological Marketing），包括 Web 2.0 和网络营销（Cyber Marketing）等。

有些研究人员认为，在工业和服务行业中的营销类型，本身就与日用消费品行业不同，这是因为后者还涉及与顾客、供应商和其他组织间的复杂网络关系（Easton，1992；Håkansson et al.，1982；Ford et al.，1998；Fang et al.，2008；Palmatier et al.，2006）。Grönroos（1990）认为，消费品公司的互动式营销实践特征比耐用消费品、工业品或服务公司更加明显。Brodie 等（1997）问道："这是否意味着日用消费品不需要关系、互动或网络营销呢?"进一步考虑，服务企业又是否有必要以关系营销实践为主呢?

如表 3.2 所示，互动式营销与市场营销中的关系管理的特点不同。正如所见，营销的关系管理哲学强调顾客保留，主要原因在于获取新顾客比保留老顾客的成本要高得多。这在直销中更加明显，因为在直销中获取和保留顾客的成本能够被精确地计算。随着商务流程复杂性的不断增加与变革，关系营销的成本也会随之变化。识别并满足顾客的需求不仅仅为了提供产品和服务，还包括关系管理，这是定义这些流程的关键。

表 3.2　　从交易营销（TM）到关系营销（RM）

交易营销	关系营销
聚焦于单次销售	聚焦于顾客保留
以产品特征为导向	以顾客价值为导向
短期衡量	长期衡量
对服务顾客的关注较少	高度强调服务顾客
有限的顾客承诺	高度的顾客承诺
适度的顾客联系	高度的顾客联系
质量主要取决于生产工人	质量取决于所有员工

为了实施关系管理营销战略，公司需要进行投资。因为这需要新的 IT 系统、新组织结构和新流程，员工也需要得到新的培训。组织结构和与顾客之间的交流也会发生变化。从这个角度看，公司应该将关系管理视为一种投资。营销会计流程也需要根据近年来的科目评价关系营销效率。

发展和提升长期顾客关系并不局限于产品制造商或供应商（Dressler，2004；Zineldin et al，2011；Daugherty，2011）。在价格竞争激烈的航空业中，很多航空公司，如美国航空公司（American Airlines）、美国联合航空公司（United Airlines）、汉莎航空（Lufthansa Airlines）、北欧航空（Scandinavian Airlines）常常组成顾客联盟，并开发他们自己的售票和预定系统来发布相关信息。

很多公司开发了自动取款机（Automated Teller Machine，ATM）系统、电子资金转账（Electronic Funds Transfer，EFT）系统和顾客数据库（Customer Data Base，CDB），用于识别并与顾客建立更强、更深的关系。CDB 使公司能够识别顾客需求、增强关系并为顾客提供新的、简单的或复杂的产品与服务，从而获利。

如今，营销人员正在使用不同的现代化秘密营销工具来吸引顾客的兴趣。这些工具有“病毒式营销（Viral Marketing）”“植入式营销（Stealth Marketing）”“口碑营销（Buzz Marketing）”“引爆点营销（Reaching the Tipping Point）”“秘密或戴面具的营销（Covert or Masked Marketing）”和“聚合营销（Convergence Marketing）”。病毒式营销是指在超媒体环境中，鼓励消费者个人传递其喜欢或感兴趣的营销信息，这些信息可能是他们主动获取的，也可能是偶然获取的（Dobelea et al.，2005）。戴面具的营销是秘密营销的一种形式，是指通过独立的第三方而不是营销人员来进行营销沟通（Petty & Andrews，2008）。秘密营销是游击营销（Guerrilla Marketing）的分支，后者是指人们并没有意识到他们是在被营销。在这种营销中，公司需要为演员或被社会广泛认可的人支付报酬，让他们在顾客聚集的场所大张旗鼓地使用其产品，从而对顾客产生较强的说服力。

这些营销方式全都涉及通过口头交流对某一品牌或产品起到爆炸性的自生自灭的作用。学者将这种现象视为标准的公关活动或赞助活动，例如电影植入广告或花钱请当红明星使用某产品（Dobelea et al.，2005）。企业发现了这些病毒式营销、秘密营销和其他网络增强型品牌社区工具的优势，并将其看作 B2C 或 B2B 关系营销沟通的杠杆。

3.2 伦理与商务关系

建立长期的关系需要彼此之间的信任以及道德与伦理标准，从而确保这段关系对于相关成员而言是卓有成效并有利可图的。商务和营销伦理标准与规范便决定了企业会有什么样的行为，以及在特定形势中所希望表达的价值观，例如：与顾客和其他合作伙伴建立并增强交易关系（Dickson，1994；Berry et al.，1993）。

误导性的营销和广告、不安全的产品，以及滥用媒体渠道是老现象了。广告中的伦理关怀主要在于其是否侵犯了私人领域和公共领域，尤其是以儿童为目标的广告。一些秘密营销活动已经被指控为违反常规且具有误导性的行为（Drumwright & Murphy，2009；Roy & Chattopadhyay，2010）。

伦理问题强调了战略性商务关系的重要概念，即战略商务关系（Strategic Business Relationship，SBR）理论。Takala 等（1996）总结了四种伦理要素为营销经理提供指导，以帮助他们有道德地计划并实施合理的关系营销活动，这四个要素是：恪守承诺并据实相告、平等对待顾客、承担义务与沟通。

商务伦理已经被视为日常商务生活的一个重要组成部分。由于多数人渴望一个公正美好的社会，所以商务伦理的重要性已然凸显。

一方面，一些伦理价值观和原则是清晰明了的（Schlegelmilch & Öberseder，2010）；另一方面，在很多情况中，两种价值观和原则常发生冲突，这就会导致伦理困境（Martin & Smith，2008）。以下问题和陈述描述了部分困境。

（1）在因特网上投放有害产品的广告，如色情、酒精或有害的画面，是否符合伦理？

（2）广告禁令剥夺了烟草公司的广告和促销机会，烟草公司需要更多隐秘的方式来让现有顾客和潜在顾客记住他们，例如，使用 YouTube 视频分享网站与其他在万维网上的社交媒体工具，在舞会和音乐节进行促销。这是否正确（Boulos et al.，2006）？

（3）迄今为止，万维网（WWW）仍处于缺乏监管的状态，这就会使万维网有可能成为促销有害产品、服务和其他有害活动的引擎，这是否适宜（Boulos et al.，2006）？

（4）营销人员在尝试达成组织目标的过程中，也可能会与顾客对安全和产品可靠度的欲望产生矛盾，这也可能会导致伦理困境。

（5）在2002年，索尼爱立信为了发布一款带有摄像头的移动电话T68i，曾发起一次500万美元的秘密营销活动，但是那些演员并不知道自己是被雇用的公司代言人。演员到访著名旅游景点、时尚的酒吧和夜总会，接近目标细分市场中的顾客并与他们合影，目的在于使潜在顾客接触产品并让他们感受产品的易用性。虽然从战略的角度讲，这次营销活动是成功的，但是这符合伦理吗（Dobelea et al.，2005）？

（6）所有的秘密营销都是符合伦理的吗？秘密营销可被定义为“一种秘密进行的营销方式，营销过程中不能公布或泄露任何与产品或赞助者相关的营销信息”（Goodman，2006；Martin & Smith，2008；Sprott，2008）。在这种情况下，公司的支付并不总是公开的。

（7）公司对那些具有长期利益关系的顾客给予优惠待遇，这是否符合伦理？

（8）有些公司试图通过品牌质量和具有诱惑性的品牌图片来建立紧密的长期顾客品牌关系（如Guess Jeans），这是否符合伦理？

（9）在有些国家，贿赂在商务活动中司空见惯，有些企业使用贿赂的方式来创造或加强商务关系，这是否正确？

（10）在欠发达国家，多数居民比较贫穷，买不起广告中那些有吸引力的产品，这种“广告”对于欠发达国家好不好？

（11）是否应该禁播麦当娜在MTV中的性感画面？在美国大选期间，麦当娜全身裸露，仅包裹一面美国国旗，在公共服务广告中呼吁美国年轻人投票。这是否正确？

（12）一家制造商通过一家代理商向批发商销售产品，已长达五年。该代理做得非常好，销量是所有代理商中最高的。就在此时，该制造商雇用了代理商的销售人员，将代理商甩掉，这符合伦理吗？

（13）为了实施成本降低战略而关闭位于瑞典的工厂，转而在劳动力薪资水平低的国家建立工厂，这符合伦理吗？

（14）根据顾客忠诚度来对同样的产品制定不同的价格，符合伦理吗？

（15）根据亚当·斯密（Adam Smith）的经济理论，认为在市场竞争中，为了私利可以采取任何合法或处于法律边缘的手段，这是否正确？

当然，我们不可能在此讨论所有可能出现的伦理问题。但是，管理人员和营销人员有必要在与顾客建立和加强长期关系时，考虑到他们应该承担的伦理责任。当我们试图去理解以关系为基础的组织必须面对的伦理问题时，以上论述为我们提供了一些方向。道德哲学的学派众多，例如功利主义、道义论或伦理形式主义与利己主义以及情感主义，这些学派为人们解决伦理困境和伦理冲突提供了不同的方法。

当前处于主流地位的学派是功利主义和伦理形式主义。斯密（Smith）(1776)、休谟（Hume）和米尔（Mill）构建的功利主义的核心道德原则是“为最广大人群追求最大利益”，或者在特定情况下为大多数人生产最多的商品。

通过比较不同选择的所有可能收益和成本（伦理构建），并加总每一个行为的净产出（收益—成本），这种在特定环境下进行比较的方法是一种社会成本—收益分析。最终的决策则能够保证大多数人获得相对而言最好的结果，与此同时，该行为是在伦理上被广为接受的。根据这种理论，对于那些以社会整体利益为代价而获得的私利，是非道德的。

该理论的其他重大问题在于如何核算大多数人的大部分商品。如何衡量好的产出和坏的产出？如何区分哪些是为大多数人好，而哪些是为了自己好？如果允许牺牲大多数人的一小部分利益，用以补偿社会中的一小部分人的损失，就会产生严重的消极后果。

如果有 1 000 000 名患有头痛的消费者使用了同一款药后，其中的 999 999 位消费者都得以治愈，但是剩下的那 1 位消费者可能会因为副作用而死亡，这是否符合伦理？一位决策者（管理人员）在比较两种决策时，如何避免他（或她）高估了其中某一备选方案的收益？要区分个人欲望和目标与公正的判断，是不容易的（Dickson，1994）。如果都是从个人对“对”与“错”的定义出发去进行判断，在每个行为之间就难以达成一致，也无法进行推广（Takala et al.，1996）。

其他伦理和道德哲学关注的是与某一特定行为和个人权利相关的意愿。但是，伊曼努尔·康德（Immanuel Kant）的“绝对命令”原则（Categorical Imperative）为功利主义和情境伦理提供了选择（Kant，1959）。他的方法和具体规则成为现代理论的基础。其主要的道德/伦理原则是要确定一种行为是否能够永远被看作一种通则，而且别无选择。康德的“黄金法则”是指对待别人就像你希望别人对待你一样。

根据康德的理论，善意而且也只有善意能够被普及。如果所有人都按照你所建议的那样去做，你就必须要问你所建议的行为是否正确；否则，社会结构将会发生什么变化？他的黄金法则是指，一切行为应该基于所有人都能遵守的人类理性或逻辑，而且该行为的基础，也应该是决策者愿意促使其他人也采纳的理性或逻辑。

以关系为基础的营销，道义论始终认为消费者有权知道一辆车或其他产品可能存在的瑕疵，包括安全。该方法的主要问题是：如果每个人都这么做，决策者如何才能知道这种行为的普遍性错误或坏处。对社会漠不关心的不道德的个人或组织，可以争辩说那没有什么，他们也欢迎其他人也可以这样对待他们。Dickson（1994）的结论是：

情境伦理学和道德形式主义或“绝对命令”都需要一个基础价值观组合。这些价值观一般都基于宗教信仰。其目的不是为了质疑任何人的个人信仰、信念或行为，而是要强调建立和发展顾客关系时的伦理问题和伦理决策的重要性，尤其是在某些情况下，有些管理人员、营销人员或顾客作出的决策可能是具有争议的，例如：不同的利益相关者有不同的要求。

伦理、互动与交流是互利关系构建的核心元素。以上概述的理论可以被看作“人道关系或伦理关系”，它能建立并加强一切积极的可持续关系。在本书后面的章节将看到，只有在企业整体范围内使用“全面关系管理”方法时，这种“人道关系或伦理关系”才能在管理和营销中得到有效的应用。例如，企业与消费者的关系基于企业对顾客需求和欲望的理解，为他们提供功能、效用、技术、价值的组合，随时以合理的价格为顾客提供质量合格的产品/服务。这种关系对相关合作伙伴来说有可能是长期的、有利可图的。这将保证内部或外部的消费者感到满意，并增加公司的市场份额和利润。

假定商务包括伦理和人类关系，如果我们将商务看作社会的一个主要组成部分，而不是独立于活动之外，就能将关系哲学放大，假设：

人道主义、社会和伦理商务关系

每一个体或组织都被视为社会的一部分，他们能够影响并适应他们所处的环境。每一个体都应该被视为是积极的、聪明的，他们既能从直接利益和更大的利益中获取满足，也能通过可持续的人际关系来获取满足，这种关系能够发展交易实体，并与价值相关的目标/流程进行交流。他们具有较高的伦理与道德水准，在不破坏环境和其他群体利益的前提下，关注个体致富的潜在可能。

3.3 信任、承诺和关系管理

为了与合作伙伴建立成功的商务关系，必须与合作伙伴进行坦率的合作与交流，相互信任、相互依赖，拥有共同的积极的期望，从而获得共同利益和收益。

在给定交易类型、产品特征和顾客技术的前提下，密切合作和良好的交流过程是最基本的……相比于与其他顾客的关系，Francelec 和 Honor 的关系据说是基于一种非同寻常的信任（Perrin & Valla，1982）。

Sherman（1992）强调，阻碍联盟关系成功的最大障碍是缺乏信任。根据传统观点，信任是个人或组织间由于双方能够依赖对方的承诺而产生的一种期待（Rotter，1967）。信任来自组织的信念，他们认为成员是值得信任的，并且十分正直，包括能力、诚实、公平、责任、尊重、互助和善良（Sherman，1971；Altman & Taylor，1973；Dwyer & LaGace，1986；Wang，2005）。

合作者对待和处理危机困难的信心、诚信、互相尊重、伦理与方法，是影响人际关系的核心因素（例如友谊、爱情、婚姻或商务）。组织必须考虑所有这些因素，这样才能有效地创造、管理、保持、维系并强化顾客关系。

信任并不意味着单纯地将公司的机密完全暴露给合作方。但是，它意味着合作方之间应诚实地相处（Chai，2005），这也不包括“盲目的信任”。信任和信任行为不能是被迫的或强制的，必须是双方通过自身努力换来的。所以，建立相互信赖的战略商务关系可能需要一段长期的过程，以渐进的方式一个阶段一个阶段地推进，随着风险度和不确定性的降低，认同与信任会不断增加。

这种关系通过降低采购或合资中的交易风险、不确定性、财务风险和实践风险，使合作者创造新价值（Ulaga & Eggert，2006）。这种关系为合作方提供了获取信息的机会，例如合作伙伴的需求、意愿、商务和投资计划，同时大大增强了战略合作和竞争优势。

在供应链中的合作关系很显然是非常得力的战略，这能够使合作方共同努力解决问题，并降低成本、提高质量（Lamming，1993）。

然而，在信用和承诺的基础上发展战略商务关系，是关键的战略问题。供应商与分销商/零售商之间建立密切互利关系的基础有：相互关联的物流、即时制（Just-in-Time，JIT），以及与销售相关的信息，这些信息能够帮助供应商根据已知的需求信息来制定生产和分销流程日程，而非不可预测的订单。

可持续性是使事物得到强化并变得持久的能力。它能够长期地维持福祉，并涉及环境、经济和社会等维度，涵盖了与生物和非生物之间的相互独立关系、共同责任地位等概念。公平、相互依赖、合作、伙伴、亲密以及理性资源利用，是建立可持续关系的基础。

可持续的伙伴关系为合作双方提供优势和机遇。合作伙伴能够跨越法律边界建立联盟，共同开发合作项目，进行研究开发、生产和联合采购，这将产生优越的技术引擎和新市场，并以相对低的成本创造了顾客价值增值，因而在联盟或关系网中确保了所有合作方的利益。

很多组织通过战略合作来进行竞争，而不是进行直接竞争。从简单的技术和市场交换到工商业交易，这是通过建立正式的和（或）非正式的战略联盟和关系网来实现的。这些公司具有很多竞争优势，例如规模经济、低成本、业务熟练的劳动力和高水平的研发能力（Research and Development，R&D）。

通过战略商务关系和关系网进行竞争的案例有 Orrefors Kosta Boda 公司，这是一家瑞典制造商，他生产玻璃和水晶，该公司同意与他的竞争者合作，例如皇家哥本哈根（Royal Copenhagen）。除此之外，还有三菱（Mitsubishi）与沃尔沃（Volvo）、IBM、通用汽车公司（General Motors Corporation，GM）与数位计算设备公司（Digital Equipment Corporation，DEC）、麦当劳（McDonald's）、贝纳通（Benetton）、英国 Marks & Spencer 与瑞典宜家（IKEA）。这些公司通过长期的紧密战略商务关系，已经实现了可持续的利润增长。

获得忠诚顾客或构建成功商务关系的基础是同时为公司和顾客创造附加价值。忠诚关系系统中的所有角色都为系统全局创造更多的价值。

正如在这里指出的，影响顾客关系的感知价值的因素包括影响顾客态度的动机和原因，以及建立关系的方法。为了实现管理和营销计划的价值，这些因素和动机需要被描述和定义为公司在关系生命周期中能够满足的具体需求与欲望。

所谓“关系管理”（Relationship Management，RM）的主要作用是扩展关系管理的概念，从而将一些重要的元素如互动、合作和关系网方法囊括进来。我们认为，可持续的关系管理（Sustainable Relationship Management，SRM）导向，应该将视角扩展到内部和外部市场，包括顾客、企业与企业之间、产品/服务、供应商、分销渠道、竞争者、员工、股东和其他合作者。可持续的亲密关系是为人类作为一个物种继续生存的最基本需要，也是应对商务挑战的基本需要。

基于以上讨论，将可持续关系管理定义如下：

是指“为了建立、发展、调整、强化或者按需终止与顾客（消费者或企业）的关系，所采取的一切公平且可靠的战略、策略、活动和行为，通过一系列拥有共同的过去与未来的长期关系交流，为顾客创造价值，为组织创造利润”。公平、相互依赖、合作、伙伴、亲密，以及理性资源利用，是建立可持续关系的基础。以关系导向为核心，意味着在互相信任、彼此依赖、共守承诺和信息分享的基础上，增加并保持顾客。

关系管理还应该考虑市场组合方法的重要性，包括市场组合的主要和附属构建及活动。此外，关系的概念应该被看作是一个含有一系列附属构建或附属活动的种属范畴。

在第 4 章，本书将对价值导向的关系战略范畴进行重点思考，并讨论关系管理与产品/服务营销之间的关系。

第4章　价值型关系管理

有一件事比世界上所有的军队还要强大，那就是一种思想终于等到了属于它的时代。

Victor Hugo

4.1　产品和服务的人为区别

在工业、消费者和服务市场中，深化与现有客户之间的关系或“防御型营销”（客户保留），以及建立和发展新关系或“进攻型营销”（新客户）的需要，极其重要。我们都知道，没有任何一家公司可以为全部客户提供所有的产品/服务，并成为行业最佳或最强的领导者。因此，每个公司必须评估出自己的优势、资源和机会，以便汇总自己的重要客户。

在服务或工业部门，管理层必须要创造一个环境，使企业着重于关系管理，把消费者转变为长期客户，而想做到这一点，就要满足他们的需要。在整个生产环节中，销售并不是终点。因为，人们购买产品或服务不仅取决于它本身的属性和质量，还有企业在整个交涉过程中的表现，以及企业和客户之间建立的关系。市场营销人员要知道，他们做的是实现一个交易，而不仅仅是把产品/服务卖出去这么简单。

因此，在与顾客的往来中，管理者和营销人员不能仅仅想着完成本职工作，而是要把自己当成企业的所有者或合伙人，时刻想着能不能为客户做更多的事情。成功的企业，会使顾客在交易中得到除了产品之外的有价值、有意义的东西。这样的关系可能使彼此更加了解对方想要的到底是什么。

有些营销学者、管理人员和营销人员依然坚信，营销的理念和关系管理理念仅仅适用于消费者市场或工业市场的营销；另一些则认为，它们更适用于服务市场的营销。无论哪种观点都忽视了关系管理的本质意义，即：无论在工业市场、消费者市场还是服务业市场中，企业只有留住顾客并让他们感到满意，才能真正实现企业目标。

无论一个公司是在销售某种特殊的金属、汽车零部件、面向时尚男女的牛仔裤，还是银行业务，关系管理理论和方法都显得十分重要。尽管服务和商品之间存在明显的区别，但实际上，我们生活中很少有纯粹的服务或商品。在这里一定要强调一点，那就是关系管理的原则是具有普遍适用性。我们要做的是在普遍原则指导下，根据不同情况改变关系管理组合的要素，采取不同的方式去实施关系管理。

Christopher 和 McDonald（1995）指出：

消费者市场和工业市场的营销组合有着细微的差异，这主要体现在二者营销组合要素的侧重点不同……而服务市场和消费者市场之间的区别也不是很明显。原因如下：服务产品提供的是一种“无形”产品，这正是使服务产品营销看似与其他产品营销不同的原因。这种“无形”性便需要有良好的关系、体验和时机作为基础。所以，很明显，服务产品营销最关键的一点不在于物品而在于人。可实际上，工业产品和消费产品在整个销售过程中，也都涉及与人相关或与人际关系相关的因素。

此外，Rust 等（1996）表示：

实际上，商品部门与服务业在经济上的差异，是人为原因产生的。大多数的“产品”同时具有服务和商品的属性……从某种程度上说，商品和服务的差异，是由人为因素造成的，因为制造商的经营成败完全取决于他们所提供的服务。

例如，销售机器（有形资产）时通常附以一年或五年的保修合同（无形服务）。采购机器及设备时，或许我们更多是在买诸如安装和维修一类的服务。购买软件时，不仅买了实体产品（磁盘），而且也买了服务（软件设计）。产品（磁盘）的价值取决于设计水准（服务），而不是实体产品（磁盘）的成本。餐馆是典型的服务业态，但他们售卖的饮食产品却都是实体产品。

汽车产业一直被认为是制造业的“核心力量”，但即便如此，若是沃尔沃不再为客户提供如保修政策、贷款服务和维修站点等服务，那么也将难以销售汽车。服务内容一直存在，当汽车被送来做日常保养时，服务发生了；当有人需要运输服务（无形）时，她/他便取得了某一车辆（有形资产）的暂时使用权。

银行贷款（服务）也包含有形的部分，因为当顾客办完手续后，便可以把现金、支票或者信用卡里的钱存起来，用作其他目的或者是拿去消费。飞机上的座位、电影院里的座位或者酒店里的床，既包含无形内容也包含有形内容，但实际上，航空公司、电影和酒店，都是提供服务的企业。因此，大多数的产品都既包含有形内容也包含无形内容。

IKEA，Marks & Spencer 还有 Harrods 这样的大型消费品零售商，以及 SKF 或 GM 之类的工业厂商，一向都是以市场为导向的，他们通过采取服务战略使顾客感到满意，以便达到保留客户的目的。这样的战略可以有效地提高利润和资产回报率。

全球轴承企业龙头 Svenska Kullager Fabriken（SKF）集团的首席执行官 Maurtiz Sahlin 先生在 1987 年说：

> 我们之所以能取得成功，很大程度上是因为我们根据市场需求进行生产，而非倾尽所有生产力盲目生产产品。如果我们想继续保持在轴承行业的龙头地位，我们就一定要为消费者提供他们想要的产品，而不仅仅是把生产出的产品卖给他们……对于轴承厂商来说，服务将是重中之重。

1985 年，Sahlin 接任 CEO。1986 年，SKF 对轴承市场进行了深入研究。其结果证明了 Sahlin 的直觉是多么准确，此前，Sahlin 认为售后市场前景广阔却一直被忽视了。事实也的确如此，在这之前，售后市场从未被重视过。不过 Sahlin 坚信，同时提供良好的“售前和售后服务”意义重大，这样不仅能大幅提高公司利润，而且还能增强顾客忠诚度。如今，售后业务（如安装、维修、上润滑油、保养以及 SKF 的独家技术支持）已成为 SKF 公司营收的主要来源（Jenster et al.，1994）。

值得注意的是，在消费者市场和工业市场中，很多企业的利润都主要来自服务（Hovarth & Partners，2007）。例如，GM、Volvo、Harrods 和 iKEA 都会为客户提供金融服务。全球顶级奢侈品百货公司 Harrods 的主席 Mohamed Al－Fayed 在 1996 年时计划开发一项新业务从而提高销量，他打算为其的 250 000 名会员提供邮寄服务，这也相当于是为顾客提供了一项“金融服务”（Jay，1996），而来源于这些服务的高额利润，便可以抵消企业在销售上的损失。GM 公司在贷款服务方面取得的利润远大于正常销售的利润，且前景也更好

(Rust, 1996)。Daimler AG 和 VW 利润的 8% ~20% 来自新车销售, 10% ~11%来源于二手车销售, 而其他利润全部来源于金融服务和售后服务 (Godlevskaja et al. , 2011)。

大量相关信息也都表明, 几乎所有企业都在同时提供实体产品和无形的服务产品, 所以管理人员和营销人员一定要认识到服务的重要性。Levitt (1972) 的两篇论文指出, 服务业在效率和客户满意度上正落后于制造业, 这是因为它太注重“人性化”, 忽视了“技术”因素。他写道:

服务业以“人性化”为本, 这导致服务业最后的失败……而制造业一切凭“技术”说话, 这也正是制造业兴盛发展的原因。

他还认为商品和服务不应像以前一样被孤立开来对待, 而是应建立一种新的营销方式, 它整合了商品和服务。

Wyckham (1975) 等也同样认为产品和服务密不可分, 他们的研究主要解释了为什么诸如无形性、异质性和易逝性等特性不能作为分离产品和服务的理由。他们认为, 有很多案例表明这些特性不仅存在于服务中, 而且也存在于实体产品中。因此, 想要仅仅依靠产品进行差异化营销和发展, 不再行得通了。现如今, 依靠产品发展的企业, 必须调整服务组合, 进而影响顾客的需求 (Godlevskaja et al. , 2011)。

通常, 顾客购买的不仅仅是一个产品或一项服务。其实, 他们购买的是一段关系, 与商品的提供者之间的关系。在竞争市场中, 营销的关键是搞清楚消费者需要什么样的商品和服务, 并让他们得到满足, 与此同时又能够赚取利润。为了更高效地完成这个过程, 营销人员一定要非常了解客户和企业自身情况 (内部营销), 这样才能知道客户到底想要什么 (细分), 而自己是否能够提供这样的产品或服务 (技术系统), 如何生产这样的产品或提供这样的服务 (职能系统) 以及从哪里获取支持和建议 (辅助系统)。

由于几乎任何一个产品都包含了很多服务因素, 所以产品和服务的区分便可能不再必要了 (Godlevskaja et al. , 2011)。如今, 人们用“产品 + 服务”这个专有名词, 来表示产品/服务组合 (Zineldin et al. , 1997)。

4.2 管理“产品 + 服务”的附加价值

企业可以以产品管理的方式、核心产品的质量和配套服务来进行差异化,从而使自己从其他竞争者中显露出来。图4.1展现了产品/服务（产品+服务）组合的结构，它通常包含一个基础或核心产品（服务）及其他增值服务，如周边服务或外围协助性服务，这可以是有形的，也可以是无形的。这所有的要素加在一起，便组成了一个产品。

最基本的“产品+服务”组合是由核心产品和一系列服务组成的，并且这个“产品+服务”组合需要使顾客感到满意或迎合市场需求。

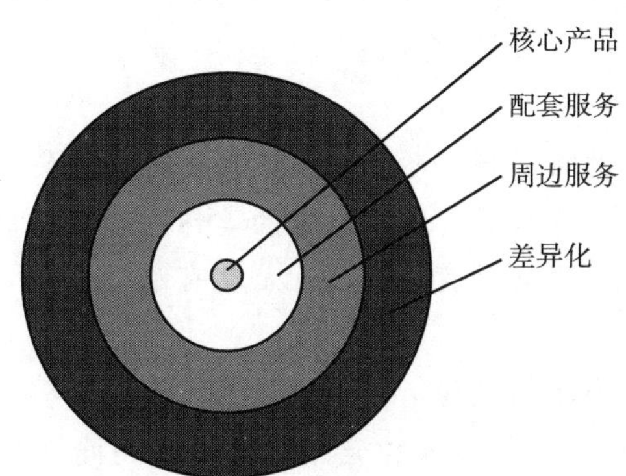

图4.1　“产品+服务”型商品

核心产品是最关键的要素，围绕着核心产品，一段关系很快就会建立起来。理想的核心产品/服务对顾客而言极具吸引力，因为它们能满足顾客的需求或欲望，如果产品/服务的品质又很好，那么这段关系便会得以进一步稳固。

流动性支持服务，几乎嵌入了所有产品中。很多产品或服务需要这样的附加服务来降低它们的使用难度。完善的配套服务能够极大地巩固消费者和企业之间的关系。

由于核心产品和周边服务具有复杂的内容组合和具有多变性，所以这样的模式能够使交叉销售变得更容易。我们可以根据特定消费者或工业用户的需求，定制不同的组合。进行流动性支持服务或是提供其他延伸性服务的主要目的不是为核心产品提供更多支持或便利，而是增加产品的价值，使自己的产品/服务从竞争者中脱颖而出（Grönroos，1990；Diez，2000；Godlevskaja et al.，2011）。

在汽车行业中，车便是核心产品；质保、维修、试驾和洗车等便是支持服务。而租赁、贷款、保险，以及售后咨询等，便是流动性支持服务或者叫周边服务。至于会员俱乐部、出行咨询等，便是差异化服务或者说延伸性服务。

完善的产品/服务差异化战略或支持服务可以促使顾客从普通顾客发展为

经常光顾的长期客户。

4.3 关系管理和“产品+服务”

打造良好的客户关系并不容易，需要营销人员尽其所能为顾客提供各种高品质的服务，这样才能维持和巩固关系。简而言之，营销人员一定要服务好他们的重要客户。Payne（1995）指出：

> 作为一个重要的战略问题，不断调整关系管理方法要比按固定计划进行关系管理好得多。比如，如果负责联系顾客的工作人员不能积极有效地为顾客提供相匹配的服务，那么再好的营销计划也是没有意义的。

由于大多数公司所提供的核心产品/服务和周边服务往往很类似，所以支持/差异化服务对于那些最具差异化营销能力的公司而言，极具吸引力。大多数顾客对产品的看法，会受到包装的影响，反之亦然。这就是所谓的“晕轮”效应。由于在设计包装时，主要会根据产品或服务的档次，设计出相匹配的包装，所以总体而言，顾客会根据包装的品质来判断商品的价值。

Boon 和 Nyquist（1981）发现，在提供服务的过程中，顾客和企业之间存在着一个“高度契约关系”。因此，长期的、频繁的、大宗性的产品和服务组合关系其实就是顾客和企业之间的合作关系。而有效的关系管理战略，往往基于相互信任、合作、共同利益、共同目标、关系亲近、开放和相互合作、不断发展的基础上。其自身性质通常会使得客户忠于某一家企业。

企业可以利用各种方法来降低产品和服务的使用难度，并进行差异化营销，例如，不断改进、创新和提升可靠性。例如，American Express 通过不断深入分析客户投诉及咨询，以提前解决一些不必要的问题。有些企业在技术上做了巨额投资，以提供比竞争对手要好的高质量服务：

（1）创新；

（2）改进；

（3）对客户投诉和咨询进行深入分析，从而消除或减少不必要的咨询；

（4）高效的供给系统；

（5）细心、有礼貌的员工；

（6）可靠性；

(7) 响应性;
(8) 安全;
(9) 维修;
(10) 移情作用。

实现便利化和差异化，可以为公司提供以下几个显著的优势：
(1) 现有客户的业务量上升;
(2) 新客户;
(3) 良好的口碑;
(4) 客户保有率上升。

然而，“产品 + 服务” 品质的关键是客户满意度。客户满意度可以理解为企业如何满足客户的期望，具体包括以下方法：
(1) 明确影响质量水平的关键因素;
(2) 管理顾客期望;
(3) 管理对 “产品 + 服务” 品质和交付的印象;
(4) 质量保证;
(5) 建立可靠的支持和便利化系统;
(6) 通过客户反馈评估 “产品 + 服务” 质量。

一部分 “产品 + 服务” 的要素可能受控于企业 (例如，销售、包装、电话热线和其他支持或差异化服务)，然而另一部分的受控性则相对较小 (例如，某企业是一家通过零售商进行销售的生产厂商，那么该企业则无法控制零售商)。

因此，解决以下事项十分重要：
(1) 明确所有顾客会重视的 “产品 + 服务” 组合要素;
(2) 尽可能地使这些要素达到最优又最有效的状态;
(3) 确保计划能够在与顾客的来往中顺利实施。

最后，产品和服务组合的复杂性会提高交互密度，建立以顾客为中心的关系并创建经济和社交纽带。产品和服务组合的各种搭配、档次和质量、功能以及人际关系会最大限度地在企业和顾客之间建立相互依赖、不断发展、来往密切的关系。

4.4 关系和附加价值

如今，市场营销不再是仅仅一项职能，而是一种商业模式。营销不是一种新的广告宣传形式也不是推广活动。在今天的社会，市场营销能力已经成为任何一个职位都必须具备的能力，无论是接待员，还是董事会成员。市场营销还要考虑如何为顾客设计他们需要的产品/服务，如何设计出一个通过与顾客的来往，让顾客采取购买行动的系统化程序。现如今，竞争如此激烈，企业必须努力提高附加价值（Ulaga & Eggert，2006）。它们必须和客户（例如，供应商、使用者和分销商）共同探索出对自身和顾客而言都更有意义的经营方法。

显然，为了在动态市场中生存下来，企业需要制定能够抵御市场动荡的策略。提高附加价值是一项艰巨的基础业务。许多公司尽其所能以最低的成本创造出最高的价值。但是竞争对手也是如此，这是竞争的天性。如果你能做的事情，其他企业也都能做到，那么你的附加价值就很低。市场的动荡降低了你的附加价值。为了不让附加价值被削弱，企业需要建立和巩固长期的、以价值为基础的顾客关系。以价值为基础的关系必定会是为顾客提供更多利益，或以降低客户成本的方式增加顾客价值（Ulaga & Eggert，2006）。

Godlevskaja 等认为，“服务能够为建立长期关系提供支持：一方面，与客户保持联系有助于维系关系；另一方面，通过为顾客提供服务，增加往来可以收集到更多关于客户需求和要求的信息，也能及时让顾客得知自己的最新产品/服务。只有这样的服务组合才能实现这个目标”（Godlevskaja et al.，2011）。

公司需要建立一个强大的根基，以确保不会在风暴中被吹走，广告和促销并不能达到这个目的。它们需要详细了解市场结构，还要和供应商、分销商、投资者、用户以及其他公司和同一市场内的人员建立长期关系。建立这些关系比降价、做促销，甚至比技术研发都重要，而建立这种关系，最重要的就是反馈循环。

市场环境的变化，可以立即使价格和技术发生变化，但与忠诚客户的亲密关系可以维持一生，这能够大幅提高附加价值；反过来，附加价值也会提高顾客忠诚度。

第5章　质量、盈利能力与客户关系管理

我们寻觅着什么，便决定了我们会看到什么。

John Lubbock

5.1　质量和客户关系管理

在评估质量、客户关系管理和客户忠诚度之间的关系时，我们需要了解并检验运营战略中与质量相关的各类要素，并不是只有消耗大量的资源才能提高质量的无形属性。人们会这样认为或许是因为我们尚不知道，服务组合（产品+服务）中的哪些无形因素可以提高质量，也正是这个原因使我们一直都觉得质量还有待提高。已经有很多企业意识到了他们自身和他们的客户都有这样的想法。

你如果不去评估质量，质量就不会提高（Asser，1990）。可是，目前无论从财务层面还是运营层面，都很难评估客户关系和质量。有一种方法可以部分解决这个问题，那就是在顾客忠诚度、客户关系管理和质量之间建立一个更加明确的联系（Zineldin，2006b）。

尽管我们经常把以技术为基础的客户解决方案称作客户关系管理，如销售自动化（Sales Force Automation，SFA），但它仅仅关注了信息科技化，而客户关系管理是一种全面的经营战略（Crosby，2002；Payne & Frow，2006）。

客户关系管理是通过与关键客户和目标客户建立恰当的关系来为股东创造更多价值的战略手段。它综合利用了关系营销战略和IT技术的潜力，在客户和其他利益相关者之间建立一种有利可图的长期关系（Payne & Frow，2006）。

关键问题在于，企业如何才能有效地与关键客户和工业客户建立并维护一段关系？答案是，他们必须更新或改进战略管理的方法，并以一种更加系统的方式去营销他们的核心产品和配套服务。那些与顾客的关系极其深入、极其稳健的公司，能够最大限度地保留客户。现在，许多企业会选择若干市场对象，之后竭尽全力在同一市场中做到最好。

我们要知道，生意是由企业内部和外部的人共同完成的。对于相关的所有人来说，最关键的是要认识到，人的头脑共存着理性的一面和感性的一面。因此，企业若想同时从理性和感性两个方面吸引消费者，就要给他们理性的、合乎逻辑的理由，告诉消费者，他们为什么需要我们，需要我们的产品，需要我们的服务或品牌。正如图 5.1 所示，企业必须考虑以下问题：

(1) 谁是我们的客户（身份）?
(2) 我们的产品/服务创造了什么价值?
(3) 如何找到并吸引潜在客户?
(4) 我们采取的理性宣传和行动是否让客户产生了感性的认同?
(5) 线上和线下，应该如何与客户保持良好的沟通?
(6) 为了保留客户，还能提供什么其他的价值?
(7) 针对客户的问题，采取的解决方案是如何奏效的?

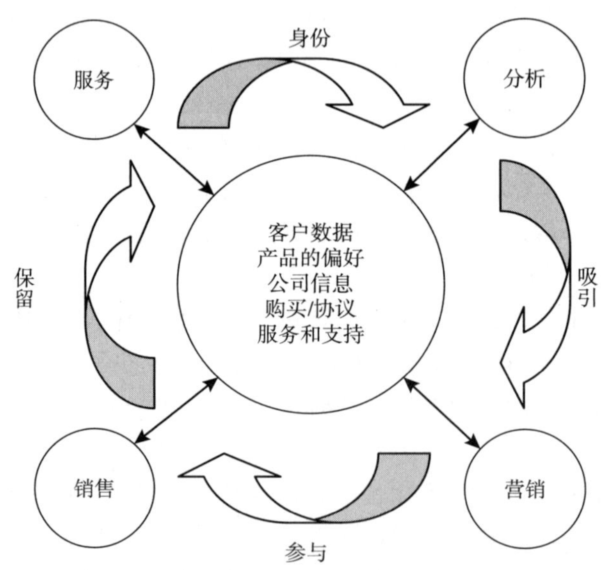

图 5.1　客户关系管理周期

因此，企业需要对当前顾客数据信息做一个更加有深度的分析。一个有效的客户数据库，可以使公司在了解其顾客的需求，尤其是他们的关系需求方面，做到业界最优。

客户数据库提供以下信息：

（1）客户目前认为质量如何？

（2）客户要求的产品/服务的质量是什么样的？

（3）竞争对手做到了什么样的质量？

（4）产品/服务使用的程度（购买和使用的频率）。

（5）当客户依然忠诚时，客户可以接受的最低关系成果水平。

（6）客户认为需要重点改进的方面。

（7）客户认为关系绩效的水平如何？

客户数据库还将包括，当前和过去的业务、产业、市场份额、盈利能力等方面的状态/趋势。关于工业市场，Campbell 和 Cunningham（1983）指出：

通常，供应商倾向于通过增加新产品，甚至新技术，去进一步满足顾客的需求，从而跟上顾客需求的增长和发展速度。

客户需求和行为的数据使公司能够：确定当前关键客户、与潜在顾客建立关系、计算客户可以带来的收入和评估未来自身的投资机会。

该信息使公司明确、创造并轻松提供优质的产品和服务组合。Ishikawa（1985）认为，质量意味着：工作质量、服务质量、系统质量、信息质量、人力质量、流程质量和目标质量。

客户满意与客户关系的维系，取决于产品或服务是否达到了客户当初期望的质量。Deming（1986）提出了提高质量的14要点行动战略：

（1）为改进产品和服务设定一系列的目标；

（2）采用新的质量控制理念；

（3）不要再依靠质量检查来保证质量，使用统计方法才能真正保证质量；

（4）与几个供应商建立长期的合作关系，终止那些仅仅因为价格才开展的采购合作；

（5）持续提高质量，要坚持不懈地改进计划、生产、服务的每一个流程；

(6) 对员工进行培训，这是一项工作量极大又需要长期坚持的任务；

(7) 改善整体系统而不是想着把责任归咎于个人，采用并立即实施领导制度或改善监管制度；

(8) 消除管理者和员工之间沟通的层级障碍；

(9) 打破各部门、供应商以及客户之间的壁垒；

(10) 不要给员工设定量化的目标；

(11) 不要对员工的工作进行单位化限定（例如，计件）；

(12) 通过消除年度评级和绩效考核系统来激发员工的热情和自豪感，此外，设法使员工（车间工人、经理等）能够评估自己的工作并因此为自己感到自豪；

(13) 积极开展教育、训练和自我提升活动；

(14) 转变需要时间，一定要有耐心，设法让组织中的每一个人都参与进来，尽快实现转型。

将质量和客户关系管理联系起来的思想，着实令人震惊，在这一观点的指导下，Newell（2000）和 Zineldin（2005）开始研究能够发展、维护或是提高客户保留率的方法。客户关系管理的另一个主要观点是要使用技术手段，以数据挖掘和数据库为导向。越来越多的顾客开始使用数字化技术，尤其是互联网，这些新兴技术手段以不断改进质量的方式，改变着我们的未来，让它充满更多种可能，让我们对未来抱有更多的期望。一旦客户与我们确立关系，就不可能再脱离这段关系，因为他们会想要继续得到高质量的“产品+服务”。

5.2 质量控制和因果效应图及其分析

质量控制是一项重要功能，因为它能确保顾客的需求得到满足。营销质量控制的目的是，从实操的角度测定质量体系是否在最佳水平上运行。根据 Ishikawa（1985）的观点，进行质量控制是为了使质量达到顾客的要求。这需要：

(1) 明确真正的品质特征，例如顾客真正的需求或感知价值，并据此制定正确的质量标准；

(2) 通过因果效应图和分析，找出可能影响生产流程真正特性的可替代特性；

（3）用检测和实验的方法辨别出这些可替代特性和真正特性之间的关系。

当质量控制团队试图寻找质量问题的可行解决办法和根本原因时，可以使用因果效应分析法。

因果分析和头脑风暴是指，同在某一组织的一群人坐到一起，用他们的专业知识对某一问题发表他们的观点和看法，并将所有人的发言都记录下来，绘制成一个头脑风暴图。由于绘制出的图形很像鱼骨头，所以也被称为鱼骨图（Fishbone Diagram），图中鱼头部分就是“结果”或问题，而骨架部分，则分别列出所有人认为可能的原因或想法。发明这种方法的人是 Ishikawa，所以也有人将此成为“石川图”（Ishikawa Diagram）（Ishikawa，1999）。

如图 5.2 所示，设计因果效应图的方法主要有以下四步：

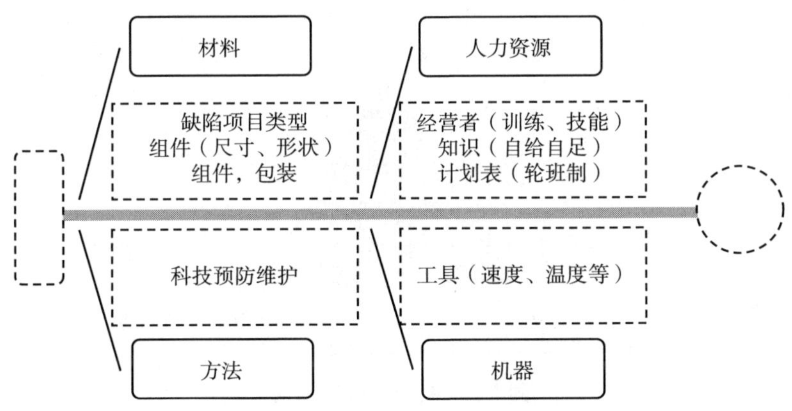

图 5.2　质量问题：因果效应图

（1）利用头脑风暴的方式搜集所有可能导致该问题的原因；

（2）在标题下列出材料、方法、机器和人力资源这四个集合；

（3）画出一个因果效应图；

（4）在对应的分类下写出影响。

随着客户关系管理深入商业的各个环节，企业应该采取一个全局性策略，也就是将质量、客户关系管理和顾客忠诚度（Customer Loyality，CL）联系起来。如果客户关系管理战略提高了“产品 + 服务”的质量，并以合理但比以前或比竞争对手更高的价格出售，从而创造更多利润，那么情况就很明了，这说明该企业选择的发展道路是正确的，不久也将会上升到一个更高的市场地位，并且地位还会更加稳固。

5.3 生产率、效率、盈利能力和客户关系管理

如果关系管理战略和营销战略能够带来更高的顾客满意度，企业便会认为这是创造利润的好方法。有效的关系管理应为客户提供优质的产品和服务，而不是以低价销售那些粗制滥造的产品，他们从不担心没有销路，因为他们早已仔细研究过市场、客户、产品和服务。不过最重要的，依然是利润。我们的主要问题也正是如何利用关系管理理论，在最大限度上获取利润。我们将生产率、效率和盈利能力当成三条线，连到一起，便画成了关系管理三角图（RM Triangle），如图 5.3 所示。

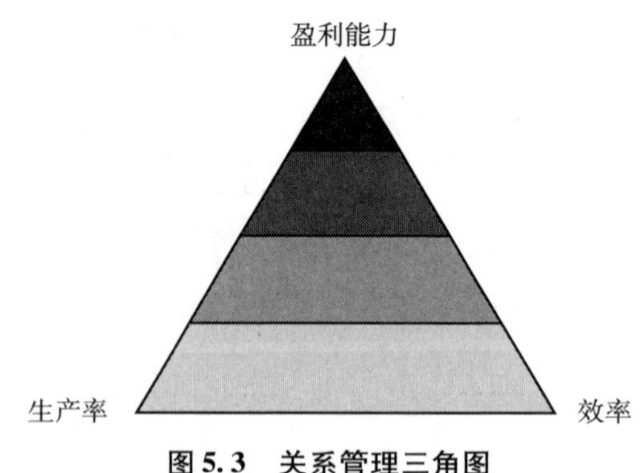

图 5.3　关系管理三角图

质量的提升不仅可以使销量上升，还可以适当提高“产品 + 服务”的价格，因为我们不用再继续进行价格战了。这样一来，成本（如机械、检查、返修和投诉的花费）便减少了。而随着资源（如成本和周转资金需求的减少）的有效利用，效率便提高了，接着生产率也上升了。

效率和生产率包括的内容很多，如生产流程、企业运营方式、产品的单位成本、劳动力产出、资金产出、员工技能、员工表现、销售产出、为提供达标产品或服务所使用的资源的成本等。

业绩和效率与效益的关系可以被表示成图 5.4 所示的样子。营销活动的效率低下，不但不会使销量上升，还会导致公司营销成本的增加。不过，即便一个企业再怎么高效运营，如果它无法为顾客提供他们想要的产品，最终只能是惨败（Jobber，1995）。

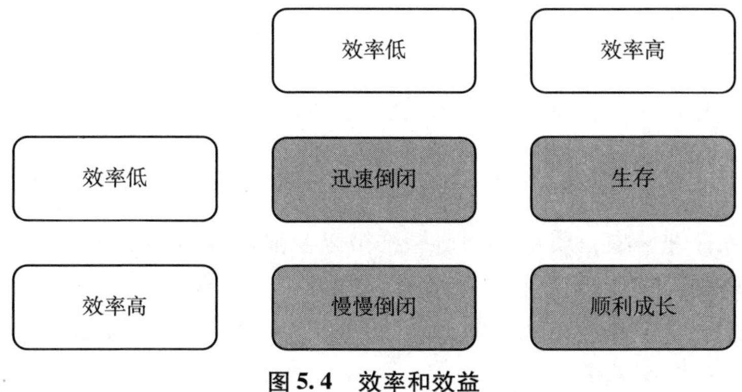

图 5.4 效率和效益

Christopher 和 McDonald（1995）写道：

同时提高产量和生产率，是盈利的关键。

这里，还要补充一点，那就是效率同样不可忽视。事实上，盈利的关键在于顾客和顾客满意度。产品摆在那里，不会自行创造利润，给我们带来利润的，是顾客。

然而，Gummesson（1995）问道，到底是先有生产率的提高、质量的提高还是利润（鸡和鸡蛋问题）。对此，他的回答是，生产率的提高导致了利润的增加，而质量的提高导致了生产率的提高，进而又导致了利润的增加。尽管 Gummesson 仅仅研究了服务活动，但其研究成果可以应用到其他行业。还记得关系管理三角图（图 5.3）的那三条边吗？生产率、效率和盈利性，人才关系管理的三根肋骨 ——生产力、效率和盈利能力，由于它们之间的关系是相互交织的，所涉及的概念与影响范围也是相互重叠的，所以在分析整体环境时，一定要仔细考虑和分析。

此外，像是关于营销策略对利润的影响的研究或战略与绩效分析（Profit Impact of Market Strategy，PIMS）研究，都表明提高利润和投资回报率（Return on Investment，ROI）与质量、品牌、客户忠诚度、生产力和效率息息相关：

（1）如果产品或服务质量低下，进行再大的营销投资也很难提高销量（企业市场营销战略的效率低下）。这说明，企业无法通过加强市场营销去销售低质产品和服务。

（2）员工人均附加值越高的企业，盈利能力会比人均附加值低的企业高。

我们可以将附加值定义为企业为其原材料和生产原件所增加的市场价值的数额。

(3) 总体而言，产品或服务的质量对财务状况有积极影响。

(4) 高效和良好的运营能够提高盈利能力。

在关系管理学中，质量和创造、维护以及强化客户关系间存在一种双向关系。真正高效（健康）的企业可以与客户（个人或团体）建立长期的互利关系，并通过不断提高生产力，提供完善的“产品+服务”组合，同时使用有形和无形方式保留顾客。

能够实现顾客满意和顾客忠诚的质量与客户关系管理方法是企业成功和创造利益的关键因素。如果顾客感到满意，他们便很可能对一家企业尤为钟情，这也意味着二者之间的关系会持续下去。与此同时，企业便也得以获取更多的利润和市场份额。

企业会想尽办法和忠诚顾客建立长久的关系，以确保再次交易和/或持续向他们提供（加强）“产品+服务”，而这也是一项客户关系管理策略。亲近长久的关系能为企业带来的最大的一个优势就在于，它能够让企业清楚地知道自己的顾客/客户需要什么、想要什么，以及他们通常都是如何使用“产品+服务”的。采用这种客户关系管理战略，便很有希望将普通顾客变成忠诚的长期顾客，而且他们购买的产品也会更加多样化。

一个企业的真正使命，在于为顾客、员工和投资者创造价值。与任何一段关系都一样，企业与顾客的行为以及活动都必须是互利的，否则这段关系一定会以失败告终。因此，企业的任务就应该是努力实现最独特的价值，而非创造所有价值。该任务安排一定要明确你的经营活动领域和各细分市场下的经营战略。同时，各部门的具体任务又要和企业的整体任务保持一致。

第 6 章　企业行为、价值创造与关系策略

我们可以轻易地免遭批评——只要什么都不说，什么都不做，最终一事无成。

Aristotle

6.1　企业使命

首先，任何一种组织的第一项任务，都是要以合法的形式存在。这是它与其他职能部门（如大环境或社会）建立联系的基础。从理性的角度出发，企业的一切行为都基于自身的预期成果和当前关于因果效应关系的理念。换句话说，企业要知道他们想要得到什么，知道以后又应该如何得到。

企业规划发展战略的第一个阶段是要明确企业的使命和目标。企业使命揭示了企业的总目标和存在的意义。企业的使命不仅仅是让股东的利益最大化。用 Henry Ford 的话说，“经营一家公司，盈利是必然的……否则，就会倒闭，但是，如果仅仅是为了盈利，它也一样必然倒闭，因为当它这样做的时候，就已经彻底丧失了它存在的意义。”

真正成功的企业其实是一种合作，一种与客户、员工以及投资者的合作。一旦任意一方行为有所偏差或逾矩，就会导致整个关系系统瓦解。所以，企业务必确定并解释自己的使命，这样才能让企业的股东、管理者、客户、员工，以及其他利益相关方明白企业使命的内容。

企业使命需要明确指定企业经营范围内的竞争框架，同时还要有效反映出企业的基本信念、价值观、愿景和战略。

Payne 和 Clark（1996）对企业使命的说明如下：

企业使命是企业自始至终的根本目的，它是对企业现状和未来蓝图的描

绘，指出了企业未来会生产什么样的产品、提供什么样的服务、服务于什么样的市场，介绍了企业的价值观和理念，同时也点明了自己和竞争者的区别所在。

企业使命应该着重说明关于如何发展和强化长期顾客关系和企业对企业关系的政策。IBM 公司的创始人 Tom Watson 用一句话便道出了他们的企业精神："IBM 等于服务"。Watson 对此的解释很简单：不要满足于成为一家好公司，而是要有志于成为全球最好的公司，无论在哪一个产业都要做到最好。也有一些企业会用大量笔墨详细说明他们的企业精神。可是，企业使命应该是言简意赅的，不要像"妈妈"一样唠叨，那就过于冗长了。

使命陈述应该通过指明将要提供的基本产品，将要服务的主要市场和服务这些市场的手段，说明该组织所需的长期方向。根据克里斯托弗（1991）等的观点，一个使命陈述应该：

（1）贯穿整个行业对个人行为产生足够具体的影响；
（2）比产品或服务更多地专注于客户需要的满意度；
（3）反映企业的独特能力和基于对组织的优势和劣势的客观认知；
（4）在竞争环境中承认机会和威胁、资源和消费市场的趋势和组织的漏洞；
（5）要现实和可实现的；
（6）要灵活。

不幸的是，很多组织的使命陈述不符合这些要求。一些陈述范围是不必要的，有些又太过狭隘，另一些只为公共消费而制定。一个有效的使命陈述应该支持"关系"这一重点问题。在使命陈述中，关系战略的重要性，应作为主要手段被强调，这样，组织的基本业务目标才能实现。以下是总部设在伦敦的加拿大领先银行、英国皇家信托银行的使命陈述（克里斯托弗等，1991）：

我们的目标是在英国增强和聚焦于我们的作用，作为一家关系领先的银行，为客户提供贷款投资产品和咨询服务。我们的目标客户是发展中国家、创造财富的企业家和专业人士……我们的目标将通过质量优良的产品、良好的建议、可靠的交付和高效的管理获得顾客忠诚和口碑推荐，从而达到我们的目标。

另一个案例是制造组织，英国航空航天局（动态）使命陈述：

英国航空航天局是武器和高技术装备的设计与制造领域的世界性领导者。我们的使命是，不断改进我们的产品、产品的范围和服务，以满足客户的需求。让我们成为一个兴盛繁荣的企业，从而确保长期就业。为我们的股东（其中包括部分员工）提供合理的投资回报……为了达到客户满意，我们的产品和服务质量必须是我们的头号任务。持续改进和提升是我们成功的关键。员工参与是我们的生活方式，我们是一个团队……经销商和供应商是我们的合作伙伴，公司必须保持同经销商、供应商和其他商业伙伴的互利关系。我们公司在世界范围内的行为都必须具备社会责任感并保持一致，以及为社会积极地作出贡献。

公司的企业使命和目标，其最重要的问题是，必须强调质量、客户满意度和客户保留。重点强调质量和客户满意度的案例有很多，正如通用汽车土星分公司的使命陈述所言：

在美国市场开发和制造汽车，通过人、技术和业务系统的集成整合和传输通用汽车的知识、技术和经验，在质量、成本和客户满意度方面成为世界领导者。

这项使命陈述被印在一张钱包大小的卡上并发放给所有员工。一个被所有员工理解的精心措辞的使命，将为进一步规划具体决策提供指导。使命陈述的例子说明其应包括以下重点内容：

（1）质量在客户满意度中的作用；
（2）发展和改进产品或服务的重要性；
（3）提高顾客忠诚度的重要性；
（4）建立客户关系的重要性；
（5）持续改进和员工参与的重要性；
（6）社会和生态责任。

为了满足组织和客户的需要，一个客户经理需要做的是，对可以塑造组织使命的因素保持敏感。基本使命可以作为一种威慑力来进行战略转移。因此，组织使命可以由以下五个因素决定，如图 6.1 所示。

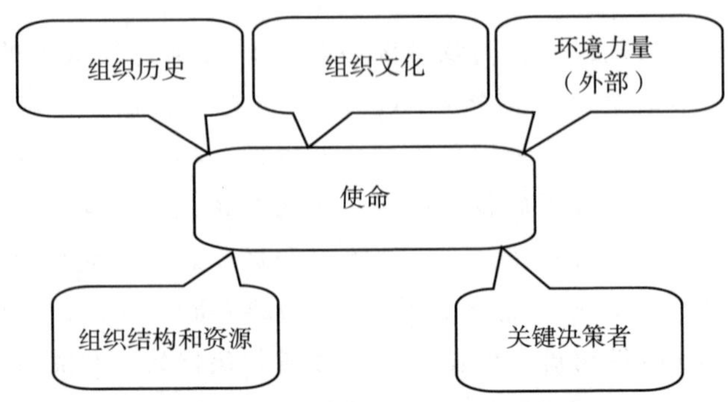

图 6.1　影响一个组织使命的因素

理想情况下，随着时间的推移，组织需要盈利来保持长期的客户关系、满足客户的需求。在这种情况下，一项使命应该说明需要做什么。由于使命陈述是成功企业管理的基础，因此精心制作它是十分重要的。

组织的使命改变得十分缓慢，并且对选择它做或不做和决定采取的行动方式有着主要影响。

管理必须了解企业的使命及其竞争对手，这是建立成功的关系营销策略的关键因素。这是通过认识到组织自身的限制条件和由组织的竞争对手提供的机会来完成的。下面讨论五个影响组织使命陈述的因素。

6.1.1　组织历史

过去也许是最有利的来源。如果事情不像是过去那样好，问题就明确出现了。每个组织都有一个历史的目标、政策和成就。该组织的历史，将对其行为和业绩有显著的影响。在考虑历史时的主要基本原则，是从过去的表现来判断当前形势，过去的成功或失败对未来选择的影响。任何剧烈的变化，无论是好是坏，通常是问题存在的迹象。

该组织的起源将影响其特定的客户类别、在国内或国外的地理区域等范围内的定位等。因此，在重新定义其目标时，组织不应该彻底脱离它的历史。例如，在瑞典的一个小公司采取了“成为世界最大的组织”这一使命是不明智的。那些想在新环境里获得成功的组织，将必须按照自己的使命、过去的历史和优势来行动。

6.1.2 组织文化

一个工作组或一个组织的文化由活动、互动、规范、情绪、态度、价值观、技术和产品的流行模式组成。这是人们真正的行为方式，它们实际上被认为是感觉的方式和处理同彼此和客户关系的方式。对团队和工作组的重要性的认识，来确定个人和组织的有效性，是在理论的产生和组织发展的实践中的关键一步。该组织的文化是关于如何获得已完成的组织使命。

如今，企业必须随着战略的重点的转移，实时转变他们的文化，例如，以质量为基础的价格竞争，必须满足客户的需求、客户服务和客户保留。

每一个组织都有自己独特的文化，即包括规范、价值观、理念、工作人员的类型和条件的一套规范，和对正式和非正式行为的管理。一个组织的主要文化因素是在员工之间的关系以及与机构、客户和社会的关系中表达出来的。然而，文化不是一夜之间发展起来的东西。了解企业文化如何发展，可以帮助管理者更有效地管理它。

文化可以改变，虽然这需要艰苦的工作付出，需要花费很长时间。因此，人力资源战略应该创造一个企业战略和企业文化之间的匹配。组织必须创造一种文化，与关系管理方法、时代和环境同步，从而鼓励各单位和其客户根据自己的使命互相支持。组织的文化和员工的价值观，应侧重于客户保留问题和忠诚度为基础的管理。

6.1.3 环境力量

组织运作的环境影响着它的使命，经常会与竞争组织同时进行对比。必须考虑环境定义的主要的机会和威胁。管理层必须问自己以下几个问题：我们是否像我们的竞争对手一样赚钱？我们是否高效？我们是否具有社会敏感度和社会责任感？我们要在哪里工作？这些问题的答案可能会影响到其他的答案。我们在第10章将看到，新的政治条件、竞争、经济混乱以及在母国的变化会影响到问题的答案。即使答案会改变，一个组织的优势也必须建立在一致性和清晰的使命上。可能在同类企业中，企业能够轻而易举地超越其他部门或子公司。或者，他们可以将整个行业或市场进行比较。一家大型跨国组织只能与同样的全球规模组织进行比较。环境将影响组织的使命声明。

在当今的环境中仍然使用过去的使命陈述或目标（例如采取进攻型战略）

的企业，将无法走得长远。随着环境的变化，企业将拥有更加丰富的维度。现在的重点是客户保留（防御性营销策略）。如果它将要确定和澄清它的使命并指导和约束它的行为，从而明确自身任务并限制其行动，组织的管理就必须意识到这一问题。环境力量必须是使命和战略制定的一个组成部分，特别是在选择业务、确定业务和确定定位时。

6.1.4 组织结构和资源

影响组织使命的另一个重要因素是它的结构和资源。组织的结构和资源从根本上会影响它的行为。该组织的正式和非正式结构的设计，包括和定义组织如何被划分为单位、谁向谁报告、控制的方法、设备和人员的空间安排与工作流程和程序。该组织的资源使某些使命成为可能，而其他使命则成为不可能。由于财力、人力和物力在一个组织中是有限的，那么，任何的经理人要面对的最重要的决策是如何管理组织的人力和物质资源，从而尽可能有效地实现其愿景、使命和目标。

至少要从两个不同角度来看待组织的结构：内部组织政策和外部消费需求。有些组织倾向于通过地理分布（分公司）和围绕客户及业务关系结构，来构建其活动的结构框架；另一些组织倾向于围绕系统导向的部门来确定组织结构，这些部门通常对企业的成长具有重大影响。

6.1.5 关键决策者

确定组织的使命陈述及其战略的一个主要驱动力是关键决策者的能力和技巧。如果能够论证改变组织目的和战略方向是必要的，那么关键决策者应该有改变这一切的勇气。一个组织关键决策者的风格、志向和价值观对其基本目标的实现有重要影响。一个依赖于传统经营管理的经理人，不够重视环境扫描，将重点放在最近的过去而不是与日俱增的变化上，可能会导致不明智的反应，从而导致不利的结果。换句话说，他或她的选择将是有限的，采用外推方法是危险的（例如去年增加5%）。这种方法把注意力集中在战术的问题和方法上，而不是长期战略关系的机会。把组织的重点从客户获取转移到客户保留是一项重大战略举措。

组织或战略的重大变革通常发生在主要领导变更之后，这一般是为了使公司目标能够适应新条件和环境而进行尝试的先兆。领导的改变往往意味着更为恰当的反应，更广泛地选择和预测战略机会的可能性。

使命陈述提供了一个框架，使一个组织中多样化的工作人员，以协调的方式，朝着实现组织的整体目标和理念的方向来工作，因此，与我们所描述的关系管理和营销概念是一致的。它还应确定该阶段的产品和客户的参数，以及在组织中单位和其他人之间的关系。

制定一个正式的组织使命陈述是不容易的。改变组织的基本目标是非常困难的，并且需要大量的时间。因此，迅速作出这样的改变是不现实的。一个组织的使命仍然可能保持清晰，但是失去与新环境的相关性，或者它可能随着组织的成长和增加新的产品与服务而变得不清晰。

将重点放在客户保留上，在关系战略规划的过程中十分重要，在使命陈述中这一客户导向的定位应该是显而易见的。使命陈述还应该体现该组织希望追求的整体方向，并识别由于历史、文化、环境和组织结构而导致的自我限制条件。

6.2　关系战略规划概述

所有组织自然设定的目标，都表明了它们试图实现的增长、规模、利润、成本和市场份额。组织的战略营销规划是一个工具和设计与制订行动计划的流程，以在它们可用的资源内实现组织的目标。确定要实现什么和如何来完成是必要的。我们将用“关系战略”（Relationship Strategy，RS）这一术语来强调在制定企业战略时，应该持续地关注前文中提到的“关系”。

一个成功的关系营销计划应该提供所有要求实现这些目标的细节，并满足客户的需求和愿望。战略规划是一个基本要素，没有系统的规划，营销成功就不太可能。战略规划是必要的，无论是零售市场还是批发市场。但是，市场营销产品/服务的任务在零售营销的层面上来讲，与工业客户相比，是根本不同的。

通常，建立、发展和维持长期的制度关系的过程往往非常复杂（Håkansson，1982；Zineldin，1993；Hennig - Thurau et al.，2002；瓦戈，2004；帕穆尔等，2006）。要充分发挥这种关系的潜力，组织需要制订一个恰当的和系统的战略计划。在任何情况下，建立和完善长期的关系需要耐心，特别是对消费者和工业客户（B2B）。但事实上，它可能在长期不懈地努力后，才会带来收益。

关系管理和营销是一段旅程，不是目的地。专业人士将从一个计划开始，然后逐步实现它。满足客户关系需要的能力，需要依赖于公司中一套完整的因素和战略。一个关系战略包括重点客户的选择、要素和能力的核心，以保证与这些客户的期望相一致。如图 6.2 所示，一个公司需要的主要要素和能力，是人、目标、资源、流程、战略、政策和行动计划。

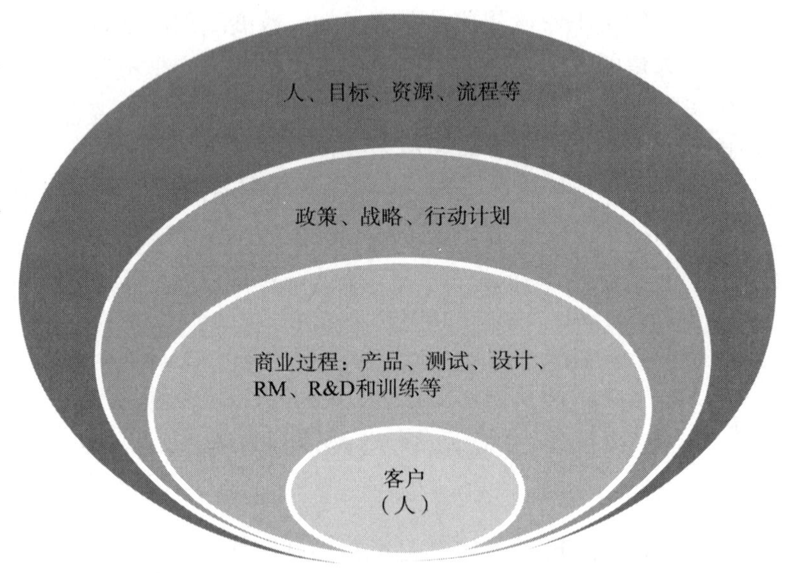

图 6.2　业务中心的客户

（1）人：企业是人的，人际关系都是关于人的。人们管理关系和传递价值的关系和过程是为了客户。人们与客户和公司内部互相交流，用另一种方式来创造实时价值。他们应该有计划、实施和监控关键绩效指标的能力。如果他们被错误地分配、管理或训练，那么可能对客户的关系是毁灭性的。

（2）目标：一个公司的成功目标是什么，这些目标是否要求客户关系被管理？目标必须强调质量、客户满意和保留。

（3）资源：资源应该被分配来帮助不同政策和行动计划的成功施行。

（4）流程：考虑到关系管理，企业应该重新围绕客户来设计它们的业务流程，以确保客户的价值得到增加。

（5）战略：将目标转化为主要政策条款。简单地对客户友好并帮助他们，并不能构成一个长期关系。

（6）更确切地说，关系应该被计划。如果一个公司开始通过计划的过程来理解关系的重要性，那么该公司将开始把关系放在业务的中心位置上。

(7) 人力资源管理 (Human Resource Management, HRM) 对客户关系管理的发展是非常重要的。

(8) 战略和行动计划：将战略转化为战术和实际结果。重要的是要确定每个部门、职能或团队应该扮演哪些角色并履行的职责，以使关系战略发生。

(9) 客户应该在业务流程的中心位置。随着建立为了理解客户期望的子过程和在这一方面来评估公司的表现，客户关系本身应被视作一个过程。关于关系，客户应在所有面向创造价值的进程中与管理者合作。例如，一个产品或服务，应该紧密联系客户来设计和发展。关于沟通渠道，包括信息技术、灵活性、适应、信任和承诺，是改善业务和提高关系流程的强大工具。

因此，战略规划是战略关系管理和组织营销过程中的一个基本要素。战略规划是战略管理的重要支撑（Abell & Hammond，1979）。战略关系营销策划术语可以作为战略规划的同义词来使用。为了获得长远成功，战略必须满足组织和客户的需要。

有力地满足客户的需求，组织才能生存。我们可以如下定义关系战略规划（Relationship strategic Planning，RSP）：

关系战略规划是为构建和重塑组织方向的一个系统的、有逻辑的和分析的过程。该过程取决于组织目标、机会和资源。主要是为了满足客户需求和欲望，为公司和客户创造价值并巩固长期关系。关系战略规划是行动计划也是工具，从 A 到 B，其中“A”可以被定义为一组将要实现的目标，“B”是这些目标的成功实现。

该定义引出了一种十问方法：

(1) 我们现在在哪里?

(2) 未来是什么?

(3) 客户的需求和要求有什么变化?

(4) 我们准备好比我们的竞争对手以一个更好的方法来满足他们的新需要和要求了吗?

(5) 我们应该如何来适应这些变化?

(6) 我们用怎样的机会来创造长期客户关系?

(7) 我们要去哪里？时间安排是怎样的？

(8) 我们如何到达那里？我们应该用哪些工具？

(9) 谁负责行动计划？

(10) 他们将执行哪些行动方案？

这一战略方法的主要目的是制订一个全面的关系营销计划，以实现该组织的长期业务目标。因此，通过确定企业在市场上的地位和形象以及分配具体资源和优先投资至相应的组织运作环境中，关系战略规划描述了组织的战略方向。将资源投入到期望的投资组合，然后将会实现该组织的长期目标。

6.3 战略规划内容和过程

20 世纪 80 年代初的竞争中，根据传统的规则和戒律，比赛被清楚地定义和操作。很少有产品/服务被提供，大多数客户是忠诚的。管理者和市场了解他们的企业，他们知道如何去理解它们。随后的时期，见证了放松管制的出现、通信和信息技术革命的出现，以及国内外竞争对手的随之增加。管理人员和市场营销人员现在不得不面对复杂的经济形势，来自新竞争者的威胁，迅速发展的技术和在环境力量问题、发展商业和创造高质量产品与服务上与他们一样很有见解的客户的威胁。处在这样的环境下，战略规划突然变得更加关键。

组织必须迅速发展，以更清楚地聚焦于自己的能力、竞争和客户。许多组织现在越来越重视发展和保护与消费者、经销商、供应商等的关系。

今天，大多数管理者和营销者都同意，关系营销战略规划是组织业务和活动中的一个组成部分。战略关系规划应定义为预期的经营条件，并包括该组织的所有相关领域。

战略的概念在这里被定义为专注于为客户交付价值。这种注重品质和价值的传递应贯穿战略的构想和实施。战略关系规划应该为期待的商业条件定义一个行动方案，并囊括组织的所有相关领域。

目前，在动荡的市场和环境中，业绩的成功与一个有效的组织关系规划的发展和实施是密切相关的。而且，如果没有一个定义了组织当前定位和目标的战略框架，营销工作很可能是简单的战术和行动范围。战术专注于客户满意、客户服务和质量，是十分重要的但也是不充分的。基于战略营销关系战略的考虑，为客户交付预期价值也是十分重要和必需的。

有许多不同的方法可以理解战略流程，但大部分方法具有相似的步骤。规划框架有四个主要的阶段（图6.3），依次可被分解为10个步骤。

图6.3　关系管理规划框架的主要阶段

制订公司战略规划的初始阶段是公司的确定使命陈述。如前所述，使命状态的公司总体目标是其存在的目标。

公司战略规划发展的第二个阶段是进行营销审计，通过研究变量来协助本公司开发相关的背景数据，以用于研究未来的策略。通过开展营销审计或情景分析，将有可能为公司确定其优势、劣势、机会和威胁（SWOT）。该分析将揭示市场潜力，或在设定目标和选择细分市场时，确定商业约束情况。

在第三阶段，确定清晰的、量化的企业目标对于确保整个组织不同活动间的协调是必不可少的。个别部门和产品或服务的客户关系目标，必须与这一种方向保持一致。短期战略和为计划而提出的策略，应以他们对长期目标的贡献来评估他们的贡献。一旦这些更高层次、更长期的战略目标被建立起来，那么逻辑上，就可以确定与他们相关联的较低层次和较短期的目标。

在第四阶段，也就是最后的阶段，战略规划应该聚焦于顾客购买的概念和关系战略质量的重要性上。以下是一个战略关系框架中的主要组成部分和步骤。

阶段1　战略背景

（1）企业使命（或目标声明）和目标。

阶段2　情况回顾

（2）战略评估包括的内容。

①对现有客户的审计：（客户分析，关键客户行业和竞争对手关系）例如，客户忠诚和保留分析以及关系生命周期分析。

②内部市场分析和产品/服务状况，市场占有率和规模、趋势、位置、营业额、净利润等。

③目前优势、劣势、机会和威胁（SWOT）。

（3）市场细分和所采用的定位。

（4）外部战略态势分析。

①市场/行业总体特点。

②竞争者（波特的五力模型）。

③宏观环境状态。

阶段3　关系战略制定

（5）目标制定。组织的目标和关系营销的目标。

①在市场上怎样和在何处竞争。

②为内部和外部市场制订计划。

③估算预期结果。

（6）确定可选择性的总体混合关系。

阶段4　行动计划，资源配置和监视

（7）制订详细的行动计划来实现目标。

（8）实施计划。

（9）追踪绩效。

（10）测试结果，审查并对计划进行必要的完善：持续的质量升级。

战略规划有哪些好处？

正如图6.3所示的过程和阶段，关系战略管理规划（RSP）应成为一个持续的过程。在任务识别、规划和关系战略的制定和实施阶段之间，经常会有大量的谈判。管理者可能会发现这个计划的某些方面行不通，并建议采取可替代战略，这必须与组织的其他部分相协调。

RSP提供了许多重要的好处：

（1）RSP框架的逻辑顺序，如图6.2所示，要求管理中必须拥有一个有组织、有逻辑基础并针对组织总体任务和目标的设计方案。为了达到最佳效果，该规划应首先从组织的使命和目标开始，深入分析组织的环境，在该分析的基础上，形成关系战略规划。

（2）RSP主要是通过高质量的产品或服务获取回报，通过传达组织的需要，使所有员工的终极目标都是“顾客满意”，因为这对企业是否盈利具有决定性意义。

（3）通常，产品或服务基于客户保留和顾客终身价值的最大化，比一般的集中交易的产品或服务要好。公司应该了解到客户保留的价值应提供优质的产品和服务。质量和客户保留将在本书的后面部分讨论。

（4）RSP同样可作为协调下级活动的基础。通过规划，员工可以看到他们的努力和付出被融入组织的使命、最高管理层对公司的愿景和其他部门的活动中，因此，他们可以采取与组织的整体相一致的举措。

（5）RSP确保组织中的所有成员都能看到在对顾客重要的环节和维度中，长期客户关系得以建立和加强。

（6）RSP给予该组织的所有成员为支持和获得他们认可的方案而争论的基础，来实现组织的目标和关系营销目标。

（7）最后，关系战略规划能够作为监视和控制的基础。该规划能够识别组织中谁应该为特定的目标负责，以及应监控哪些数据。该规划迫使组织思考具体的行动，并为测量进程制定限制日期和基准。

从关系战略角度来看，本章的重点是市场和产品的形势，其优势/劣势、机会/威胁（SWOT）分析和市场细分，为审视和提出公司战略方向提供了框架。战略分析在所有营销领域都很常见，不仅仅只是关系营销，更是出现在所有规范的营销学教材中（科特勒，2009；波特，1980）。然而，从关系战略角度来看，我们应特别专注于关注企业使命和市场分析。

6.4 形势回顾

发展关系战略规划的第二阶段是进行市场审计。营销审计或形势分析是一项关于变量的研究，用来协助公司开发相关的背景数据，从而为未来的关系战略提供建议。主要是指发现、搜集相关资料、分析和了解公司内部及外部方面的情况，包括市场和产品/服务的状况、分布、竞争、总体市场情况和外部环境因素。

通过回顾和分析当前及预计未来的市场产品/服务状况，管理者和营销人员将能够确定公司在具体领域拥有的特殊能力，使他们在建设和加强长期客户关系中拥有竞争优势。因此，目前的市场和产品/服务的状况分析是必要的，应确定和评估以下因素。除了整体市场和产品/服务状况分析以及现状分析，审查主要竞争对手的地位也是十分必要的。

以下是一些重要的市场和产品/服务指标：

（1）当前市场份额和过去趋势。

（2）近期和历史发展模式。

（3）市场规模和整体产业成长。

（4）市场集中趋势。

(5) 利润贡献。
(6) 整体盈利能力。
(7) 效率水平。
(8) 推广和分销方法及成本。
(9) 分公司/绩效。
(10) 管理团队和其他员工的技能、能力/局限性。
(11) 产品/服务范围、结构以及它们的发展。
(12) 市场组织。
(13) 培训计划。
(14) 技术和经营优势(例如,电脑软件、新服务)。
(15) 营销调研。
(16) 提供服务的过程。
(17) 忠诚客户数量。
(18) 客户对公司的态度。
(19) 客户集中。
(20) 客户沟通与关系。
(21) 客户要求。
(22) 公司网络。
(23) 等级和风险类型。
(24) 需求地理分布。
(25) 当前和历史上的雇员人数。
(26) 员工和部门之间的内部交流。
(27) 一对一销售工作。
(28) 竞争力稳定性。
(29) 管理信息和控制系统。
(30) 整体财务绩效。
(31) 资源可用性。
(32) 产品和服务的质量。

对公司的相对定位的评估和与其主要竞争对手的比较,将为确定一个公司的优势/劣势和机会/威胁或 SWOT 提供依据。重要的是,用这些数据和事实检查过去、现在和预期未来的发展,将使该公司能够检测未来的发展趋势。

6.5 SWOT 分析

公司的优势/劣势和机会/威胁（SWOT）的总结，可以通过分析收集到的关于公司当前状况和相对位置的数据来准备。一种好的战略方法意味着企业所面临的外部环境（威胁和机会）以及其自身内在品质和特点（优势和劣势）相匹配。SWOT 分析的重点应放在一个关键要素上，该要素将会使公司有利可图，与客户产生差异优势，而不是提供一个无关联点的列表。

当设定目标时，SWOT 分析揭示的市场潜力和限制或约束，要牢记在心。正如图 6.4 所示，SWOT 的组成部分可以被打造成像盒子一样的结构模型。

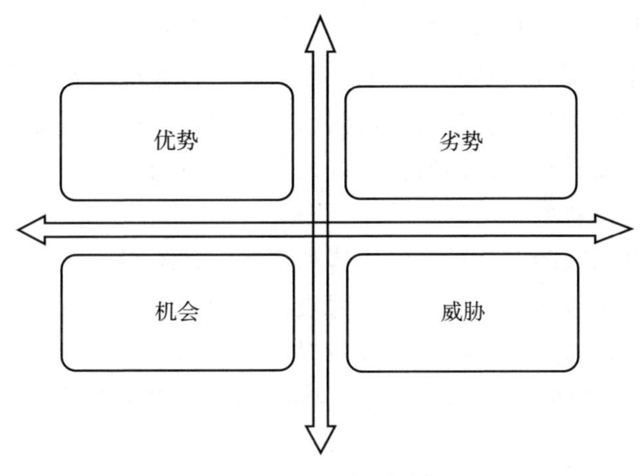

图 6.4 SWOT 矩阵

必须通过数据分析，才能回答以下关键问题。

（1）客户的需要和需求有什么变化？

（2）我们准备好比竞争对手更好地满足客户不断涌现的需要和要求了吗？

（3）该组织该如何去适应这些变化？

（4）我们有什么样的机会与客户建立关系？

（5）为了客户保留的增加我们需要什么样的机会，并使我们的工作更有意义？

(6) 现有产品/服务组合的优势和劣势是什么?
(7) 公司网络与客户交流的优势和劣势是什么?
(8) 公司人员与他们的沟通能力的优势和劣势是什么?
(9) 公司的培训、信息和控制系统的优势和劣势是什么?
(10) 公司组织结构的优势和劣势是什么?
(11) 机会和威胁与竞争对手的关系是什么?
(12) 现有商业环境趋势的机会和威胁是什么?
(13) 交易地区人口(增加/减少)带来的机会和威胁是什么?

结果可以概括为一些潜在的、未来的情景和设定的战略问题,例如,“假如……将会怎么样?”类型的问题,其目的是确定一个特定的环境趋势或相关趋势会产生什么影响。回答上面列出的重要问题的主要目的是,识别本公司当前最重要的优势和劣势,以及它们在未来五至十年可能成为什么。

大部分需要回答这些问题的数据,可从内部和外部资源里获取,如会计报告、本公司的年度报告、其他公司的年度报告、行业统计和行业协会报告。此外,一个公司优势和劣势的全面的蓝图,可以通过访谈管理团队的主要成员和其他选定员工、委托外部咨询研究获得,以及通过与当前和潜在客户进行讨论或发送一份问卷来获取。

经理人将自己限制在最重要的优势和劣势中,不得不定性地优先考虑他们自己的想法。许多领域逐渐变得特别重要,将会从现有位置上升。因此,公司的优势直指公司可能会成功使用的战略;与此同时,弱点直指公司需要纠正的特殊领域。最终,最理想的是,SWOT 问题应被要求定期地在公司各级使用。

6.6 战略制定

在以上两个用于审视现状的阶段之后,公司应能够制定相应的策略,生成策略是艺术和科学的结合。阶段 1 和阶段 2 完成后,关系战略制定的初始阶段是为了客观回答以下基本和战略问题:

(1) 公司哪里做得较好?
(2) 顾客想要什么?
(3) 竞争带来了什么?

如果1∶2 比3∶2 要好，那么该公司有竞争优势。战略应根据目标进行打磨并为财务负责。战略的开发与交流，还应包括市场细分和营销战略。以下战略选择也包括在战略制定中：市场构成、关系构成、客户组合、市场渗透、市场开发、产品开发、多元化。

波特（1980）通用战略、成本领先、差异化和集中化战略都可被采用，一旦作出战略决策，产品/服务和市场就要参与其中，并重点关注它们的关系。

在列出的多种策略中，管理者必须选择那些他们想要追求的战略。以下标准有助于管理者作出决定（Day，1983）：

（1）战略和目标与 SWOT 分析一致吗？战略是否给企业提供了持续的竞争优势？

（2）这一战略的潜在回报足以保证付出的价值吗？

（3）什么是战略对客户忠诚和保留的影响？

（4）替代方案的经济后果是什么？

（5）那些必须执行该方案的人员了解且相信它吗？

（6）战略建立的关键假设基础是否稳固？

（7）策略的成功是否取决于不确定的结果，如经济趋势的重大变化，或来自本公司的特殊表现？

6.7　行动纲领和执行

最后的阶段是资源分配、执行和监控行动计划的阶段。一个成功的行动应明确地规定角色和职责的范围，以及不同的部门、职能和团队的最后期限，以便有效地实施战略。角色和责任的识别，使组织能够发现不足或意想不到的有效性能，并帮助确定为什么会这样。因此，行为计划最好被描述为营销中的“何人、何事、何地、何时”：

（1）谁要为行动计划负责（团队成员或部门）？

（2）行动方案将执行哪些任务行动？

（3）什么时候实施行动？

（4）此项活动将发生在哪里/哪个细分市场？

（5）人力、设备或财务方面的估计费用有多少？

（6）哪些监测工具可能最好用？

6.8 监　　测

一个行动方案需要持续监测。除了跟踪商业计划的进展的“晴雨表”，如销售、利润和市场份额，战略关系行动计划还需要具有外部效率指标来进行分析，从而发现困难，并改进识别机会。

以下是一些措施和监测工具：

（1）顾客满意和忠诚措施；

（2）变革模式，包括客户保留率和新客户百分比；

（3）成因及效果分析；

（4）投诉分析、投诉数目和解决投诉的数目；

（5）顾客称赞的数目；

（6）从竞争对手转换来的新客户的数目；

（7）保留率，一些客户流失和他们这样做的原因；

（8）忠诚和非忠诚客户的预期增长率和死亡率；

（9）是吸引新客户的进攻性举措吗？

（10）客户对产品的看法和服务的流程及维度，哪些对客户的保留有最大的影响？

6.9 持续改善或RSP的持续提升

关系战略规划的持续改进过程应有过程管理的支持。全面关系管理、TRM（Zineldin et al.，1997）和全面质量管理之间，有许多共同点。持续改善是全面质量管理中关于计划流程的概念，而且意味着改进将不断进行，这涉及组织中的每个人。

虽然许多大型的计划每年都会做一次，但是对结果的审查往往是每个季度，甚至每个月都要进行。这种行动计划的检测应在组织的各个层面上持续不断地进行。戴明和休哈特称这个计划为“PDCA 循环”，即计划（Plan）、执行（Do）、检查（Check）、处理（Act）（Drummond，1992）。PDCA 循环代表一个永无止境的改进周期，这发生在组织的各个阶段。

战略形势回顾和内部分析，包括客户分析、行业和关系分析及细分，伴随着企业使命任务和目标，是发展关系战略进程的关键步骤。

根据约翰逊和 Chvala（1996）的观点，规划者需要敏锐地意识到最后一个或当前的计划进展如何。这是戴明和 PDCA 循环的“检查”步骤：它的目标是什么？如果没有，为什么？目前的客户关系对行动计划和方案作出了回应是正如预测的那样吗？失败和成功，都应该仔细注意并从中汲取教训，以便下一阶段可以设计行动方案和营销研究。一项市场调查研究涵盖了许多关键问题，包括竞争者分析和基准测试、市场和客户分析、环境分析及内部分析。

第一步，计划。即建立业绩目标和标准。这涉及以下关键问题。

（1）什么变化是必要的？

（2）这有什么结果？

（3）需要克服哪些障碍？

（4）什么样的信息需要解决这些问题？

在这个阶段，竞争分析和环境扫描可以通过发现机会来提供战略方向。

第二步，执行。是进行小规模变革的实施或进行小规模试验，以为后续行动提供数据。在这一步，公司能够测量实际的绩效。例如，测试营销往往应用于公司推出的新产品或服务，以获得市场上的初步了解。

检查涉及对变更的评估，作为计划阶段的结果。在这一步，一个公司能够将实际绩效与既定目标进行比较，并确定战略缺口。

最后一步，处理。包括确定以下几个问题。

（1）数据是否证实了预定计划？

（2）是否有其他变量影响计划？

（3）进程中发生的风险是否必要并值得？

在这一步，公司可以采取行动并作出必要的战略改进以弥补这一差距。

在关系的战略规划过程中，尽可能让员工参与，有助于保持更高水平的参与创造，并加强长期业务关系。仅仅做谨慎的计划并不是成功的保证。PDCA 循环的“执行”的步骤更加重要，至少和制订计划同等重要。

战略关系规划是关系方法的一个日益重要的要素。事实上，这对企业的长期盈利能力和最终生存至关重要。在本章中，我们已经讨论了连接“我们现在是什么”这一概念至总体市场结构的基本任务，以开发现有产品/服务，并创造新的满足特定客户的期望和需求。总之，关系管理应该是有选择性和有针对性的。为了保证选择性和针对性，一个公司需要在充分的客户分析基础上，完成合理、有效、彻底的细分。

第 7 章　关系管理、定制化与市场细分

> 真正让我们富有的，不是我们拥有什么，而是我们放弃了什么。
>
> Henry Beecher

如果一家企业试图采取客户关系管理战略，并维持竞争优势，那么关系管理、定制化和市场细分就成为他们需要考虑的基础问题，对此他们需要主动进行详细的分析，然后立即开展行动。

市场细分可以理解成管理人员对市场的看法，也就是在不同的市场中应该如何更好地实施关系管理战略，如何更好地满足消费者的需求，同时为公司带来最大的利润。市场细分策略能够帮助管理人员寻得开发新“产品 + 服务”的机遇，帮助他们改善广告投放和信息推广，并让他们和消费者匹配度更高（Walls et al. , 2010）。全面的客户集中管理（如从市场营销的角度、人力资源管理的角度、运营的角度等）能增强企业的市场竞争能力。

7.1　客户分析

Sheth 和 Kellstadt（2002）认为最近出现了一个新观点，那就是企业一定是可以自行选择使用什么样的关系营销策略的。关系营销不是也不应该是一种完全通用的方法，它只不过是无数市场营销关系中的一种。

顾客分析的结果体现出来的是对能够促使或持续使顾客对关系营销作出积极回应的因素的分析。所以企业首先要做的，就是将顾客进行区分，形成细分市场，并对其进行精确的描述。

实际上，没有任何一家公司会企图满足所有潜在顾客的欲望和需求。相反，企业会专攻于一系列的目标市场，每一个细分的市场都是总体市场的一个子集。同理，也不是所有的产品/服务都会吸引市场里的所有消费者。一个产品或一项服务只会引起一个明确划分的细分市场内的消费者。所以，市场细分

是一切商业活动的基础。

了解现有和潜在顾客的欲望和需求，可以让采取关系营销策略的营销人员拥有一个更具优势的地位，去发现机遇以及进行需求对比分析。以下列出了一些分析顾客时需要考虑的关键问题：

(1) 他们是什么样的人？

(2) 他们如何使用产品/服务？

(3) 是什么驱使他们进行购买的？

(4) 他们的购买过程是什么样的？

(5) 他们多久进行一次购买？

(6) 在同一个细分市场内，顾客的平均边际贡献是多少？

为了对产品/服务进行定制化，企业一定要根据自身优势去细分市场，并且要让自身能够提供的产品/服务具有差异性。企业务必准确地对市场进行细分，还要了解顾客的独特需求，据此设计出一个能够满足这些需求的市场营销组合。因此，企业要做的并不是无时无刻的竞争，而是要选择恰当的细分市场，也就是那些自己能够高效运营又能获取利润的市场。这也是实现成功营销策略的重中之重。想要弄清楚对于市场内的顾客而言什么最具吸引力，就离不开大量的、充分的市场分析。

7.2 细分市场与关系策略

有效市场细分可以理解为将一个整体市场切割成不同的消费者群体，他们有类似的欲望、需求和购物渠道，并且很可能会进行购买，并且不太会受到竞争者的影响。

以消费者或企业的形式进行市场细分通常会以顾客需求的分类为依据，该过程对于尝试提供能够满足需求的产品和服务来说意义重大。

Reidenbach 和 Pitts (1986) 提出了有效市场细分的四个特性，也就是细分市场必须是可测量的、可进入的、可持续的并且是具有防御性的。

(1) 可测量性，是指细分市场的规模和购买力可以被测量。

(2) 可进入性，是指消费者可以轻易且有效地进入细分市场，并在市场内得到服务。

(3) 可持续性，是指细分市场的规模足够大，以致产出的利益大于市场营销活动的开支，从而获利。

（4）防御性，是指细分市场抵抗竞争者干扰的能力。这主要取决于企业在高度竞争的环境中为了管理细分市场所付出的必要资源和支持营销活动的意愿。

有效市场细分主要具有以下优势。

（1）识别当前市场的欲望和需求。

（2）按优先级别对细分市场进行排序。

（3）发现潜在机遇并对此进行评估。

（4）开发新产品，支持服务和基础服务。

（5）使自己的产品/服务有别于竞争者所提供的产品/服务。

（6）调整预算。

（7）认可并预测未来产品/服务的走向。

市场细分有以下八个主要细分基础：

（1）以地理为基础进行细分；

（2）以人口统计数据和社会经济指标为基础进行细分；

（3）以消费心理为基础进行细分；

（4）以利润为基础进行细分；

（5）以用量为基础进行细分；

（6）以忠诚度为基础进行细分；

（7）以场合为基础进行细分；

（8）以服务为基础进行细分。

尽管市场细分是关系管理方法中最重要的一个方面，因为它能为企业提供根据特定细分市场需求进行关系定制的机遇，但是在本书中，我们并不会具体讨论它。因为这些细分基础适用于各种市场营销方法，并不仅仅是关系营销，而且所有标准的市场营销学课本都包含这部分知识。由于顾客忠诚度的核心在于关系营销，所以我们讨论的重点是利益细分和忠诚度细分。

7.2.1 利益细分

利益细分方法更加关注于消费者为什么会购买这种产品/服务，而非谁

（多少人）会购买。也就是说，顾客购买某一产品/服务是为了某种特殊利益。采取这样的细分方法，企业便可能提供具有这些利益的产品/服务。

顾客想得到的绝大部分产品/服务都可以在任意一家公司处获得，那么消费者为什么又是否应该在特定的一家公司购买某一项产品/服务？企业又应该如何说服顾客购买？是什么能够使顾客认为这个产品/服务就是他/她想要的？

其实，有证据可以表明顾客是想从与企业的关系中获取一些利益（Kotler，1994；Reidenbach & Pitts，1986），顾客想要从产品/服务中寻得的利益是进行有效市场细分的根本原因。每一项产品/服务都有自身的特性，而每一个特性都具有一项或多项利益点。

很明显，利益细分是以市场为导向的，这与关系驱动型企业的管理方法是相一致的。企业要识别并通过提供具有被渴望的利益属性的产品/服务满足顾客的需求。

希望得到同一利益的人群，都有特定的人口特征、消费心理特征和消费行为特征。这些特征可以概括出一个细分市场的大致轮廓，但并不是该细分市场的基础。例如，为什么会有人想要得到一张美国运通金卡或白金卡？

从外形特征来看，这些信用卡的特性不过就是金色或银色的塑料卡片，但从利益的角度看，这张塑料卡片等于便捷，因为将这张轻薄的卡片放入钱包，就不用携带大量现金了。不过，为什么要是金色或是铂金的呢？

举个例子，如果一个人持有一张金卡，那么意味着他或她有非常好的资产信誉值，同时说明他或她的收入或身价极高。不过，从使用的角度来看，当你在商店、酒店或是其他场所使用这种信用卡时，也没有什么其他客观作用。

所以现在再来看一下，拥有一张金卡或白金卡到底有什么利益呢？答案是它可以满足人们对地位、声望或者自尊的需求，有些人需要通过这种方式实现自我认同。他们需要别人能够立刻辨识出他们的尊贵身份，并更加尊重他们，欣赏他们、夸赞他们，并让他们感觉到自己是如此的重要。

7.2.2 忠诚度细分

忠诚度细分方法可以有效区分出忠诚和非忠诚顾客。对于那些努力获得某一产品/服务的目标客户的企业而言，这种方法十分奏效，因为获得顾客是因为顾客对某一产品/服务钟爱有加，是一种忠诚的反应。忠诚的含义是：顾客对某一特定企业或产品的相对重视度。例如，每一个金融市场都由不同类型的顾客组成，而划分这些顾客的依据便是他们的忠诚类型。我们可以将顾客分为三种忠诚类型：高度忠诚、轻度忠诚和非忠诚。

（1）非忠诚顾客不会对任何一家公司或产品表现出忠诚，他们会被一切具有其需要的利益属性的产品/服务所吸引，当然也包括竞争者提供的。他们对于广告或价格的任何一点细微变化都保持敏感，他们不在乎服务质量，可以随时不再喜爱一家企业，转而热衷于另一家；而其他顾客会对服务标准或质量的下降极其敏感，即使是轻微的质量下降，也会导致人们对其质量的不信任和忠诚度的降低。

有时候，这种反应是由于顾客信息匮乏或对产品/服务的各方面理解不到位，有时则是因为企业提供的产品/服务真地不能再解决顾客的问题，或满足顾客的需要。

通过观察非忠诚顾客或容易转变喜爱品牌的顾客，企业可以发现自身市场营销的不足和产品/服务是否存在有待改进之处，这种分析的结果可以指导企业吸引忠诚顾客。

（2）高度和轻度忠诚：高度忠诚顾客对价格的敏感度较低，也不太会转换使用品牌，而是倾向于长期使用一个特定品牌。这种高忠诚度是企业和顾客长期关系的结果。例如，如果另一家企业为一个忠诚顾客提供了一种更好的产品，他可能会考虑到自己和现在所喜爱的公司的长久关系，并坚信他所喜爱的品牌很快也能提供类似的产品。

忠诚顾客在转换品牌之前，可能会先尝试与当前喜欢的品牌沟通。轻度忠诚顾客对价格更加敏感，也会同时对几个类似品牌同时保持轻度忠诚，因此轻度忠诚顾客在一个特定品牌上的消费，要比高度忠诚顾客少。

忠诚模式分析背后的根本原理在于，高度和轻度忠诚细分市场的大致轮廓是可以被描述出来的，这些轮廓图又可以扩展到非忠诚和频繁转换品牌的细分市场，从而通过吸引更多客户达到增加市场份额的目的。企业不能仅仅关注他们最忠实的客户，也需要搞清楚那些欠忠实的顾客会想从其他企业得到什么，以及企业自身无法提供的产品/服务。

此外，企业需要搞清楚这些顾客是否对自己的产品/服务不是十分信任；竞争者提供的产品是不是真的更好；他们的产品有什么样的特性？找出自己产品/服务有待改进之处以改变顾客的想法并做得比其他公司更好。当然，如果可以，还需进行效益比较分析。

发展和维系忠诚顾客需要一个彼此相互信任与尊重的大环境。如果企业没能与其高度忠诚顾客建立良好且稳固的关系，不能为他们提供高质量的产品/服务组合，那么高度和轻度忠实顾客便很可能转向另一家公司，而且这种非忠诚将再也无法修复。

7.2.3 工业市场细分

市场细分对于工业市场的意义和对于消费者市场的意义是相同的。不过，面向工业顾客的产品/服务营销任务却完全不同。在企业对企业的层面上，各企业的主管都需要考虑以下四个根本性问题：

（1）我们应该如何应对日益加剧的国内和全球竞争？

（2）在工业市场中，相较于竞争者而言，我们自身的优势和劣势分别是什么？

（3）现在以及未来，我们的客户将会是谁？他们在哪里？

（4）我们应该如何理解和提供适销对路的产品/服务，并在客户对于市场中产品/服务的评估越来越敏锐的当下，满足他们当前和未来的欲望与需求？

尽管消费者市场或零售市场的绝大多数细分变量与工业市场是一致的（如人口规模变量、消费行为变量），但是具体描述是不同的。例如，组织特性取代了人口规模；运营特性取代了行为变量等。此外，新的变量也会渐渐出现。表7.1列出了对工业市场进行细分时常用的一些变量和特性。通常，仅仅凭借一两种变量进行细分是不可行的。为了更高效地进行市场细分，企业要以组合的形式，同时采用多个变量与指标进行评估。

表7.1　　工业市场的细分变量/基础

变量	特性/细分
人口规模	
企业规模	小、中、大（取决于营业额、工业营业额、员工数量、出口销售水平、流动资产和固定资产、当前责任、动用的资本等）
工业类型和商业类型	制造业、造币厂、贸易、农业、服务业、零售商、批发商
地理位置	国家、地区、城市、城镇、乡村、海外、办事处所在地、子公司所在地
与运营和形势相关的变量	
利益	便捷、名誉、质量、附加服务、可靠性、灵活性
使用率和参与情况	轻度、中度、高度
感知风险	低、中、高（承担风险或规避风险）
忠诚度	无、频繁转换品牌、轻度、高度。同时与一家或多家供应商合作
采购政策和方法	
地位和关系忠诚度	新顾客、现存顾客、以往的顾客，偶尔购买、经常购买、从不购买
信任度与权力结构	低、中、高

一旦明确了市场细分，就必须慎重考虑以下重要问题：

(1) 公司应该关注什么规模的业务？
(2) 公司应该关注哪些地理位置区域？
(3) 公司应该关注哪些现存商业和工业产品/服务？
(4) 不同的细分市场有什么商业潜力？
(5) 众多细分市场中，哪一个可能是最有利可图的？
(6) 公司应该着重于关注高度忠实客户还是吸引非忠实客户？
(7) 公司应该着重于商品多样化高的还是低的商业客户？
(8) 工业细分后，各细分市场产生了哪些新的要求？

考虑这些问题，是为了让企业知道应该向现存或新的细分市场投放什么样的新产品/服务。此外，了解商业客户的特殊要求是最重要的。因此，我们必须要有一种可行的细分方法，它需要包括企业规模、产业类型以及地理位置等传统基础，还需要包括其他变量，例如运营和形势相关的变量，以及采购政策和方法。

企业对企业（B2B）细分在定制产品/服务、工艺技术、经验和关系方面可能更灵活。例如，与工业顾客做贸易时，他们最看重的就是企业的灵活性和经验。

7.3 行业分析与竞争者分析

分析企业市场环境的下一个决定因素是竞争的内部力量。Porter（1980）认为，这种力量可以通过战略行动和策略行动对企业产生影响。

Porter 提出了竞争的五种内力：竞争的属性和程度（当前竞争者）、供应商的还价能力、顾客的还价能力（采购商）、互为替代产品或服务的威胁，以及贸易壁垒。

Porter 认为，竞争分析的目的是找到正确的产业定位，这样企业便可以最大程度上免受以上五种内力的冲击。如图 7.1 所示，企业、顾客和竞争者之间有一种呈三角形的相互关系。客户关系或许是关系管理和关系营销中最重要的一方面。不过，竞争者关系同样重要。

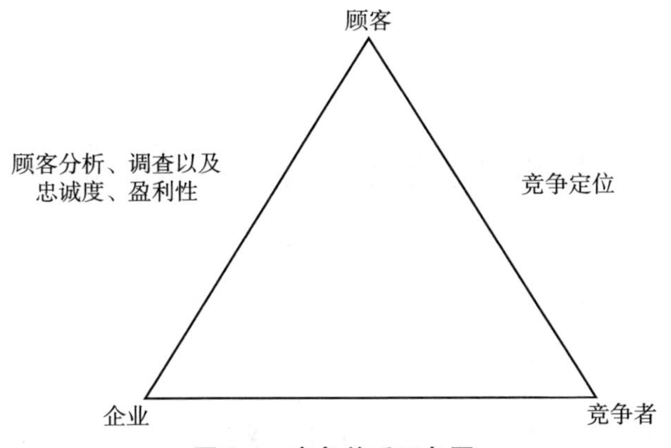

图7.1 竞争关系三角图

商业其实不仅仅是一种竞争状态，也可以是一种合作状态。竞争者之间可以合作起来，从而使整个产业变得更好。例如，主要竞争者之间的关系极差，那么整个产业就可能被毁掉。顾客分析十分重要，因为它引导着竞争分析。

如今，竞争分析已经不仅仅是一项计划活动，它甚至是岗位描述中的一项。在诸如Mitsubishi、Motorola、McDonnell Douglas、Citicorp和Marriott等很多企业，员工的主要任务就是分析竞争者。这些员工的头衔大概是“竞争情报经理”之类的。竞争分析需要定期对市场结构进行分析，以便知道顾客认为哪些公司的产品或服务可以取代自己的。

之后，我们就一定要紧紧监测住这些公司，从而了解他们的战略、优势、劣势和未来走向。关系战略计划一定要包括对企业主要对手的全面分析——从顾客的角度去预测他们将来的走向。该分析主要着眼于竞争对手吸引和保留顾客的能力，以及他们采取质量管理去提高顾客对他们的整体期望值的能力。

第 8 章　再论营销组合：全面关系组合

——从 4P 理论到 7Z 理论

> 困扰人们的不是别的，正是他们对事物的看法。
>
> Epictetus，公元 1 世纪

本章主要讨论以关系管理为基础的资源分配与整合的战略意义。“关系组合”是制定关系战略的核心内容。新的市场营销组合，应该包含一些除了传统的 4P 理论以外的重要元素，比如关系组合。

接下来将介绍并讨论一个观点，那就是尽管关系管理和关系营销与传统的市场营销不同，但传统的市场营销组合或者说 4P 理论依然是正确并有用的，我们必须承认它的作用，在此基础上反思它、更新它、拓展它、完善它（另见第 2 章）。

通过采用关系管理与营销策略，营销人员便可以成为企业的战略家，并加入信息技术和工程专家，以确保关系导向型战略能够真正地发挥作用，满足顾客的欲望。

最重要的一点在于，关系的质量是一系列因素或元素的集合，例如创新与升级、内部合作、员工（包括管理人员）的技能和工作表现，物质资源、推广、质量、产品/服务的传达与定价、顾客预期与顾客满足等。

信息技术，比如数据库营销（Data Base Marketing，DBM），是关系管理的重要组成部分，它可以帮助管理人员去协调内部和外部工作网的工作。关于信息技术和关系管理的内容，会在第 11 章进一步讲解。

管理人员和营销人员选择的元素组合就是全面关系组合。它需要涵盖全部个人和组织活动、交流以及在动态环境中，公司用于与合适的顾客和工业顾客搭建、发展和维系关系的一切要素。有效的关系营销会着重管理上述相关的一切活动。如果这些活动的组合合理高效，最终就会带来附加价值。

8.1　全面关系组合的基本要素

有些企业尤为关注关系组合中的创新和产品/服务升级。其他企业，尤其是 B2B 企业，则认为关系组合中最重要的要素是工作网、解决问题的能力、互动和其他集体性活动（如产品/服务交换、情报交流、财务交换和社会性交换）。不过，除了选择和排除关系组合的要素以外，管理人员和营销人员还要努力使各要素得到更好的融合，因此他们要对合适的元素进行整合，以便搭建、发展和维系良好的战略性客户关系。

图 8.1 介绍了关系组合中的主要元素。如图所示，根据 Zineldin 提出的“7Z”（Seven Zones）理论，将环境（氛围）分割成 7 个不同的变量空间，这些变量会影响顾客关系，具体包括以下内容。

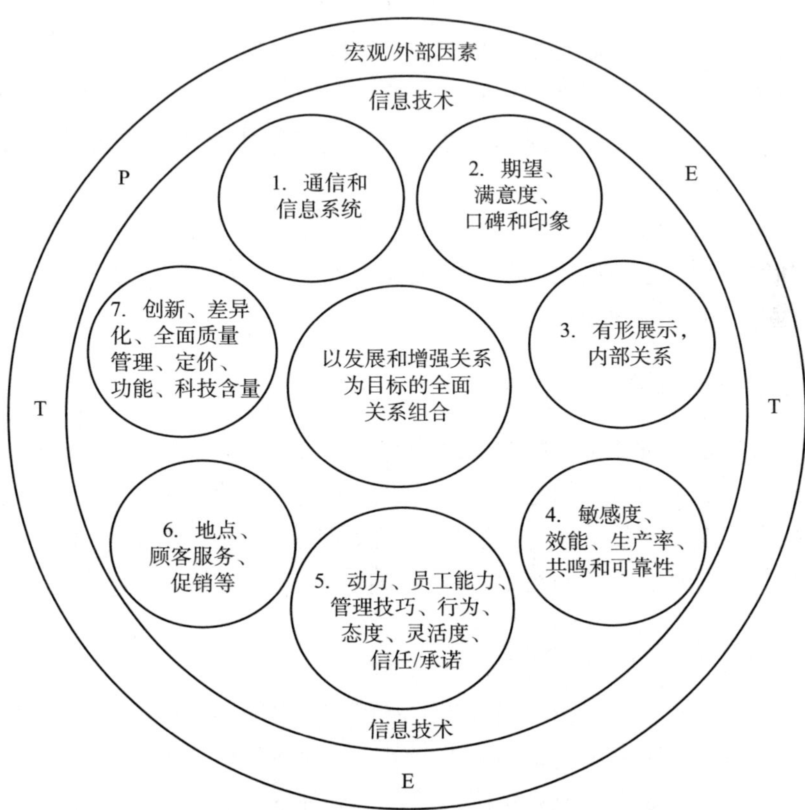

图 8.1　全面关系组合要素——“Zineldin 的 7Z 模型”

(1) 外部相关变量。
(2) 心理相关变量。
(3) 内部环境和关系相关变量。
(4) 绩效经济相关变量。
(5) 内在能力相关变量。
(6) 间接说服力相关变量。
(7) 直接产品/服务相关变量。

信息技术是所有关系组合都会选入的一项要素，包含在信息技术在内的电子计算机技术极大地改变了企业进行知识型工作的方式，成功解放了人力资源，实现了企业成长（并且迫使企业进行组织重构）并提高了绩效（Holsapple，2005）。

1. 外部相关变量

任何一段关系的本质其实都是发生在保持联络的至少两方之间的交流与互动。交流使人们和企业联系在一起，这就是人类社会的结构。能够与对方有效沟通实现价值交换的主体不是财务系统，不是计算机终端，更不是贸易协定，而是人。

通信和信息系统，可以说是为人们和企业提供了两个功能强大的工具，与现有顾客创建和维系一段更加稳固的关系，去发现新客户和潜在客户（商业客户、消费者、供应商和分销商等）。

2. 心理相关变量

口碑或许是开发和保留顾客的最佳要素之一。

口碑要么使企业名誉扫地，顾客纷纷离去；要么使其销量大增，与各方关系得到极大加强。当然，顾客过去产生的满足感、体验和预期，以及对企业和其产品/服务的印象，都会对关系产生影响。

3. 内部环境和关系相关变量

传递/提供和/或销售产品的环境，是顾客感知产品/服务的核心因素，也是他们判断自己是否满意的核心因素。顾客在评估他们与企业互动过程中接受的服务质量时，物质资源或有形展示无疑是十分重要的因素，尤其是在服务市场，这些物质资源和有形展示包括用于提供产品/服务的物质设施、工具和设备其他顾客的行为还有员工的表现。

企业中的每一位成员都一定要意识到这一点，他/她所做的每一件事都会对外部顾客产生影响。因此，在企业内部的各部门、功能和员工之间建立内部关系对于提高企业表现和员工表现而言是必要的。

4. 绩效和经济相关变量

（1）可靠性：包括可靠度、诚信和可信度。在互动的过程中，企业的声誉和名望、联络人员的个人性格以及强行推销的程度等因素都会影响企业的可靠性（Zeithmal et al.，1990）。此外，企业的管理特点、经济上的优势、创新的质量以及其合作联盟的能力也是评估企业可靠性的因素。企业和员工的可靠性对于创建和维系质量关系有直接的影响。

（2）效率：这和企业的投入与产出，企业及其员工生产和传递产品/服务的方式、回应速度与低成本有关。顾客对企业运营的看法以及企业的产出会反映出顾客满意度和关系与互动的质量。

（3）共鸣：这需要关心并了解顾客的具体需求和要求，之后给予每一位顾客充分的关注。

（4）敏感度：这是指员工帮助顾客，及时提供服务或产品的能力与意愿，也指处理顾客矛盾的速度和灵活性。敏感度会直接影响顾客感知和顾客满意度，而且对于发展长期顾客关系而言十分重要。

（5）问题解决：对于发展长期顾客—卖家—买家关系而言，卖方解决买方问题的能力，是企业竞争优势的关键所在。以下提供了一些问题解决策略：

①开发比现有产品质量更优的新产品，并且要让新产品的技术含量和功能优于竞争者。

②顾客调整，指的是为了满足顾客的特殊需求而调整设计、规模或质量。

③低价策略，专门应对那些对于产品的功能性质量没有特殊要求的顾客，因为价格是他们最关心的因素。

只有那些有经验、接受过良好培训、处事灵活，并且对产品十分了解又懂得如何处理产品会出现的问题的员工，才能做好问题解决的工作。

（6）效能：企业与员工的效能和竞争力之间，有直接的关系。竞争力是指，在服务和满足顾客与经销商方面，企业和竞争者相比有多高效。效能则与产品/服务的质量、市场份额和盈利性有关。

（7）效能和效率归根结底都取决于竞争推理——企业竞争驱动力的优势和决策技巧。效能还表示要吸引新顾客并加强与现有顾客的关系。

（8）生产率：对于任一顾客导向型的企业而言，提高生产率都是提供令人满意的产品/服务质量的重要变量。提高生产率、质量和加强顾客满意度都会使顾客关系得到维系和加强，对新科技和员工培训的投资是搭建和维系亲近型长期顾客关系的基础。

5. 内在能力相关变量

员工的技能、行为、斗志、态度和动力是从长远上满足顾客需求和欲望的决定性因素。此外，这些因素有助于和恰当的顾客建立、发展和加强可盈利的关系。从个人的角度来看，关系是通过个人去建立和维系的，这样提高员工素质，完善内外部顾客关系，就显得尤为重要。通常而言，顾客会对和他们沟通的员工个人更加信任，也更有忠诚感，而不是对一个规模如此之大的企业。

6. 间接说服力相关变量

传统营销媒介，例如定位、个人销售、广告、宣传和公共关系等，是促销推广的主要内容，可以通过这种方式讲解企业的产品/服务的信息，传达给潜在客户，从而帮助企业达到搭建和维持顾客关系的目的。

例如，做定位和分销决策时，一定要充分考虑到顾客，不仅是产品的可获得性，还有他们期待的服务档次，对产品的预想以及便利程度。营销团队的规模和质量将决定企业竞争优势。运用促销推广和直销，可以创造或增加利润，还会让潜在顾客认为该产品/服务更加方便，更具吸引力，从而一直保持忠诚。信息技术和数据库营销使企业得以用更少的成本去发展新的关系。

7. 直接产品/服务相关变量

通常而言，满足顾客需求和建立长期顾客关系的最好方法就是利用产品特性，为顾客传达比竞争者更好的利益。产品/服务的技术质量（例如：产品/服务的技术指标）、功能质量（例如：产品/服务的传达方式），以及企业持续创新的能力都是实现顾客满意的必要元素，顾客满意度也会影响顾客忠诚和各种顾客关系的程度。

定价是顾客保留和顾客关系的另一个重要因素。管理人员和营销人员要斟酌在某些交易中为顾客提供折扣和补贴的必要性。付款方式和信贷条件对任一交易的价格都会产生影响。合理的产品/服务定价是产品/服务价值的主要反映，这需要企业考虑到产品/服务的质量以及竞争者的定价机制。这些变量会影响顾客对产品/服务的感知价值，还会直接影响长期客户关系的发展与巩固。

8.2　管理全面关系组合

从产品销售的观念向关系理念的转移，需要企业全体员工从态度上发生改变，还需要改变关系组合与营销策略。如果企业的目标是长期与忠实顾客互利互惠，那么我们就要彻底改变营销组合的要素。

获得顾客很重要，但更难的是留住顾客并让他们感到满足。市场营销也很重要，但企业的职能不仅仅是进行市场营销。比如，企业的营销人员也要和其他非营销工作人员合作。举个例子，在大型制造企业中，制造、工程、采购、会计、财务和个人职能共同组成了企业内部环境。

在大型服务企业中，如果企业的运营模式是孤立的，尤其是当运营和人力资源各自进行产品/服务的开发和传递，那么任何管理职能都不会有效。对于营销活动而言，这些职能和举措，以及参与其中的人，都有着重要影响。然而，目前有四个重大变革正在告诉我们，如今的导向，已经不再是以营销组合为核心了，而是以关系组合为核心：

（1）竞争规则的改变；

（2）有更多见多识广，知识渊博的顾客；

（3）营销组合与营销职能性质上的改变；

（4）科技和沟通方式的巨大变革。

如今，科技能将4P（产品/服务、价格、促销和分销渠道）融合为无数种模式。而且这种改变可以在短时间内完成，这将使顾客能够与企业密切交流，并参与到价值创造过程的每一个方面。绝大多数企业需要利用科技去促进客户关系，而且这个方法要贯穿企业价值链。全面关系管理和营销策略从根本上改变了营销人员的职能，比如下面的八项职能：

（1）随着关系管理和市场营销策略的重点向顾客保留与忠实度转移，营销人员便需要决定企业需要保留哪些顾客（防御性策略）。

（2）营销人员要决定吸引新顾客的方法（进攻性策略）。

（3）营销人员要决定“产品＋服务”要具备什么样的技术质量和功能质量以及他们能否满足顾客的需求和期望。

（4）营销人员需要考虑企业的使命和能力（SWOT分析非常有效），决定采取何种顾客策略，从而将这些期望传递给顾客。

（5）今天，市场营销与营销人员的职能延伸到企业职能的每一个方面。

在新产品/服务的开发过程中，营销人员要与企业各职能部门进行全面的合作，例如，研发部门、设计与施工部门、人力资源部门、后勤部门等。

（6）关系管理和市场营销的作用，从管理需要和产品盈利率的需要转向整合内外部顾客。营销人员需要发展和管理顾客忠实度和盈利率，同时要明确哪些顾客获利率在计划之内，可被传递，或得到提升。

（7）营销人员要确保企业结构是以顾客为中心的，确保顾客共同参与了所有的重要程序，了解企业的工业，与员工一同为彼此创造价值。

（8）关系管理和市场营销依然注重整体性。营销人员和管理人员要创建、表达、维护和巩固积极且亲近的内外部关系。主要目标是提供功能质量、技术质量、价格都合理，反馈速度也够快的“产品+服务”。

对比传统的营销组合方法，全面关系组合方法或观点对于关系管理和营销策略而言，会更加有效和实用，也有更好的盈利性。全面关系要素/组合的主要功能是将现有客户、新客户或是其他各方发展为忠实客户或伙伴。我们也可以将忠实顾客或伙伴理解为某企业及其产品/服务的忠实拥护者或高效营销人员。

8.3 有效关系组合的基本标准

通过讨论，得出了以下四个特性，作为结论（图8.2）。

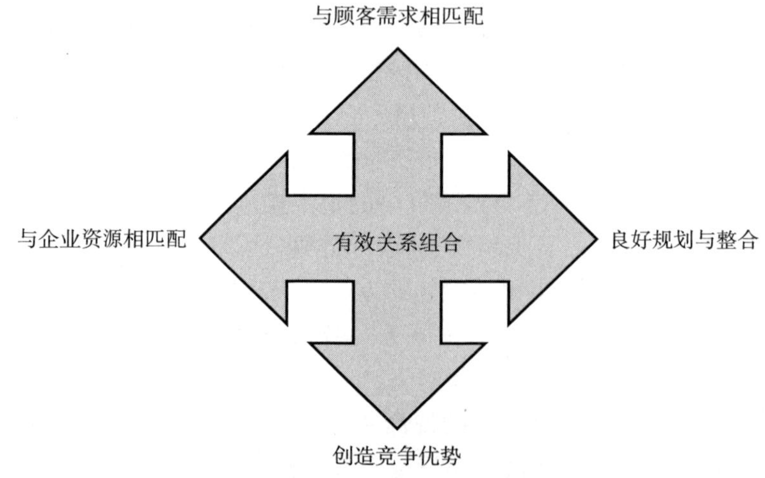

图8.2 有效关系组合的关键特性

（1）关系组合要与顾客需求相匹配：首先，营销管理要分析顾客需求，顾客如何从竞争产品中进行选择，以及他们进行选择或他们提出需求的标准。同时，营销管理还要从顾客的视角来审视产品/服务。

（2）关系组合要与企业资源相匹配：对关系组合策略的选择可能会受制于欠充足的经济资源。例如，由于资本不足，而无法以具有竞争优势的价格提供高质量的产品。关系组合策略也有可能对员工有限的管理和营销技能过于自信，以至于无法有效实施。企业对顾客具体需求的回应能力（如对产品设计、规模或功能质量的调整）不足，会限制长期顾客关系的发展。

（3）要良好规划和整合关系组合：在营销策略的形成过程中，营销人员和管理人员要使7Z理论中的所有要素协调合作，要系统地安排它们，从而使得各要素之间能够和谐合作，共同发挥最佳作用。

（4）关系组合会带来竞争优势：忠实顾客一定是得到满足的顾客，一定会比欠忠诚的顾客为公司带来更多的利益。有效的关系组合应该以创建和维持令人满意的交易关系为导向。感到满足的顾客很可能会使产品/服务变得更好，会免费帮我们做广告、打口碑、购买附加产品/服务，还很可能同意或者希望价格能变高一些。

企业各部门的管理人员要打破传统部门障碍，通力合作，去开发、改进和升级高质量产品/服务组合。管理人员可以利用质量管理找到合适的体系去计划、改进和控制内部活动的种类，这些内部活动会吸引新客户，同时帮助维持和巩固与现有客户的关系。

良好的关系策略要尽全力去找到并建立防止顾客转移到竞争者处的壁垒。与其他合作者（如分销商和承包商）的长期关系是进入市场的各种办法中，成本最低、效益最高的一个。这样的战略关系组合方法会起到一定的指导作用，让我们知道在竞争日益加剧的环境中，如何权衡业绩和盈利率。

客户关系也可以被认为是企业和客户在特定环境中的互动过程。这种互动过程包含一系列客户和企业之间的关键时刻。那么很显然，在这些互动中发生的事情则对整体顾客满意度以及关系发展的程度有重大影响。

如果沟通和互动良好，那么双方都会得到一些有价值的东西。当关系变得越来越多、越来越复杂、越来越难以理清，就说明关系网出现了。关系网以及与其他合作方组成的战略同盟会为企业提供竞争优势；反过来，竞争优势会影响企业和最终用户之间的关系。

该理念的主要目标是与个人和企业、客户建立并维持一种长期关系，实现他们现在和未来的目标、需求与愿景，还要使企业自身（如股东和员工）满足需求，实现目标。这样来看，管理人员要重组他们的业务流程、政策和关系理念。内外部顾客和合作方之间的共同利益应该是持续性的，并且是共享的。因此，对于未来关系管理理念来说，全面关系管理是改革的基础。

第9章　全面关系管理与全面质量管理的共同基础

顾客是一家商店最重要的来访者。他不依赖于我们，相反我们要依赖于他。他不是我们做生意的阻力，相反是做生意的目的。他并非和我们的经营活动无关，而是其中的一部分。我们为他提供服务不是在帮他的忙，而是要感谢他给了我们为他提供服务的机会。

Mahatma Gandhi

9.1　全面质量管理

本书自始至终一直在强调一点，如今的商业环境可谓竞争激烈，企业要为个体顾客和企业顾客提供各种各样的新产品和新服务。所以，企业有必要重组自身的商业模式、政策和关系视角。根据关系管理学的观点，人与人之间、企业之间的和谐关系，有一个必要的基础，那就是能够持续创造并共享对双方都有益的价值。这就要求处于关系链上的全体人员都要协同合作，明确大家的共同利益和分享潜力，从而使整个关系链条能够为最终顾客创造价值。因此，我们要以全面关系管理理论作为上述重组的基础。

满足现有顾客和潜在顾客的需求，是成功的驱动力，想要做到这一点，就要做到以更低的成本提供更高的质量。我们每次乘飞机出行、坐汽车或火车旅游，或者在医院动手术时，都会意识到质量在生活中无处不在而且意义重大。绝对不会有人希望航班不是绝对安全或者晚点一小时，不会有人希望车辆不靠谱，或者手术过程中出现问题。

我们也深知，受教育的程度如果很低，会对我们的孩子、国家产生严重的消极影响。所以，这也就解释了为什么质量和顾客满意度，是这个时代中一切竞争的最核心问题。

恰当的管理方法是实现现在和未来全面质量规划的绝佳方法。管理人员要作为主要驱动力，带领大家实现全面质量的几个主要目标：质量、效率、顾客保留和盈利能力。对于管理人员和营销人员而言，谁能花时间关注如何更具差异性、提高成本利用率和如何才能一次性成功，谁就更有可能取得成功。从现在开始，质量的概念会着重强调增强顾客价值，促使企业对待顾客变得更加主动。

市场营销是关系管理的一个重要因素，所以我们也一定要改变它的概念、理论和策略。市场营销应该在全面质量管理的过程中发挥比以往更大的作用，因为企业要确保他们所提供的质量能满足顾客的要求。全面质量着重于在合理的成本上，去尽可能多地提高顾客满意度。

时间尺度非常重要，首先，它决定企业管理方法能否使其承担更多关于社会福利、环境保护和维护消费者利益的责任。其次，它还决定企业能否比竞争者更好地协调科技和市场营销的互利关系。最后，当企业打算和顾客、供应商、中间商以及其他相关方建立一段新的长期关系时，时间尺度十分重要。与各方共同合作，能够使企业突破自身的弱点和局限。

现实情况表明，市场营销可谓是一块基石，所以绝不可以将其视作一种独立的职能。从最终结果的角度来看，例如，从顾客的角度出发，市场营销其实就是整个商务流程。一家大型生产企业的内部职能部门包括生产部、工程部、采购部、财务部和人力资源部。但一家大型服务企业若想让其运营工作有效进行，就决不能让任何一个职能部门单独运作。在提供和传达服务时，一定要积极调动运营功能和人力资源。这种跨部门活动和参与其中的人们都会对市场营销起到很大的影响（Lovelock，1992）。因此，从接待员到董事会成员，市场营销技能几乎是每一个职位的工作人员都需要具备的能力。此外，跨部门活动需要参与其中的员工变成一个团队，积极合作，一切活动都以质量、效率、顾客保留和盈利能力为首要前提。

另外，营销人员在完成负责运营的上司下发的任务和制定的目标时，同样需要和公司内的各个职能部门合作。在管理良好的企业中，每一个职能部门都能清楚地知道自己能为总体任务和目标作出哪些贡献。我们不能单单将顾客的需求和欲望视作企业营销职能或活动的唯一责任。

管理人员最大的挑战在于确保每一个职能部门都能和其他部门良好合作，并且能够相互帮衬。而公司其他部门和全体员工则负责质量和顾客满意度，这两种责任从量化角度来说，要相等。很多企业一直致力于进行全面质量管理，之后随着质量的提升，这种方法不断被运用到产品开发、生产、运营、执行和客服等部门，几乎涵盖所有部门。但是，除了确定顾客需求以外，几乎没有让市场营销真正发挥作用。

以关系管理为导向的企业，也一定在高效运用全面质量管理。在市场营销中利用全面质量管理可以提高顾客满意度，优化顾客关系，降低营销成本，提高销售额和利润并创造竞争优势，所以全面质量管理对于企业来说，意义重大。

9.2 全面关系管理

企业一定要通过和承包商、代理商建立战略合作网，与其他各方和顾客发展战略关系来逐步壮大，突破目前的各种限制。战略合作网是指“为同一目标而共同努力、携手合作的企业集合，并且，他们会想知道，为什么在很多案例中，合作网模式会比企业单独运营更高效”。

尽管发展战略合作网或以顾客为导向对于企业来说意义重大，但也不等于一定能取得成功。管理人员和营销人员一定要明白，员工若处在良好的心理和情感环境中，他们便会得到鼓励，会更积极地去创造、协调和完善未来的商业环境，像是商业行动、互动、相互适应，这样便会成功创建一种健康的合作关系，这一切共同决定了动态环境中竞争优势的最终来源。

主要问题和挑战是，企业的各个内外部部门应该如何以一种高效且灵活的方式进行合作。1993 年，Jarillo 说道：

> 这其实不足为奇，毕竟在近几年，市面上关于合作网、增值关系、裁剪结构层、模块化功能、各领域企业发展长期关系需要什么之类的文章和书籍简直是过剩了。它们想说的其实都差不多：企业要用新的视角去看待边界这个问题——以往所说的“内部”其实可能会变成“外部”，“外部参与者”也有可能要如同“内部参与者”一样被对待。但是大多数这类的作品仅仅是描述了这些看起来“新鲜”的做法，却没告诉读者对于一些“问题”真正潜在起因的理解，尤其是没有说清楚，作为“解决办法”提出的长期关系为什么会有这些效果。

将内外部职能部门组成一张工作网绝对不是一项容易的管理和营销任务，特别是当你想要以一种比竞争对手更好的方式去满足某一竞争需求时，这项任务的难度便更大了。竞争向来十分激烈，但当前的竞争明显到了白热化的程度。所以，企业不再像以往那样能够负担得起让各职能部门明确细分职能任务的模式。

管理者不得不采用联合作业的模式，将企业内各相关部门结合起来，如生产、销售和分销、服务、广告、促销推广、产品策划和市场调研，从而实现企业的经营目标和市场目标。

有效的市场营销要求全面关系管理能够带来附加价值。在企业和顾客之间搭建、展现、维持和巩固一种积极的、可持续的、亲近的关系，也是管理人员和营销人员的职责所在。其实这个观点就是在说全面关系管理。TRM 主要涉及以下几点：

（1）外部分析和竞争分析；

（2）对企业内所有集体性活动（内部关系）进行内部分析；

（3）全面质量管理；

（4）顾客忠诚度和顾客保留度；

（5）较高的顾客满意度和长期盈利能力；

（6）与供应商、经销商、分销商和其他合作方，例如银行、贸易协会、政客或政府机构（外部关系）之间的互利关系、沟通和互动。应不断优化关系、沟通和互动。

TRM 还强调了质量、顾客服务、顾客忠实度、顾客保留度、盈利能力的重要性，以及外部环境对未来商业规则和经营业绩对关系和合作网、供应商、经销商、分销商，其他合作方以及不同部门的员工、顾客（无论是消费者市场还是工业市场）以及对整体可持续性的影响。图 9.1 说明了内部关系和 TRM、TQM、顾客保留度、顾客忠诚度和盈利度之间的关系。

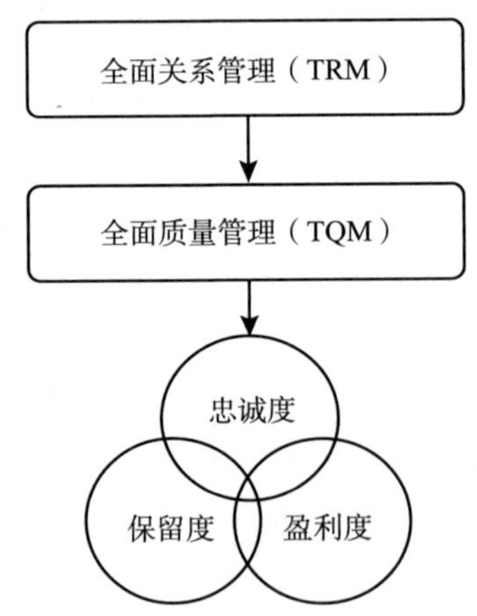

图 9.1　协调的 TQM 与 TRM 导向模型

沟通与互动是一切关系的基础。事实上，无论哪种形式的沟通都是要将人和企业联系到一起。另外，两个人或企业之间发生的任何事都可以看作是互动的延续或未来互动的准备。

长期全面关系管理如今也被认为是一种战略和理论。说它“全面”是因为它考虑到并且协调了当下和未来会发生的所有活动——包括内外部关系、合作网、互动合作以及包括开发客户、保留客户、强化顾客关系、让顾客满意、保证质量在内的一切活动。说它是一种战略是因为它着眼于保证高质量的产品/服务、内外部关系并竭尽全力与顾客建立长期关系。

说它是一种理论，是因为它在传达这样一种观念：管理的主要目标是不断提高总体质量并与能够帮助企业取得成功和长期可持续增长的合作方建立恰当的、亲近的、灵活的长期关系。

关系管理的主要目标则是生产和提供具有一定技术含量和功能性质量的、价格合适的、快速响应并配送以及便于分销产品和服务，从而保证一定的客户保留度，最终实现顾客忠诚。顾客忠诚度可以帮助企业明确自身的短期目标利润和长期目标利润，此外，顾客忠诚本身就是企业的一种竞争优势。

9.3　全面关系管理体系

全面关系管理一定要覆盖到人、职能和部门（如生产部门、客服部门和营销部门），并且管理理念和方法要让从经理到职员的全体员工都理解和接受。如今的管理人员要确保企业内的全体员工都牢记一条最高准则，那就是以合理的价格，提供高质量的产品和服务，从而不断提高其质量，此外，还要时刻牢记顾客的需求和期望。优秀的营销人员不仅仅是完成一笔交易，而是要以这第一次交易作为契机，与顾客搭建关系。在以后，这位得到了能够满足自己需求的产品或服务的顾客还想再次购买同一产品或服务时，就可能会来光顾，因为整体的交易过程会让他感觉更好。

长期全面关系管理理论背后的主要观点是要与客户、员工和合作方（其他独立组织或机构）建立良好的内外部关系，并在日后不断发展、巩固、完善这段关系。一个与不同企业或合作方建立的合作网包含或会催生出大量的互动。这其中的每一段关系、每一次互动都需要管理，这时就是一个完整的战略和营销计划发挥作用的时候了。

理解长期全面关系管理方法的一种主要方法就是我们所说的“全面关系管

理体系”。如图 9.2 所示，图中的体系就是著名的“全面关系管理体系”模型，它以一种逻辑的方式将关系管理方法的全部概念都统一描绘了出来。

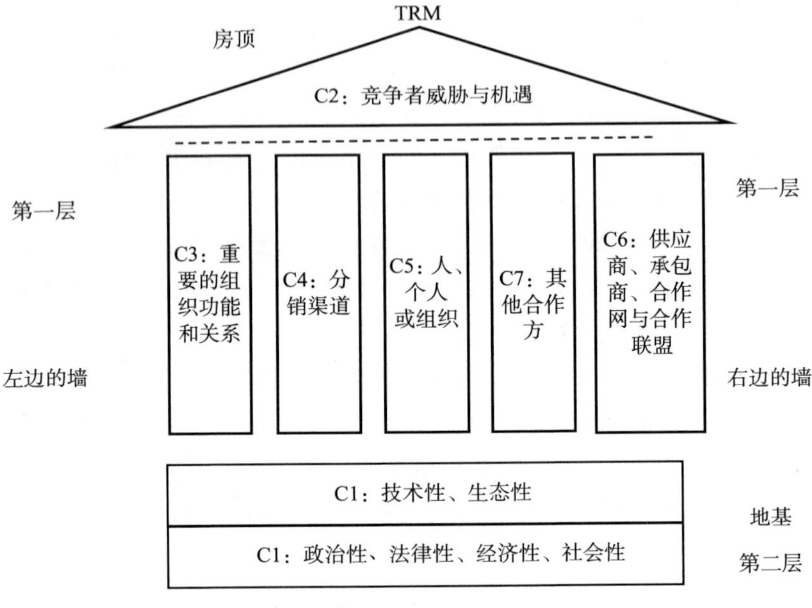

图 9.2　全面关系管理体系——整合的“7C 模型”

在建房子时，首先要做的是起草草图和制作沙盘模型，这样会给建筑施工带来很多帮助。设计方案确定后，才能正式开始施工。企业也需要像这样，先规划好全面关系管理体系的结构，在这个过程中一定要时刻遵循全面关系管理的理念，着重注意以下几个基础性问题和活动。

C1：建立和管理体系的外部市场监察体系，用于分析宏观环境中的各种趋势（宏观分析），这可以帮助企业更好地预测市场的未来走向。

C2：建立和管理体系的市场监察体系，从而分析市场和竞争环境中的关键战略问题、障碍和未来的机遇。体系的市场监察与调研能够让企业更早地发现和预测未来的市场趋势和机遇（竞争分析），从而完善企业的战略规划。

C3：创建和管理内部市场营销与合作网，并且为企业的各个职能部门都制定规则。各职能部门要根据目前的目标调整自己部门的工作安排，将目标完美融入工作计划中。不断完善内部关系非常重要，因为这将直接影响整体工作和运营的质量。

C4：与分销商之间搭建专业的关系，并进行管理是有重大意义的，因为这会直接或间接影响到企业形象、工作和活动的质量。它们都是未来消费者需求、欲望和态度（它们是企业全面改进，即与灵感之来源的关系和合作网的基础）这些重要信息的来源。

C5：与提供材料或零部件的承包商或供应商搭建关系并进行管理，可以提高对于需求层次波动预测的准确性，降低运营成本，还能通过深化与承包商之间的关系（与创新之源泉的关系和合作网）来提高产品质量，因为深化与他们的关系能提高效率。

C6：与对于企业改进、企业成功以及实现长期可持续发展（与其他合作方的关系）有帮助的合作方（如银行、工会、政客）搭建关系并进行管理。

C7：通过不断提高产品/服务的功能性质量和技术含量，完善全面关系组合（如4P 理论）等方法，与顾客或客户（企业的核心或重要客人）建立公平且互利共赢的关系，并进行管理。

企业最终形成长期竞争优势的唯一途径就是规划“全面关系管理体系”，并严格执行。详细了解并有效管理“体系”所涵盖的一切关系和具有的一切功能，并利用它来创造价值，是形成长期竞争优势的先决条件。

首要目标是确保自己能够以高效的、可获利的方式为顾客/客户提供他们期待的质量。简而言之，企业需要时刻以顾客满意度和质量改进为核心。长期关系管理理念中最重要的一点就是实现顾客满意。

管理人员一定要充分理解企业不同部门之间应该如何做到全面合作（同步地、高效地、灵活地），这有助于企业的自我完善、创新和创造力的提高，否则，所有的理论就只能停留在描述和理论层面，不具实际意义。

9.4 全面质量管理和全面关系管理

全面质量管理源于这样一个经营理念，企业要重视顾客满意度（Drummond，1992）、企业的整体性、合作以及不断完善企业的所有活动。根据 Deming（1986）的观点，TQM 建立在三项基础原则之上：赋予员工权利、不断改善质量、质量改善团队。

TQM 要求企业做到永远使顾客对自己感到满意。这主要指两个方面：精心设计产品或服务；确保企业的机制能够坚持按计划行事（Deming，1986）。

不过只有企业真正以这些目标为企业导向了，才真地能实现这些目标。Oakland（1992）认为企业整体性和参与度是非常重要的，他说：

企业中的全体人员，无论职位高低，无论处在哪个部门，无论在何处工作，都一定要尽职尽责。

实现和提高顾客满意度是 TRM 最核心的理念。同时，TRM 注重在质量、生产率和利润之间的合作。

质量改善会影响企业在市场中的形象，提升销量，还可使产品/服务不再靠价格进行竞争。由于存货量不再需要那么多，所以投入资本也减少了。这些变化都会使成本减少（例如机械费用、检修费用、测试费用、再加工费用、解决投诉的费用），进而使利润上升。

TRM 方法中很重要的一方面就在于产品和服务质量的改进。只有使用该产品或服务的顾客说它的质量高，才是真的高。因此，企业务必要清楚地知道顾客的需求、愿望和期待。这意味着管理人员要把这种顾客导向的产品和服务理念传达到企业的各个部门，传达到每一名员工，这样才能使质量不断得到提高。

9.5 TRM、CRM 与质量体系

全面关系管理能够帮助企业在当下的竞争环境中应对各种新的挑战，了解并采取全面关系管理方法似乎是目前满足竞争要求的最佳途径。诺贝尔奖得主 North（1993）认为了解和响应是提高经济职能效率的最根本的两个途径。他总结道：

好奇心会使得我们去了解一样东西，了解的程度会反映出企业竞争的程度。竞争反映的其实是普遍存在的不足，也就意味着企业要不断去了解这些不足存在于何处，从而得以在商业环境中存活下去。

CRM 着重于使用因特网和其他信息技术手段与顾客建立一种长期关系，并进行管理。TRM 则着重于管理 CRM、TQM、质量、生产率和利润之间的相互关系。这里需要强调，利润依然是最关键的问题，而非销售额或市场份额。

不过，全面关系管理、合作与整体化运营以活动、实践和利润为导向，这三个概念并没有包含在内。最重要的是掌握如何利用全面关系管理方法为企业获取最大利润。图 9.3 解释了如何将 CRM 和 5Q 整合到一起。无论选择全面关系管理，或顾客导向与合作，或整体化运营，抑或活动与实践，最终的目的都是创造短期和长期利润。

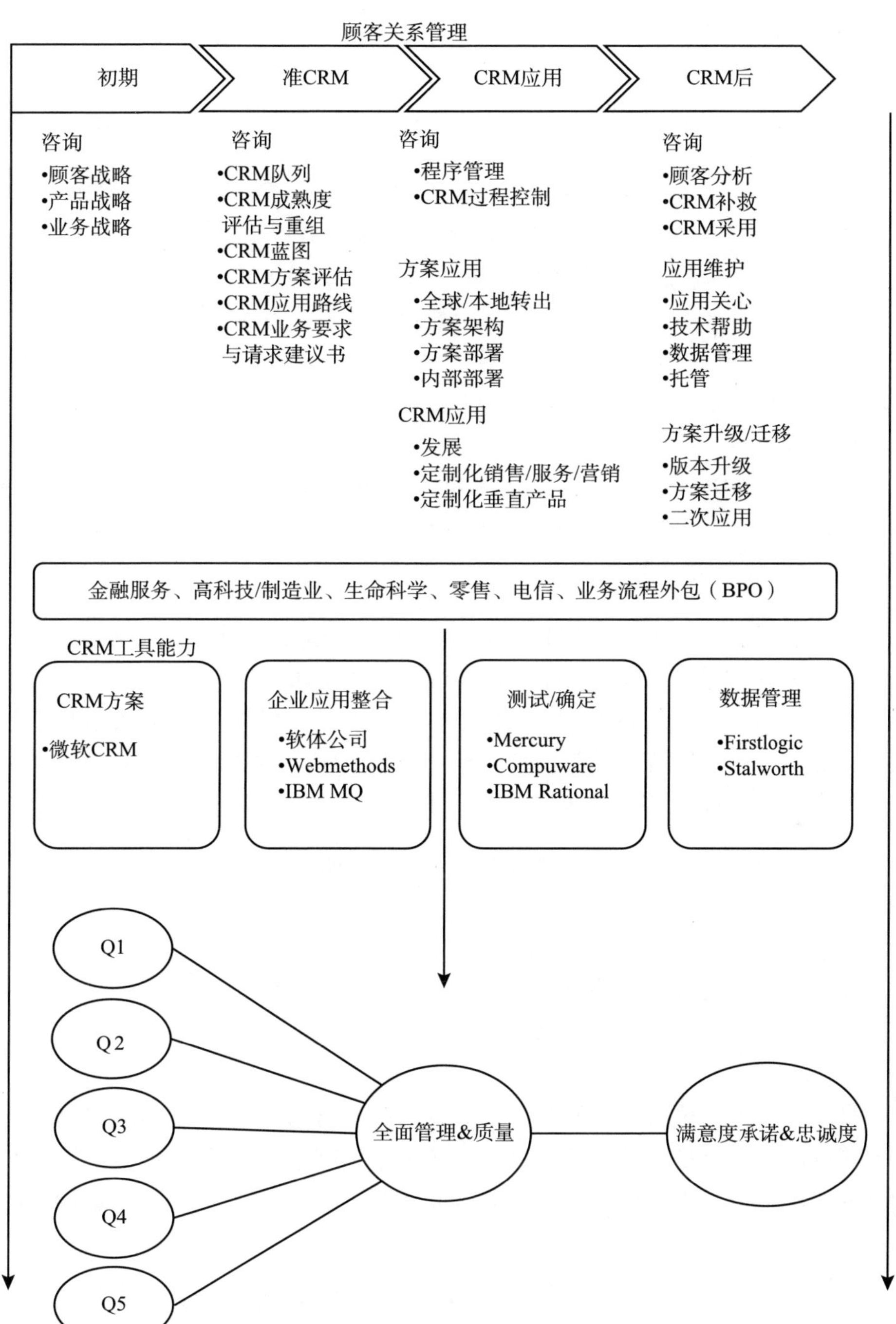

图 9.3　CRM 多维度模型和 5Qs 属性

资料来源：http：//mscrm. exiis. net。

Zineldin（2000）提出了5Q模型，并将它作为稳定质量的可信度、有效性和重要性水平的工具。5Q模型中的5个质量分别指目标、流程、基础机构、互动和整体环境的质量。如图9.3所示，CRM对于5Q模型的应用也同样适用。

Q1：目标的质量：产品或服务的技术含量，例如，顾客会得到什么？

Q2：流程的质量：顾客得到产品/服务的方式的功能性质量。

Q3：基础结构的质量：内部竞争、体验、专业工艺、科技、内部关系、动机、态度、内部资源和活动以及如何管理、协调和组合这些活动。

Q4：互动的质量：信息交换、财务交换和社会交换的质量。作为高质量交换进程的直接结果，制度化的关系将得以建立，还会使参与各方得以调整和使用交换来的因素。

Q5：整体环境的质量：各方之间的关系和互动过程会受到他们所处的特定环境的影响。环境可以分为依赖/相互依存型、相互期待型、信任与承诺型，以及冲突/合作与沟通型。

TRM方法强调，要尽力保持产品/服务的高质量，努力通过不断提高（重建体系）五种质量（5Q），从而与顾客建立长期关系。

有效运用CRM和关系、产品或服务的高质量，能够完美实现相互依赖、顾客满意度，还能使商务联盟关系不断壮大。因此，TRM体系应该包含TQM。

简而言之，TRM体系的关键在于以下几个方面：

（1）协调企业内部活动，并保证一体化（内部关系）；

（2）提高顾客满意度（外部关系）；

（3）不断改进产品/服务和流程；

（4）信任、尊重和接受是可持续关系的基础；

（5）企业中的每一位成员都要不断地帮助企业进行流程改进。

事实上，全面关系管理的要点之一就是市场营销可以降低亏损的风险，造成亏损的原因可能是市场信息不足、对顾客不了解、曲解了市场，尤其是市场的外部环境势力、生产率、效率、能力低下，以及产品规划和产品选择不佳。

9.6 TQM与TRM的关联与区别

全面关系管理（TRM）理论与全面质量管理（TQM）有很多相似之处。

TQM 和 TRM 都源于同一种哲学，它们着重于提升顾客满意度、整体化运作和长期利益。其实，资源的使用率越高（例如成本的下降和运营资本的下降），利润才会越高，所以利润和资源使用的效率关系更大。因此，全面关系管理着重强调了可持续性和企业运营的效率、效益、生产率以及盈利性之间相互关系的重要性。如果企业因此实现了更高的顾客满意度，就说明 TRM 方法的确可以提高企业运营的可盈利性。

全面关系管理体系中所说的参与度，包含了每一位成员和所有事物，例如体系、设备、信息，其主要目的是体系的整体质量，并满足顾客的要求和需求。企业若要满足外部顾客的需求，首先要满足内部顾客。所谓的内部顾客就是指需要从企业内部获得产品或服务的顾客（内部顾客—供应商关系）。

采用全面关系管理的制造企业或服务企业，若以高效和低成本的生产率为导向，就必须要同时能够做到以适当的价格提供高质量的产品/服务，从而使企业能够实现不变利润。效率、生产率和盈利率之间的相互关系在质量管理中是相当重要的。因为这会使得我们熟知的“效能与效率、生产率（包括产品/服务的质量）和盈利能力三角”关系在 TRM 中更加明显。

TQM 关注产品和服务的质量，而 TRM 关注的层面则更广，它注重内外部职能部门和内外部关系的整体性。消费者会定义质量，而主要的营销活动就是为了让消费者认为质量更好。企业需要通过顾客的视角去看待自身，并将自身的运营情况和顾客的期待做比较。质量不再仅仅被当作是制造部门检验产品是否符合规格，并将不合格产品销毁的标准。

TRM 中所说的不断提升质量，不仅是说不断完善产品或服务，更是说企业的每一位成员都要时刻将改善所能想到、见到的每一处，管理好全部的内外部关系和进程作为自己的第一要务。创建、发展和加强与内外部顾客之间的长期关系，也意味着企业正在不断进行质量改进。

9.7 TRM 体系与 TQM 工具

尽管质量维度和产品、服务的质量保证计划还没有包含在 TRM 当中，但却已经发展得较为完整了。我们认为，在使用 TQM 协调诸如工程、生产和市场营销等企业行为时，TRM 能够利用 TQM 获取可观的优势并引发协同效应（Kanji & Asher，1996）。完整统一的 TQM 和 TRM 能够帮助企业更有效地实施各种战略。例如，如果市场调研——尤其是顾客满意度调研不准确，那产品质量就不太可能会持续提升。

TQM 的原则和方法可以用来完善战略计划，还可用于利用外部势力影响企业。营销人员可以使用诸如控制图、运行图和帕累托图分析（Pareto Analysis）等 TQM 工具去观测目标战略的进展，还能为企业提供在当前市场内的竞争优势。下面给出一些可以在 TRM 中使用的 TQM 工具。

（1）戴明轮，又称戴明环（PDCA）：Deming（1986）为满足顾客对质量的要求而研究出的一种管理理念，其主要方法是计划、执行、检查和处理循环（图 9.4）。要保证这个轮或环不断旋转，还要经常使用它去评测为满足顾客需求而研发的新产品。在使用 TRM 方法时，管理人员和营销人员还可以使用它去改进 TRM 的 5 个质量（5Q 模型），例如，目标质量、流程质量、基础结构质量、互动质量和整体环境质量。PDCA 能够帮助企业去确定顾客与其他合作方一直处于一种满足的状态。运用该方法依然离不开企业各部门的团结合作这一重要基础。

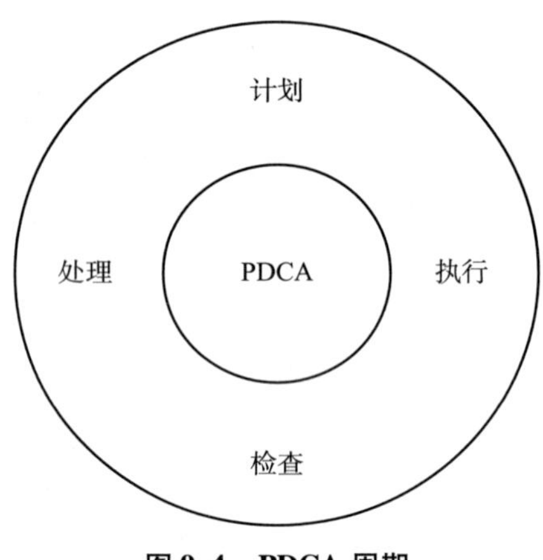

图 9.4　PDCA 周期

PDCA 的标准操作包括以下步骤：

①让诸如营销、销售、产品开发、产品生产等部门联合起来，集体作业；

②当团队出现问题时，一定要找到导致问题的具体原因；

③根据实际情况，制定解决方案；

④质量改进团队要承担起解决问题、完善 TRM 体系的责任（实施）；

⑤必须要开展检查工作，检验具体行动是否按部就班地进行，质量改进进程是否顺利；

⑥如果一切顺利，质量就会得以提升；如果进行得不顺利，那就要按照戴

明环的顺序重新进行一遍。

（2）建议机制：通过这种小改变的累加，最终可以实现持续改进。可以在全面质量改进进程的后期，也就是当质量改进的计划和行动方案都已经确定好了的时候，就可以使用这种机制了。

（3）Kaizen（日语，改进）：这种日本管理方法指的是在企业各个职能部门以及各个层面的商业活动，全都进行持续性改进。这要基于企业员工的全身心投入、合作以及参与，要运用他们的智慧和经验，利用好戴明环和建议机制。Kaizen 的目的是实现双赢的局面，它也可以运用在 TRM 体系中去改进关系、战略规划、生产活动与流程，以及商业活动与进程。

（4）Hoshin Kanri（日语，方针管理与精益导入策略，一种质量决策矩阵）：其目的是通过贯彻企业质量目标，完善产品生产和服务流程，从而取悦顾客。这能够帮助企业明确短期目标和长期目标，也能够明确可衡量性标准和目标。同时，它可让员工知道企业的总体目标是什么，他们分别适合在什么样的岗位工作，这样每个人便都会朝着明确的目标努力。

（5）标准检验程序：这是市场营销的基本方法之一，经常用于 TQM 中。此外，还可以用它来明确主要业务流程标准或目标，例如关系、产品、物流、分销、市场营销等。它还可以帮助企业从外部视角密切关注市场，最终获得市场。

（6）QFD（品质机能配置）：它是市场营销管理人员测定和管理顾客满意度的强大工具，可以帮助管理人员制定和改善与顾客满意度直接相关的评测指标。QFD 是一项完全集成化技术，需要同时开展多方面进程，从而将顾客需求转变为技术需求。它能帮助企业消除设计和营销之间的代沟，从而使产品的设计准确、充分地满足顾客的欲望和需求。

（7）要径分析：TQM 可以帮助企业改进产品开发流程。采用 TRM 方法的企业，会邀请顾客参与到产品开发中来，甚至给顾客参与运营的机会。在产品开发的前期便让顾客参与进来有利于和他们建立长期关系，还能减少后期阶段的返工费用，并降低失去这些顾客的风险。

对于供应商或分销商来说，可以使用以下这些方法与顾客、供应商、分销商等建立伙伴关系，这会让企业拥有更多的资源去开展项目，并利用合作方的特有技术，从而缩减产品上市的时间。

（1）流程图（又称蓝图）：它能将企业从始至终的整个营销“布局”展现给营销人员。企业可以利用它将一个项目中需要发生的所有营销活动和关系连接到一起，然后制订具体的工作计划。此外，它还可以让企业知晓服务进程中的“关键时刻”。在这一过程中的每一个人都应该了解它。ISO 9000 质量管理体系，就采用了这种重要方法。

（2）机会分析：进行机会分析可以让企业快速预估出一系列与既定目标相抵触的选择，以及可用的资源。这种方法可以在个人或组织面临众多市场机会，又没有头绪，不知该从何入手的时候采用。进行机会分析需要明确目标，按照重要程度将目标排序，并根据资源的可用性，选择最佳的目标。

（3）内部流程（Improve Internal Process，IIP）优化计划：该方法可以通过使用各种因素，例如可测量性、责任和资源，为企业提供一个制订具体工作计划的框架。企业可以利用它去获取某项目或任务中某一具体发展阶段的信息，从而改进内部流程。

（4）直方图：企业使用 TQM 方法去分析以往的业绩，可以帮助企业改进他们的战略部署，提高公司的业绩。直方图是 TQM 方法的分析工具之一，可以用于跟踪监测以往销售业绩。

（5）时间/行动项目控制线：TQM 图表或工具要详细注明时间表上的战略实施（行动项目）最终是顺利完成了，还是延迟了。

（6）帕累托图：TQM 方法会用 TQM 图标来找出没能实现市场目标的原因。团队成员（合作伙伴）可以对原因进行调查，然后用帕累托图表示出来。

（7）品质的流程成本：可以在刚刚开始进行全面质量或关系管理时，使用该方法，从而应对需求的变化，或者在之后明确了新需求的时候，来发现改进的机会。它主要包括两大类成本：

①一致性成本或计划、培训和为了一次到位而编写的程序的成本，为了验证是否真地做到了一次到位而进行的检验和测试的成本，一致性成本是运营各个具体过程中，最低的一项成本。

②因效率低下（如报废、返工、失败、保修）而造成的不一致的内部或外部成本。

（8）ISO 9000 质量管理体系：其产生的原因是，企业为了向顾客和独立评估机构证明自己已经采用了高效的质量管理系统（Quality Management system，QMS）。QMS 主要考量四个层次的证明文件：

①质量方针文件，这是一本介绍企业会如何控制质量的政策性文件；

②质量流程文件，这是一系列更加具体的文件，分别说明企业会如何根据质量方针文件进行质量管理（Whats）；

③质量记录，这是证明企业质量管理效果（Hows）的证据；

④作业指导，会详细说明某一具体任务的操作流程。每一个流程可能都会

包括几个甚至多个基于5Q模型中不同内容的作业指导。

虽然相较于TQM，TRM更为宏观，但二者却是密不可分的。TRM体系需要有一个贯穿始终的理念，那就是“质量改进不是某一个人的职责，而是每一个人都应该承担的工作”，这样才能使市场营销、物流、人力资源、生产、工程等都和谐运作。或许这个观点有点自相矛盾，例如，生产商会希望能够通过降低质量的途径，提高每周的产量。为了避免这类问题，企业一定要整合好生产制造过程改进的质量统计控制系统，从而使产量能够在保证质量的基础上持续上升。因此，TRM是一种整体性方法，而质量保证则只是产品战略。

管理人员或营销人员若想变得更加具有创造力，就不能仅是采用某种新的管理方法或营销体系，即便这些方法真的奏效，也远远不够。他们还需要对日新月异的市场，保持极高的敏感度，能够发现每一丝基础性的市场变化。这就需要他们不断学习，采用新的思考方式，抓住要领，表现出关切，并积极响应。

最后，TRM方法需要对内外部市场进行全面而均衡的分析。这一整体性管理方法的下一步就是要检验企业所处的竞争市场中，全球势力会对该市场产生什么样的影响。那些依赖于受到政府保护的国内市场的企业，就不得不去重新考虑自身的战略布局了。世界各地生活水平的差异，就意味着企业需要在国内外的不同市场，重新对产品进行定位。如今，很多企业都开始寻求国际合作关系。因此，如果我们研究全面关系管理策略时，没有检测和分析外部势力，那就不够完整了。在今天这个充满了竞争的全球市场中，对外部势力的检测可以极大地帮助管理人员，去了解搭建和维护商务关系的机遇和威胁。

第10章　微观与宏观关系管理
——生态学视角

世间万物，唯独人类可以思考，也正因如此，人类创造出了社会价值，甚至还建立了各种道德准则，为人类社会提供了统一的标准。

Albert Einstein

10.1　改变未来的作用

绝大部分环境因素的改变（如国际化、自由化、科技创新、市场结构、绿色营销、竞争规则）都会对战略关系管理和营销决策产生直接的、平行的影响。因此，与顾客建立关系是成功制订营销计划和运营，或者在动荡的商业环境中取得竞争优势的关键问题。在这样的环境中运营，我们需要有一个考虑到市场环境中不同因素、不同进程的长远的关系视角。

除此之外，我们还需要站在一个更广阔的多维层面，去着重整合那些环境力量的组成要素，也就是内外部活动、运营和关系。这种改变发生得越快，企业就越无法跟上脚步，自然而然，企业也就会更加重视。正如 Mikhail Gorbachev（1981）强调发现和应对市场与环境变化有多重要时说的一样，我们需要一种新的方式去发现、去改变：

生活让我们不得不改变固有的模式，放弃过时的观念，也让我们不再白日做梦。人类进程最基本的性质和准则就是改变。如果我们还用过去可行的方法和理念去解决如今困扰我们的问题，就显得有点蠢了。如今，我们生活的世界已经大不一样了，所以我们必须要找到新的方式，才能应对未来。

Keen（1991）在强调企业了解商业环境的变化有多重要时强调：

企业一定要明白，至少2000年与1990年相比，是存在着翻天覆地的变化的，而1990年与1980年相比也是一样，企业一定要高度灵活，这样才能适应这个瞬息万变的世界。

现在的人常说："唯一能保证的事情，就是一定会发生改变"。无论在什么地方，我们都会看到变化。科学理论在变，政治体系在变，技术、国际形势、经济体制、社会习俗、价值观、企业结构、人、关系都在改变。社会的变化或许会危及我们现有的身份。经济的改变会引发就业的改变——比如事业的风险。个人的改变可能会影响我们的价值观，会让我们质疑到底什么才是对的，到底什么才是重要的。

以往的市场营销观念没有强调这种关系视角，因为当时的环境力量不像今天这般显著，Aijo（1996）写道：

总有一天，我的想法会得到佐证：早期的市场营销理论就已经体现了关系视角。但是，关系视角在当时并不如像如今一样为人们所重视，因为在那时，环境因素没有像现在这样会产生如此之大的影响。这些（环境）变化使得企业开始重视在经营和营销环节上重视服务，密切与客户沟通以及考虑到各方和各种进程的全面视角。对供应商—生产商—顾客关系链和进程的强调，很快就会带来实际效果，比如在全面质量管理中。

一切管理活动和营销活动都要在法律、政治、经济、社会、科学和文化环境中进行，所以战略和政策一定要相互配合。Zineldin（1995a）提道：

无论是买方还是卖方，所有的企业都是在一个大环境或者说大的社会体制中运营。因此，外部环境的性质会影响双方的互动和关系。

Ford（1997）同样指出：

我们也一定要考虑到一段关系所处的更广阔的环境——社会体系。

尽管对于企业来说，企业和社会环境有着重大意义，会给营销管理、消费者行为和态度带来重大影响，但也必须认识到，很多环境因素是不可控的，就像每个国家都有自己的政治体系、法制体系、社会经济结构等一样，国际市场远要比国内市场复杂得多，也广泛得多。

如今，各方面的变化发生之迅速，远远超过了我们反应的速度。现在绝大多数国家，无论是发展中国家还是发达国家，都在经济、政治、社会生活上发生了翻天覆地的变化，而且是彻底的变革，而非皮毛。所以说，变化其实可以成为生活的调味剂。

还能继续存活的企业，一定都对各种变化持有正确的态度，并积极主动富有创造性地去应对改变。无论是什么类型、什么规模的企业——从制造商到服务企业，从消费品采购商到工业品采购商，从大型政府部门和大型企业到小型私人和家族企业，都是这样的。因此，应对这些市场变化、商业环境变化，就成了领导者的主要任务，无论他是一家公司的领导人，还是一个国家或小团体的领导人，这都是他的主要任务。

10.2 如何应对未来的新作用

今天的世界瞬息万变，企业一定要找到一条与以往不同的发展道路，才能继续生存。为此，管理人员一定要利用好自己以往的经验和知识，还要时刻关注所处环境发生了哪些根本性的变化。在实践中学习经验、制度（如经济制度、管理制度）的重要性以及制度性变化的性质，是影响合作政策和业绩的四个主要方面。

如今的顾客有更多的要求，他们更希望自身的需求、期望和要求能够被重视。很多顾客认为，仅仅是得到高质量的产品/服务是远远不够的。他们还要得到一种内在的满足感；他们希望被人重视，能够得到满足，并且能够保持生态环境的健康，他们现在对（潜在）环境损坏变得更加敏感。这些态度和行为会对主要管理决策和营销决策产生影响。很多顾客认为，人类是这个世界的主宰，但是人们的健康却受到日趋严重的威胁。如果一家公司不在乎生态环境，不在乎企业成员的健康，那么它绝对不会存活下去。

市场中的机会和威胁正随着科技发展、经济、政治、法律环境的变化、竞争、社会价值与取向、信仰和生活方式的改变而不断变化着。我们已经进入21世纪，所面临的不确定因素会更多，变化的速度会更快。应对这种变化的方法，也不再仅仅是优化营销和管理体系与结构的问题了。一种更灵活的战略思维将成为最重要的解决方法。

当我们设法应对这些环境变化和力量时，管理人员和营销人员一定要切实掌握所有变化，还要对环境进行排查和分析。不过，独立排查是远远不够的，管理人员要将相关的营销和管理活动看作一个整体，全面布局。

回想20世纪70年代，那个没有个人计算机、没有卫星电视，也没有移动电话的年代。那时的世界，根本不具备如今社会的移动性，工作种类也不如今天这样繁杂。那时根本不存在如今火爆异常的证券市场，也根本想不到，发展到如今，全球经济紧密相关，甚至是最小型的企业，都不能忽视。那时，我们几乎没听说过广泛存在的饥饿问题、能源短缺或是生态破坏。变化越来越多，并且发生的速度越来越快，这早已不是什么新鲜的观点，事实就是如此。

这种不断加剧的变化，会给消费者、企业以及整体环境带来各种意想不到的压力。这其中的问题很可能会威胁到企业的市场地位，影响范围甚至可达全球，这样的影响范围，以及问题之复杂，绝对是管理人员和营销人员从未面对过的。当今社会，要求企业在应对自己行业内的环境变化的同时，还要能够应对整体大环境的各种变化。更要求企业以一种全新的方式去建立和维护长期关系。

企业已经认识到，他们务必要恰当应对这些变化，还要改变自己建立和维护客户关系以及合作关系的方式方法。例如，很多制造商发现，随着科技的发展以及来自国外的竞争力增加，他们不可避免地要和供应商搞好关系。采购商也更倾向于和值得信任的供应商发展成战略合作伙伴，他们可以在开发低成本、高质量的新产品时分享信息和独家技术。这种关系便可以使合作双方共享经验，明确双方的意图，并共享情报，而这种合作环境就使得他们有机会建立忠诚的客户关系或将客户关系发展成忠诚的客户关系。

10.3 微观市场营销与宏观市场营销

环境力量的变化对于营销人员和管理人员来说是不确定因素，是威胁，同时也是机遇。虽然说未来会发生什么我们谁也说不准，不过营销人员和管理人员要系统地预测5年、10年、20年甚至40年后，市场形势会是怎样的。此外，还要预测长期投资项目会带来什么样的长期影响。这些变化会影响到企业的方方面面，例如建立和维护良好关系的机会，与顾客、供应商、竞争者以及合作商之间的合作等。

关系导向型的企业会希望他们经营范围内的大环境能够对其微观环境内的参与者产生主要影响，比如企业的顾客、竞争者、中间商和供应商。如图10.1所示，若想成功创造并把握住市场机会，建立长期合作关系很大程度上要靠微观和宏观环境的匹配程度。

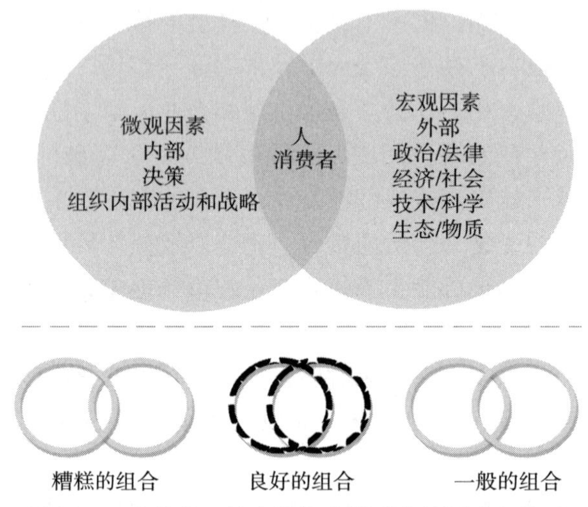

图10.1 内外部环境力量都会影响营销活动和关系

例如，利用营销关系组合中的可控因素来找出哪些条件或限制是由环境决定的。这种方法能够有效影响到以下方面：

（1）运营条件；

（2）营销机构（营销服务的本质与范围，政府参与的分销渠道等）；

（3）预测消费者未来的购买习惯；

（4）工业品采购商的态度与行为；

（5）与顾客、合作联盟、合作网等合作方建立和维持长期关系。

企业若想在社会中发展长期关系、发展经济、创造竞争优势，就一定要先了解环境力量是如何影响营销活动、关系、合作网、合作联盟以及消费者行为与态度的。同时，还要了解顾客的需求，并据此调整营销手段和策略，从而有效管理这些关系，满足顾客的需求。这种全面互动视角将经济表现视为企业间的动态交互。根据North（1993）的观点：

制度是人们用来规定大家如何往来的各种限制条件。它们由正式的成分（规则、法律、章程）、非正规的成分（行为规范、管理以及自我行为要求）、执行标准构成。这三部分共同明确了不同社会和不同经济体的诱因结构。

此外，我们应该以一种多元的角度去分析一切能够影响买卖双方关系的活动、策略和力量。在德国生物学家 Bertalanfy（1968）看来，生物组织和人类组织都是开放型体系，因为他们都是由各种相互关联、相互依赖的组成部分构成的，而这些部分又通过“反馈链接”而与他们所处的环境联系到一起。我们也应该以开放、动态且基于行为的系统环境——即与环境相互影响，在大环境内获取输入资料，之后通过对其加以运作，再作为输出资料，返回到大环境中的角度去看待营销问题和组织问题（Katz & Kahn，1978；Fisk，1967）。根据 Turton（1991）的观点：

1932 年，Bertanlanfy 首次提出了，有机体应该被视为“开放型体系”的观点。这一观点的提出，主要是因为，当时人们只关注封闭式反应系统内的物理学和物理化学，而生物学的发展需要人们认识到，细胞和有机体对于所处环境而言，是“开放”的，因此这种观念是“稳定”，并不仅仅适用于技术层面，或者说并不只是一种平衡状态。

所以很明显，有机体和人类组织都是开放型系统。说他们是系统，是因为他们都由各种相互联系、相互依存的组成部分和子系统构成。说他们是开放的，是因为他们与各自所处的环境都通过反馈而联系在一起。因此，企业务必要形成能够促进改变的适应机制，从而使之与环境时时刻刻相适应。适应环境变化的能力，对于企业来说十分重要。根据一般系统理论，成功的企业都能够使“维持性”和“适应性”长期保持在一个稳定的水平（Stacey，1993）。

总而言之，在这个开放而多变的大系统中，存在着很多相互关联的元素和关系。元素是系统的内容，关系是系统元素之间的纽带（Kuhn，1963）。系统构成的各部分会受环境的影响，而各个部分本身又会影响到系统的运行（Bell，1966）。

同个人或企业之间建立稳固的长期关系被视作一种社会经济性行为（Bell，1966）。在这一过程中，会发生互动、交流、相互信任、相互尊重、相互依赖、对彼此承诺、改革、合作、竞争、共同利益、共享和置换资源（可以是资金、运作方法、知识、指令、意见等）。所处环境会影响到人们或企业之间的关系与来往。因此，整体的体系在极大程度上取决于行为科学或非经济科学（例如，心理学、社会学、人类学）和经济科学（包括政治经济）。

Hakånsson 等（1982）提道：

双方之间的互动，并不是在除他们之外没有其他单位存在的真空中发生的。恰恰相反，这一切都发生在一个繁杂的社交体系中。因此，环境的特征会在众多方面影响互动。例如，在收购公司时，大环境中会出现很多也想要购买或出售的公司，作为替代选择。

最终的结果就是这些企业不得不提前预测各种机遇和挑战，并对这些来自国内外的机遇和挑战作出回应。然而，在如今这个变化莫测的市场中，无论是大型企业还是小公司，都将受到当今市场变革的影响。因此我们要迅速明确战略流程，以迎接环境改变带来的新机遇。

10.4 环境对于关系的影响

21 世纪频繁发生的市场变革，造就了如今的几个主要宏观环境力量。因此，企业在决定进入新市场或对当前市场增加投资之前，一定要谨慎地明确、分析和评估市场环境力量。很多老牌企业都因无法明确并对这些新科技、新市场环境作出调整而走向末路。例如，英国的造船业、纺织业和航天业都曾是世界业界龙头，但是如今却因为没能跟上市场不断加快的节奏而没落。

政治、经济、社会、科技、生态（Politics，Economy，Society，Technology，Ecology，PESTE）方面的变化，为企业提供了很多有分量的选择。他们将同时面临来自新市场的机遇和来自现有市场的威胁。这些新技术的出现使得很多 21 世纪的障碍得以消除，至于这会对企业造成多大的影响，则要看企业对新挑战作出什么样的回应。

企业要尽可能详细地了解国内外的竞争者，以便根据自己的影响经历能够评估出自己的优势与劣势，以及应该规划怎样的营销战略和营销活动。因此，明确和分析 PESTE 环境力量对于企业的生存发展，以及他们能否和顾客建立并维持一段长期的顾客关系而言，都至关重要。

现在，我们来重点研究一下，在如今这个竞争极度激烈的国内外环境中，能够影响到营销和管理决策的主要宏观环境力。如图 10.2 所示，对于未来整体关系会产生影响的主要包括以下环境力量：

（1）政治、法律和管制力；

（2）经济和竞争力；
（3）社会与消费者力；
（4）消费者/爱的力量；
（5）科技力量；
（6）生态和自然力量。

分析以上环境力量后，我们便得以明确并讨论以下宏观关系：

（1）最佳关系；
（2）游说关系；
（3）政治经济（或政经）关系；
（4）人性关系；
（5）社会关系；
（6）知识关系；
（7）合作关系；
（8）电子化关系；
（9）研发关系；
（10）绿色关系。

10.4.1 政治、法律和管制力量

随着目前政治、法律和管理制度的改变，20 世纪 80 年代的惯例对于政府、企业和消费者来说都不再适用了。无论政治、法律或是管理制度方面的任何一点细微变化都能对一家国际或跨国大公司产生重大影响。同时，这还会改变与国内外供应商、子公司、政界以及公共部门或个人消费者之间建立关系的方式。

很多产业都深受传统规范的影响。管理部门在定价、分销、获取资源、其他市场情况以及营销决策方面都起决定性作用。虽然为了保证诸如食品、健康与安全等重要领域正常运作，管理条例还是有一定必要性的，但是过多没必要的管理条例也会增加企业和顾客的成本。

政治、法律和管制力以及相关变化都会影响企业的竞争力和营销活动。营销主体要和政党以及管理机构建立并维持良好关系。政治力、法律力和管制力三者之间，也是紧密联系的。例如，认为石油公司对环境问题十分重视，并能够作出相应贡献的政治决策者，就不太可能会制定或加强严格的污染防治法。这可在帮助企业维护国外市场方面能够起到很大的作用。其次，很多政府机关

也是潜在的大客户，对企业而言，若能和他们建立长期关系，可以说是一个很有利的竞争优势。

很多企业会试图通过帮助那些与他们交好的政客赢得选举，与政界搞好关系，从而影响政治决策的目的。组织间的非市场性关系，就是我们所说的最佳关系（例如，政治家与其他政府组织）。这样的组织可以通过游说关系，达到营销政治决策的目的。不过，在这个过程中，若采用不正当的运作手段，便会产生消极的游说关系。

不过，各国政府在国内和国际贸易管控方面，都有各自的相关法规。下面列出一些国际和跨国公司务必考虑的法律法规：税收问题、进口税或关税、对某些产品和服务的出口管制、与外国直接投资方共同建立子公司的权利、外汇风险、会计管理规定、资金流、资本市场规则和竞争规则。

尽管有些政府对来自某些特定地区的产品和服务征收高额关税，但通常会对其他地区的产品或服务征收较低的关税。例如，根据美国和加拿大的贸易协定，美国对来自加拿大的出口车辆征收零关税，不过，对来自日本、瑞典或其他欧洲国家的出口车辆，则征收高额关税。

政府用来影响贸易的另一种方法则是，要求想要向本国出口货物的公司，先在本国购买规定数量的产品和服务，这种规定在飞机和军事武器的交易方面尤为常见。例如，像波音（Boeing）和空客（Airbus）等商用客机制造商在向国外某国有公司出口客机时，就会受到这种“抵消”规定的影响。“抵消”是指，他们在出口前要先在进口国购买规定数量的零部件。这种特殊的协定同时具有政治目的和经济目的，所以政治经济（或政经）关系自然而然便产生了。

与此同时，2000—2010 年的这 10 年的主题几乎完全围绕虚拟沟通与虚拟关系、社交媒体、网络世界和解除管制的，多国政府彻底改变了国内和跨国企业的商业环境。例如，近年来美国汽车工业就面对着来自外国生产商的激烈竞争。

英国、瑞典以及众多发达国家和发展中国家实施的公用设施私有化改革，给供应商和转包商制造了很多新的规定和条件；很多曾经是政府所有的服务企业也都转型成了私有企业。信息技术和沟通管制的解禁在创造了跨国界机遇的同时也造成了新的威胁。如今，价格竞争的自由空间更大了，企业经常会发觉，他们可以开发新的市场或新的产业链。

开发了新市场后的首要任务是在无管制的、网络/虚拟的、开放的、复杂又充满竞争的环境中开发对企业感到满意的新客户。这一新环境使企业意识到，他们一定要改变或重组开发与维护客户关系的体系。

10.4.2 经济和竞争力量

经济体系和经济条件以及竞争市场的结构与趋势都会对各阶段的营销活动产生很大程度的影响。社会的经济体系会决定有限资源的分配方式。经济上的变化主要源于不同潜在经济因素和商业周期内发生的广泛性世俗运动（Jobber，1995；North，1993）。传统意义上而言，商业周期会反映经济的周期性波动，它由以下四阶段构成（Dibb et al.，2006）：

（1）繁荣期：在该阶段，失业率会比较低，总收入相对较高，通货膨胀相对较低，购买力较强。营销人员要丰富营销组合，扩大分销，增加促销活动，充分利用好消费者购买力上升的这个机会。足够好的营销战略，绝对会让你收获相当大的市场份额。

（2）衰退期（商业周期中的一段下坡路）：在该阶段，失业率会上升，购买力、消费支出和商业支出都会下降。绝大多数的消费者会关注性价比，他们更愿意购买基础性和功能性的产品与服务。在该阶段，企业要着重调查消费者在此刻最需要和想要的是什么样的产品或服务功能。营销活动应该着重突出产品的价值和实用性。

（3）萧条期（商业周期中的低谷）：在该阶段，失业率达到前所未有的高度，薪酬水平极低，消费者对经济形势失去信心。可支配收入总量和购买力达到最低。政府实施货币政策和财政政策控制货币的发放，从而影响支出、储蓄和投资。

（4）恢复期（上坡阶段）：恢复期是指经过了衰退期和萧条期之后，经济开始有所好转的阶段。此时，失业率开始下降，人们的购买意愿和购买能力开始上升。随着经济形势由衰到盛，企业和营销人员要使自己的营销战略尽可能的灵活，以便根据不断变化的经济形势作出必要调整。

由于商业周期对营销活动的影响极大，所以营销管理人员要密切关注经济环境。当前经济情况和变化对于企业营销战略的成败起到相当重要的决定作用。普遍经济情况和竞争情况的变化会影响到供需力、企业、营销人员和消费者的决定、层次结构和活动（Thorelli，1986；Powell，1990）。

竞争对于市场机会来说是一个重要的因素。企业在进入新市场或增加投资之前务必认真评估竞争市场结构。产品或服务的提供者数量，将会影响竞争的强度和宽度。大致来讲，几乎每一个组织都受制于竞争。我们总结出了四个竞争市场结构的主要类型：

（1）完全竞争：市场中没有任何竞争阻碍，存在很多小型竞争企业，采购商也有很多，产品相差无几。

（2）垄断竞争：有很多能够提供类似产品或服务的潜在竞争者，并且都在尝试通过诸如产品设计、风格或技术手段等方面进行细微变动的方式开展差异化营销战略。

（3）供不应求：市场中的竞争者数量很少，例如，商用客机产业。

（4）完全垄断：市场中某产品的提供者只有一个，没有替代选择，例如，通信和电。

20 世纪 80 年代，人们会发现十二个，甚至更多的国家声称他们的经济是根据“控制”原则运作的，也就是说，经济如何发展都由政府决定，而不是让市场引导生产和分配。21 世纪初，世界上的大多数曾经采用这种方法以控制性经济体系的国家都开始尝试减少政府的干预力度，增强市场力的作用。

然而，21 世纪初的国内与国际经济环境、竞争环境都十分不稳定，突变接踵而至。对企业营销环境和竞争环境影响最大的两个变革原因是：欧洲市场一体化/西欧一体化以及中欧和东欧国家开始实行自由经济。

1960 年，八个欧洲国家达成一致意见，成立了欧洲自由贸易区（European Fress Trade Area，EFTA）。不过，自从一些成员国（英国、葡萄牙、澳大利亚、芬兰和瑞典）加入欧盟（European Union，EU）之后，EFTA 的地位便每况愈下。

1986 年，随着《欧洲单一法》（该法案将欧共体的众多分散小市场整合成了一个真正的完全自由的单一市场，这使得欧共体十二个成员国的人无论在欧共体范围内的哪里建立自己的公司，都可以像在本国一样无障碍地进行交易）诞生，《罗马条约》的范围得到了极大的扩大。

这一伟大进程中的重要一步就是移除了多年来阻碍欧洲各国货物、服务、居民、资产自由流通，以及 4 亿消费者自由买卖的三大屏障（如物理性屏障、财政性屏障和技术性屏障）。

（1）物理性屏障方面：减少了对于商品、服务和人口流动（如交通运输；关于货物和移民的边境管制，则包括手续费、渠道准入许可和欧洲护照）的限制。

（2）财政性屏障方面：统一货物和服务的间接税和关税，税收机制（例如，增值税/VAT）和征税标准。自由的资本流通意味着资本市场的竞争将会变得更加激烈，同时在欧洲其他国家投资也会变得容易许多。

（3）技术性屏障方面：移除物理性屏障的同时，必然要扫清技术性屏障。

不同的产品（商品和服务）标准、不同的检验标准、不同的认证程序和规定都造成了很多技术性屏障，从而阻碍商品和服务的自由贸易，同时也会影响到竞争和消费者。不过，欧盟国家依然能够掌控大局，阻止那些不符合标准（如健康、安全和环保标准）的产品进入市场。

根据技术性屏障，我们得以总结出关于服务型产品的自由贸易屏障。《白皮书》中涵盖的服务产业类型除了诸如银行业和保险业这样的传统类型以外，还包括了很多新兴产业，比如信息技术产业、学术认证行业和职业认证行业。

继 1992 年的马斯特里特条约和 1993 年成立单一欧洲市场之外，又实行了一项针对西欧经济体的新举措，欧共体正式转变为欧盟。

尽管欧盟 28 个成员国基本上作为一个大市场来运作，各国消费者的需求和欲望也都变得越来越接近，但管理人员和营销人员依然要注意 28 个国家之间的文化和社会差异，尽可能在不同国家进行营销时对营销策略和关系组合作出相应的本地化调整。

大多数欧盟成员国也都在 1999 年时加入了欧元（European Currency Unit，ECU）区。使用相同货币可以使企业用同样的单位进行定价，方便消费者比较来自不同欧盟国家的类似产品的价格。单一货币政策降低了或者说彻底消除了国际贸易中的汇率风险。

欧元区以外的企业要给在本国销售和在欧盟市场销售的产品分别定价、包装和贴标，还不得不承担货币兑换费用。

很多从 20 世纪 90 年代初开始实施的规定使得欧盟成员国内的企业不必再分别取得本国政府和欧盟的审批。21 世纪初，世界各国的国内企业都开始考虑国际化和全球化经营。有些公司甚至采用全球化营销策略长达数十年。但是，随着电子计算机技术与创新能力的加强、沟通和运输系统的完善，时间和空间距离得到了极大的缩减，新型跨国和全球化企业与结构也因此相继诞生。不过，这也导致了国际市场的相互渗透（因为海外竞争者不断涌现），也给现有本国企业带来了严峻的挑战。

这些国际性和全球性企业要开发和生产能够满足不同国家市场需求的不同产品和服务；反过来，这也使得企业间的竞争加剧。国内企业对这些竞争作出反应，并开始筹划自己的全球化运作模式，从而占领其他国家的国内市场。

很明显，欧盟的出现和中欧、东欧经济自由化同时创造了机遇和挑战。管理人员和营销人员一定要紧密关注新出现的变化。欧盟和东欧运动加剧了国内外市场的潜在威胁和竞争。例如，给那些更愿意购买外国商品的顾客提供更广阔的可选择范围，便使选项变得比原来更多了，这会加剧细分市场内的竞争，尤其是涉及分销渠道和经销商掌控的时候。

10.4.3 社会与消费者力量

解禁和自由市场并不意味着生产商、供应商和消费者可以无视道德底线地为所欲为。其实，企业和社会之间是有合约的。管理人员和营销策划人员要知道，他们生活的这个社会希望他们能够重视他人的权益。企业传统的行为模式和标准屡屡遭到质疑，工业化社会对能源资源的渴求，以及对资源和能源的随意浪费已经对我们生存的世界造成了极其严重的影响。

这表明，当营销活动会造成消极影响时，社会会十分重视（Dibb et al.，2006）。管理人员和营销人员要根据现在的社会现实，引导一种新的态度和行为模式。简而言之，他们要发展一种健康的社会关系。在这之前，他们务必重新考虑一下自身与消费者、供应商、承包商、其他国内外企业、员工、股东、自然资源、社会、政府的关系到底应该是什么样的。

今后，社会利益将更受重视，也必将在社会、经济和政治方面更具影响力。因此，为了社会大众的集体利益，也为了子孙后代，我们有必要促进和保护各种相关的正式与非正式法律。竞争，就是一种非正式法则，它可以迫使企业从消费者利益出发。

管理人员和营销人员一定要思考，他们应该如何把人作为企业的核心，例如，发展人道关系。同时也要思考，他们应该如何处理曾经制造的烂摊子，如何管理企业，以及如何让未来的社会充满人性的光辉。每一个企业和企业里的每一名员工都应该为此努力，并将其视为自己的使命。

能够存活下来的企业，一定是那些愿意放弃不端正态度，愿意积极主动并富有创造性地应对改变所带来的压力的企业。无论企业是什么类型，规模有多大，这些出于人性的要求和为此作出的努力远不及沟通、算账、传统营销方式或是计算机技术那样看得见、摸得着。最后，那些拥有先进技术的经济体和极大市场影响力的企业不可替代的社会责任与力量切实存在而且与日俱增，不会简单地因为管理人员、营销人员或是企业所有者拒绝提供就消失不见。

以上提及的各方面和各种关系，都是管理人员和营销人员现在必须重视的问题。在这个发展过程中，管理和营销方式应该更多地关注人性。而这需要新的态度、新的管理策略和营销策略，以及发展健康、有益的社会关系的意愿。社会营销关系需要营销人员和管理人员不仅考虑到消费者个人的需要和需求，还要考虑到社会的集体需求，同时还能为企业带来可观的利润。

10.4.4 消费者/爱的力量

我们在第 13 章中，也会看到类似的说法——“企业与他们的顾客相爱”。不过，爱与不爱的选择权在顾客。在营销环境中，消费者的青睐越来越具有影响力，具有更广阔的视野，更高的学识，更流畅的表达的消费者权利（当然这很大程度上取决于沟通媒体和技术的发展情况）将会有更强的存在感，并吸引越来越多的企业。企业高管认识到拥有更老道、教育水平更高、更有学识的群众基础能够对企业营销政策和营销活动产生重大影响的速度越快，就越有可能因此而成功。

每一个社会都有它特有的主导文化。文化指的是一切人类创造的有形和无形的创造物，比如，食物、家具、楼房、衣服、价值、信仰、观念、动机、态度、人口增长、年龄分布、家庭组成（离异、单身、非婚姻家庭和出生率）、法律体系、宗教、医疗和教育。文化不包括那些人们与生俱来的天性。文化对人的影响深远，并且会影响到人们的购买行为，以及如何购买与使用某产品；反过来，这也会对营销策略产生影响，当然也会影响到产品（商品、服务、想法）开发、促销、分销和定价。

无论在哪里，我们都能发现人（消费者）并将他们分类到不同的类别（细分市场）中。对于不同文化的消费者，划分消费者类型的标准也各有不同。以往，同一社会类型或社会阶级的消费者，在一定程度上具有类似的特征。比如，他们可能有相似的价值观、信仰、态度、职业，生活在相似的地理位置，收入接近，购买模式、语言、财产、生活方式和行为方式都很像。

或许，在以前那个行为差异迥然、表现明显，容易被观察到的时代，这种机械化的区分还适用。但如今的文化趋势使人们之间的差异越来越小。比如，收入、财产、地理位置、购买力和购买偏好，甚至连教育和文化水平的差异都不明显。以前，在周六下午去足球场支持自己喜欢的球队的“B 档次”的人或消费者，同样可以在晚上像“A 档次”人一样读一读莎士比亚。

如今，无论被分类成 A 还是 B，绝大多数人都更加重视自我满足感。换句话说，人们重新定义了什么对自己才是重要的，降低了金钱的重要性，提高了对自我提升、工作意义和个人责任的重视度。现在的市场，越来越需要能够给人们提供成就感的产品，比如：健身设备、家用电器、教育产品、医学文章等帮助消费者生活得更健康、更幸福的产品；此外，那些容易操作，又能在短时间内给予较高回报的产品也很受欢迎，比如电脑、电视或手机。如今的消费者不再以数量、材料为导向，他们将目光聚焦在自我满足上，重新重视大自然或乡村，更关注自然资源，青睐性价比更高的产品。

这种文化的融合、欣赏能力的提高，渐渐成为一种社会标准，因此，消费者阶级的界限渐渐模糊。

营销人员也要认识到，人们很容易受到政治和科技力的影响。科技决定了作为社会成员的消费者能够在多大程度上满足自己的生理需求。饮食习惯、睡眠模式、性生活、健康情况都会在不同形式、不同程度上受到现有科技和科技变革的影响。消费者的科技知识会影响到他们对产品、服务和想法的渴望。若想提供能够满足消费者的营销组合，营销人员一定要非常注意这些影响因素(知识关系)。

我们不要忘记，组织永远都是由人构成的。是人，作出了判断和决策，从而决定了组织的发展方向和行为。企业或是任何一个社会机构的管理人员和决策者一定要透过组织的表面看到本质，分析出这些判断和决策背后的信念、态度和价值。对待商业利益和股东利益。大多数企业采用的传统方法是让他们作出能够反映这些利益的决策。他们通常会考虑以下问题：

（1）什么产品和服务的市场潜力最大？

（2）什么才能为投资带来最大的回报？

（3）如何降低生产成本和管理成本，从而减少产品的单位成本？

（4）如何提高在诸如广告和促销等传统营销活动方面的预算，从而促使人们购买我们的产品和服务？

（5）企业的长期利益是什么？

（6）应该采取什么样的策略来抵抗敌人（竞争者）的入侵，保卫自己的市场？

（7）应该采取什么样的策略去攻击敌人？

这些战略问题最初都是财政策略和军事策略，但是其考虑的范围很小，依然没有远离企业运营和股东利益的圈子。这些战略的确能够提高组织的内部效率（劳动力和资产的生产率），但是没有考虑到外部效率，例如：顾客如何感知企业的活动、企业的产出。这也关系到企业如何与人们（消费者）、其他组织或个人、或者那些与某家企业合作却没有加入该企业所在的联盟、合作网或非正式合作伙伴关系的第三方搭建并维护良好的关系。

然而，新一代人普遍受过更好的教育、具有更好的社会意识，他们会通过提高指标和检验质量的方式，来更深入地控制生产商或服务企业，并且会愿意接受群众对于质量较差或标准较低的产品或服务的批评。牺牲那些饱受批评的产品，会使品牌忠诚升高；同时，对于价值的定义，也不再是声望、喜好或其他传统吸引因素，因为现在都没那么重要了，如今人们重视的是用户价值。

在电视购物广告中给出更多真实信息展现产品的优势要比那些夸大其词、毫无社会意识的广告或其他宣传好得多。同时，营销人员和管理人员会得到很多好机会。比如，他们能够通过开发高质量、简单、有效，以价值为导向的产品（例如生态、天然、健康产品），与顾客建立长期关系。在 *Riding the Waves of Change* 一文中，Morgan（1988）写道：

未来，改变将无处不在，无时不有。我们到底应该如何合作，从而面对这些变化呢？如何能让人们接受我们呢？这不取决于沟通，而是取决于小细节，是一种全新的思考方式。

总而言之，消费者导向型的企业强调对人的深入了解，了解他们人性的一面和发展良好关系，无论对方是消费者、工业消费者、股东还是员工。

10.4.5 科技和科学力量

我们生活的世界，科学和机械工程领域日新月异。科学、技术和系统方面的改革使得这一切对生产商、服务企业以及消费者而言，都可以轻易使用。科学是指关于人类和环境知识的累加；技术是为了某种目的，而应用这些知识。举个例子，发现某种疾病可以通过疫苗得到控制，是一种科学发现。但是如何生产疫苗，什么时候接种疫苗就是技术问题了。显然，科学和技术因素在绝大多数产品、服务和观点的营销上，都有不可忽视的影响。

阿司匹林和鱼油的发现能够帮助减少患心脏病的风险，从而引发"心瘦身"食品的问世以及现有产品在广告信息上的变动。此外，日晒可能导致癌症的发现绝对会给防晒霜营销人员带来极大帮助。科学和技术发现并使很多事情成为可能，比如盘尼西林、心脏直视手术、神经性毒气、太阳能计算器、芯片（应用于文字处理器和个人电脑游戏）、电视游戏、艾滋病研究、生物科技、避孕药（使得家庭人口数量变少、更多女性可以工作）、互动式媒体、多媒体电脑等。

将这些发明卖到国外，通过教育发展工程技术与各国合作伙伴分享技术，电视节目跨国界播放，这一切都向我们展示了科技的变革是多么迅速，而电话通信和计算机技术（信息技术）的变革比这还要快。例如，在很多当代高科技公司，员工都用电子邮件沟通。人们再也不用寄信或者留下一张便签，等上几天之后才能收到回复，现在可以用键盘输入消息，甚至还可以发送语音消息，之后轻易地就可以将它传送到世界的任何一个角落，并且可以在几小时甚至几分钟之内就收到回复。不过，40 年之前，企业可以花上一年的时间来仔细考虑发展方向和产品的转型，但是在如今，企业通常必须在几个月甚至几星期内作出决定。

近年来，网络社交媒体和社交网络被视为信息传播的一个重要渠道，这能够影响人们对产品、服务或体验的接受和使用。随着科技的飞速发展和新技术的高速普及，消费者接受能力越来越高，产品的淘汰速度也就因此变快了。这使得投资产品，生产流程和员工技能都充满了不确定性和风险，谁都没办法保证现在可以赚到钱的这些资本，在明天还依然适用。同时，那些没办法跟上科技变革速度的企业将陷入激烈的竞争中，或许还会成为那些转型于专注高科技产品和服务的竞争者的垫脚石。因此，企业要时刻关注科技方面的变革，以迅速调整自身的营销组合与战略。

每一个新的技术创新都会通过为新产品和服务提供生产方法的形式，创造新的机会（Jeffrey & Sviokla，1995），同时也会带来巨大的投资压力，因为产品研发和充足的研究以及设备研发都会消耗大量的资金。

对于企业来说，和另外一家高科技公司建立合作体系、合作联盟或者合作关系，有利于增强竞争优势。与供应商、承包商搭建互利关系是迈向独特市场地位的重要一步。例如，Hughes 航空公司联盟、电子数据系统公司和通用汽车股票公司都采用了最前沿的技术，但在此之后通用汽车便开始设计能够适应 21 世纪的汽车生产线。

此外，电脑、传真机、便携式股票报价器、语音邮件和移动电话都极大提高了沟通的速度和生意达成的速度。这种顾客与电子产品之间的关系，或者完全通过电子设备与企业联络的关系被称作“电子化关系”。

但是过于电脑化的生活和电子化的沟通也有弊端，人们之间的沟通会减少，例如管理者和员工之间的沟通。他们甚至会期望别人能像他们使用的电脑一样工作，而不是希望他们像使用电脑的人一样。每一个新的技术创新都会通过为新产品和服务提供生产方法的形式，创造新的机会，同时也会带来巨大的投资压力，因为产品研发和充足的研究以及设备研发（R&D）都会消耗大量的资金。

新技术同样会给营销企业带来麻烦。比如，如果一家公司长期以来以技术为导向，就很有可能忽视消费者的需求和欲望。技术很可能会损害到生活的质量，因为它们会带来一些副作用，比如失业、空气污染、水污染以及其他健康威胁。有些人认为，科技的进一步发展和应用可以减轻或消除这些弊端，但其他人则认为提高生活质量的最好方法就是减少使用这些新技术。

技术的出口变得越来越频繁，也越来越重要。不过也正因如此，企业如果单单拥有技术优势，也无法继续具有竞争优势和光明的未来。根据索尼公司的合伙人 Morita（1987）的观点，日本最具竞争优势的一点就是通过借用或购买技术的方法开发新产品和升级产品。

让营销和 R&D 完美配合，就是要解决这个问题（营销和 R&D 的关系）。管理人员和营销人员要仔细留意科技的变化。

10.4.6 生态和自然力量

如今，人们极度关心环境问题，立法保护环境的趋势任谁也无法阻挡。这个问题包括自然资源问题（如矿物质和动物生存数量）和自然环境中其他方面的问题（如生态系统的变化）。营销人员若是不设定较高的生态标准，努力维持生活总体质量，尽力克服环境问题（如污染和垃圾处理），这个方案就不会被看好。营销人员应该建立环境关系（绿色关系）。

多年以前，很少有企业或消费者考虑过我们的环境和健康的问题。人们不知道资源是有限的，不知道臭氧层中出现了空洞，不知道包装会造成浪费和污染。海洋生态环境恶化、海水遭到污染、植物枯萎、工业废气污染甚至毒化当地的空气，所有的这一切都将造成非常严重的问题。20 世纪六七十年代，人们认为这是危言耸听，可是到了八九十年代，一切都真地发生了。这些问题确确实实成为21 世纪的核心问题。

如今，消费者对环境问题有了更深刻的认识，他们不再只关注生活质量的提高，也开始关注环境带来的健康问题，因为只有这样，他们才能有机会继续享受高水准的生活。有很多环境主义者反对跨国界合作与环境歧视，环保运动让环境意识得以普及，同时对工业产品设计、生产、包装和使用都造成了很大的影响。从 20 世纪 90 年代开始，很多企业认识到：只有得到社会的认可，企业才能得以生存。

社会热点问题对于企业来说，既是问题，也是机遇。例如，在美国，很多城市立法禁止商店和饭店提供塑料袋，其他国家也有很多城市有类似的法律。

越来越多的企业开始真正意义上承担起社会责任，尽其所能保护环境。他们也在企业长期战略规划中考虑环境问题。根据 Jobber（1994）的观点，营销人员要注意以下六种环境问题：

（1）使用环保成分（例如，不含动物成分的纯植物化妆品、不含添加物的草本香皂和洗浴用品和可降解的塑料制品）。

（2）可循环使用，不造成浪费的包装（例如，退还包装、玻璃瓶、再生纸）。

（3）保护臭氧层。1990 年，《蒙特利尔议定书》规定：在 2000 年前，要彻底淘汰含有氟利昂（经常用于冰箱和喷雾制品，是臭氧层空洞的主要破坏者，从而导致有害辐射能够穿过臭氧层）的产品。

（4）新产品的动物测试（例如，在洗发香波和化妆品制作出来后，先在动物身上做测试，从而降低对人类造成危害的风险）。我们应该尝试生产那些对动物也没有危害的产品。

（5）污染（例如，会污染大气的化学产品，含有硝酸盐的化肥会污染河流，将生产肥料排放到海里等）。

（6）节约能源（瑞典带头研发新型能源，并在国内实行能源政策。计划在 2010 年前，彻底淘汰核能。提高能源的使用效率并开发低耗能的产品，从而弥补淘汰核能带来的能源短缺）。

绿色营销是指，销售那些对生态和环境不造成威胁；使用可降解、无浪费的包装；努力保护臭氧层，保护或恢复自然环境的产品。比如，英国的工业界投入数十亿去清除发电厂的酸性排放物，更高效地处理污水。德国奥迪、宝马和大众开始生产清洁型汽车，这些汽车不会像以往的汽车一样排放出那么多污染大气的尾气。意大利化学公司投资数十亿去减少植物排放的有毒废物（Knight & Dimmler，1989）。

这些态度和思考模式并不仅仅源于合作需要，也反映出了消费者和企业的新态度和新思维。态度和思维上的转变同样会给营销人员和管理人员带来关系上的问题和机遇，当然也会影响到产品的生产方法和营销活动。消费者和社会都期望管理人员和营销人员能够提供那些具有较高生活水准的产品，并保证生活的总体质量。

不过，高质量的产品已经不够了。高质量的生活需要人们更加期待绿色营销以及对环境无害的产品。这些新的需求和欲望需要在环境和消费者之间建立一种新的关系。

这种环境，要求企业和工业客户之间、企业和顾客之间，建立绿色关系。同时，我们也要密切关注和分析 PESTE，当能够满足这些新兴需求和欲望时，我们还要迅速且有效地表现出来，让消费者知道。这种截然不同的方式对于环境管理、提高效率、提高与环境和客人的沟通技能而言不可或缺。如果一家企业的整体未来关系管理战略没有明确这一点，那么竞争者就会抢先。

企业可以在外部竞争中学到很多宝贵的经验，因为无论何时，社会价值、社会准则的变化都意味着一种趋势的到来，相关法律部门和管理机关通常会在政治力量和政治压力下，对此趋势发挥一定影响力。国际市场的可进入性越来越高，这也对各个产业都造成了一定的影响。不同国家有着不同的生活水平，这意味着，相同产品在国际市场和国内市场要进行不同的定位。例如，依赖于受保护的国内市场的公司，现在就必须考虑应该采取什么样的新营销策略。很多企业现在都在寻找全球合作伙伴。在今天这样一个可以忽视国界、近乎虚拟的世界，企业到底应该如何在国际市场中竞争，是一个非常重要的问题。

对内、外部力量进行全面关系管理是第一步。这样做的好处是，能够提供一个整体视野，这样一来，企业便能够展现实力，获取机会，提高内外部生产力和效率，提供高质量的产品/服务，共享利益，并满足内外部消费者的需求。

全面关系管理在21世纪，将会成为竞争优势的基础性来源，企业可以以此建立一个长期关系链条。例如，与消费者和一切能够为消费者创造价值的合作方建立一系列的联系。这里所说的合作方包括国内外的供应商、分销商、员工、客户、银行、投资者等。顾客想要的价值不仅仅是由企业单独创造的，而且是和其他合作方共同创造的。每一个合作伙伴都会为企业努力打造的这份客户关系竭尽所能，共同奋斗。他们也都有可能加强这种与最终用户的关系，这就需要他们了解整体情况，明白自身的作用，并努力和企业一起不断创造共同利益。

这条关系链能为企业创造诸多竞争优势，例如信息共享、不断努力的热情、持续的改进、系统整合以及共同利益，但这一过程需要合作方之间的相互信任与绝对忠诚。

第 11 章　网络时代的电子化管理

——全新的管理方法

> 有些人只能看到那些早已存在的事物，之后问“为什么会这样?”而我，则总是在幻想一些从未出现过的东西，然后问“为什么还没有实现呢?”
>
> George Bernard Shaw

11.1　介　　绍

21 世纪以计算机技术主宰的现代化网络世界，可以不再用笔和纸，不必再用打字机、文件柜、手写档案、手放式货架、面对面开会、座机、传真机、邮信等。我们不得不承认，科技改变了并且依然在改变我们的企业、我们的思考方式、我们的行为、态度、生活方式和关系。简而言之，信息技术与通信技术以及其他微型科技都极大改变了我们的思维、生活态度和生活方式。以下是一些例子:

（1）上网搜索需要的任何信息（电子信息）;

（2）在网上认识新朋友并和他们聊天;

（3）电子会议/智能会议;

（4）在网上购物、营销和销售所有能想到的东西;

（5）电子商店、易趣网、电子营销;

（6）在网上搜索并申请参加会议，甚至直接在网上参加会议（电子会议）;

（7）在网上找对象并约会（网上相亲和网上约会）;

（8）人们通过网络获取性生活（电子或网络性交）;

（9）通过虚拟方式管理企业甚至国家（电子管理）;

（10）很多犯罪行为也是通过网络完成的，例如洗钱、色情、恐怖活动等（电子犯罪）;

（11）每天都被网络媒体洗脑（电子洗脑）；

（12）你能想象没有这些电子设备的世界吗？

（13）如今，我们的确是没有办法离开电子设备和网络了。

每个月，人们会浏览超过9亿个实体（网页、群组、事件和社交页面），发表超过300亿条内容（网络连接、趣事、微博、评论、照片等）。ICQ、Hotmail、Yahoo、Facebook、YouTube、Twitter以及其他社交网站都有引领风尚，加速人们接受新事物、新服务、新体验以及各种新型商务关系、政治关系、社会关系或个人关系的趋势。

据研究，对一辆新款汽车进行病毒式营销，至少能获得超过1万条可跟踪线索（Subramani & Rajagopalan，2003）。其实，很多品牌（如本田和索尼爱立信）都使用网络社交媒体作为自己的竞争战略之一，从而吸引消费者，或者让更多的消费者谈论自己（比如娇韵诗）。因此，社交媒体是TRMF和CRM的重要手段之一。每天，网络活动、网络沟通和网络关系都要依赖于新的观念。这个新观念要从整体角度去看待网络世界，还需要使用@（通知）和全面电子关系管理方法。

那些没办法跟上科技变革速度的企业将陷入煎熬的竞争中，或许还会成为那些转型于专注高科技产品和服务的竞争者的垫脚石。诺贝尔经济学奖得主North（1993）认为，相互学习，只能在过往经历中获取经验，而通过创新学习，才能让企业找到一种，或许让人意想不到的，适用于他们的共通模式或合作关系网。

11.2　TRM与计算机技术

尽管关系管理比较完善，但随着近年来组织网络模式和电子商务的不断变革，它已经与现实环境之间存在了较大的缺口。现在，再加上很多企业开始使用电子媒体网络（Electronic Media Networks，EMN），最终彻底转型成电子商务企业，这些缺口就变得越来越大了。近年来，很多人争论，关系管理到底是一种新的现象，还是说它仅仅是交易营销（TM：为企业发现需求、保留顾客，开发顾客数据库）的衍生物。同时，电子商务的发展也促进了RM、TRM和CRM的研究。现代CRM概念受到了全面质量管理理论的影响（Starkey et al.，2002；Zineldin，2000；Stone et al.，1996）。

然而，我们依然没有关于RM和CRM的明确定义与功能定义，尽管现有对它的描述都大体相同：客户关系、客户管理、营销策略、顾客保留还有个性化选择（Guraáu，2003；Woodcook，2000）。但是，在院士争论着不同定义间的细微差别时，实践者已经根据自己的经验撰写了大量分析采用TRM和CRM体系所带来的切实挑战与机遇的文章（Howard，2001；Zineldin，2000a）。

之所以难以提高论文数量的一个很重要原因是企业与各方关系过于电子化，缺少实质感，大环境自然就不健全，冲突多。Duncan 和 Moriarty（1998）认为，RM 方面的论文主要关注诸如信任和承诺这样的因素，忽略了信息技术和沟通这两个巩固关系的重要因素。只有通过相互沟通，合作各方才能真正信任彼此。正是这一问题，催生了这项研究。可是，对于那些能够真正提高双向沟通效率的科技变化的调查明显不够，使得 RM 研究与现实的代沟还在继续扩大。Zineldin（2000b）认为，关系营销意义重大但现有文献还十分匮乏，关系营销已变成一个基于高科技基础的范式，这些高科技使得企业、人、生产过程、政策都能够利用诸如社交媒体和其他网络 2.0 工具的技术，去实现 CRM（Constantinides & Fountain，2008）。

互联网有可能从诸多方面改变现有管理理论、营销理论和实践，但总体而言，只有早期的研究会强调互联网的这一作用。近期的研究，一般以案例为基础，研究互联网对管理过程的改变作用。当然，还需要做更多的调查，才能论证这一理论的真实性（Chaston & Mangles，2003）。尽管网络的优势和影响引起了关于“电子化变革”“脱媒现象”“再中介化”和电子商务等文章的讨论，科技的整体结合，并使全面关系管理方法得到一定的重视。为此，本章全面介绍了不同组织关系的科技化或网络化。

了解前沿技术的优越性，关系管理方法就会凸显出互动沟通在巩固关系方面的重要作用（Kapoulas et al.，2002）。然而，现有的 RM 研究大多着重于消费者市场，还有很少一部分则重点研究 RM 对工业市场的作用和影响（Sharmain，2005）。Zineldin 和 Philipson（2007）做了一项以理论和经验为基础的研究，结果显示，没有任何证据能够表明关系营销是一种思考模式的转移。RM 其实也要用到计算机技术（Computer - Based Technology，CBT）。CBT 的社会地位是很多研究组织担心的一个问题，尤其是现在计算机在商业和工业中的作用越来越大，导致了越来越多的人类问题。Zineldin 和 Philipson（2007）的研究强调了几十年来在神经机械学方面的研究成果，并且，我们依然要继续努力进行研究。

经过一些调整适应，TRM 方法能够帮助企业实现高效合作。这其中的主要问题在于，如何利用、搭建、发展、巩固并持续改进顾客、员工以及合作方之间的恰当的内外部关系。采用 TRM 方法，相当于是一次内部审查，能够提升企业的协调性。

尽管，关系发展的需求不可忽视，但这也少不了科技的运用。Zineldin（2000）将这种现象称作“技术关系”营销，意思是说科技和营销活动同时发挥作用，使关系得到巩固。不过，在这里依然要扩充一些内容，即技术变革有助于转变消费者的作用，并改变市场的互动模式、沟通模式以及与服务提供者之间的关系（Joseph et al.，2005）。

11.3 电子化全面关系管理

近期全球市场环境的变化都集中在那些经过变革后，市场环境出现解禁、市场饱以及恶劣竞争的工业（Murphy，1996；Bigliardi，2011）。竞争愈演愈烈的环境使得企业纷纷采用 PC、互联网、互动电视、WAP 之类的备用投放渠道，因此出现了电子商务。其次，消费者行为也发生了改变。顾客可以浏览相互竞争的网店，评价他们的商品，并且只需要单击鼠标，就可以逛另一家店铺。

很多企业到现在都没能发现这一功能，依然主要依靠信息通信技术（Information and Communicatin Technology，ICT）和单一沟通运作，基本没有“社会存在感”。Zineldin（2000）证实，我们的确需要深入研究科技和关系学：“信息通信技术变化改变了顾客的作用和市场沟通、市场关系以及市场互动的模式”。当沟通真正是双向的时候，才能加强企业和顾客之间的交流，才能取代以往的单向沟通模式（Deighton，1997；Perry et al.，2002；Constantinides & Fountain，2008）。因此，我们急需去了解这些关系进化的原因和影响：IT 和互动是如何改变市场的（Howcroft & Durkin，2000）？

如前面所说，在过去的几年里，线上虚拟活动（比如，社交网络、社交媒体、网络 2.0 应用）彻底改变了人们网上互动、交流和办公的方式。这些科技手段也给企业带来了可观的盈利，还给他们提供了与员工沟通，把信息传递给目标客户的新机会和新渠道。

先进的信息技术使得信息交换变得更加高效，这意味着关系营销能让企业以更加高效的方式形成与那些仅仅关注科技和交易的竞争者截然不同的差异化优势。这是完全可行的，因为使用信息技术可以用低成本实现信息交换，也就是说，企业可以在促销活动方面，使用比业务导向型竞争者少相当多的资金，便能保持顾客的忠诚度。

在技术创新和人力资源管理方面，有这样一个趋势，产品更新频率很快的企业，都开始提升专业化服务和顾客关系管理的能力，比如传统电子企业都开始转型成以服务为中心（Lah et al.，2002；Heneman & Greenberger，2002；Cunningham，2004；Agrawal，2004）。Ekeledo 和 Sivakumar（2004）研究了电子商务对服务企业进入模式选择的影响，并呼吁，应该以服务为重要组成部分，重新定义营销理论和概念。研究人员建议将科技因素整合到进入模式的概念框架，从而证明在如今的电子商务环境中，科技对于服务营销有多重要。下一步，我们要构建具有战略性和全局性特点的 IT 和人力资源开发模式，从而有效整合文化、组织变化和高科技（Wang，2005）。

然而，将 ICT 整合到国际商务关系的搭建中的问题依然没有得到一个全面且完美的解决。电子关系可以被用作一种有力的竞争武器，从而与不同参与方搭建牢固的关系。不幸的是，很多研究人员将 IT 视作关系开发过程中的独立元素，而不是一个会影响到企业和人们行为方方面面的核心元素。

如今，企业显然很难将关系从信息科技以及其他高科技中分离出来。这就是 Zineldin（2000）发明术语和改变管理范式方法，使之成为“科技关系”，它强调了现代科技和其他种类的行为、态度以及关系。技术合作关系是一种能够在内外部环境间建立自然关系，并使其互动的关系，因为它强调 ICT、人和企业的双赢合作。

因此，企业再也不必处理部门和职责之间的关系问题了（Pelton et al.，1997；Zineldin，2006，2006a）。因为，我们可以用 IT 来彻底解决这些问题。为了在企业内整合相关职能（生产、销售和分销、市场营销、会计、人力资源管理、后勤、广告、促销、产品规划和市场调查），管理人员一定要强调使用 ICT 的重要性，这样才能实现企业的商业目标和营销目标。在企业和顾客之间搭建、阐述、维护和巩固积极、可持续且亲密的关系，是管理人员的职责。这一哲学可以被称为“@全面关系管理”或“@TRM”，其基础是 IT 和互联网。

病毒式营销是一种利用对企业感兴趣的群众向其他人做营销的战略，如今，这种营销方式对于传播信息和促进产品和服务的实验、体验、调整和使用来说是至关重要的。Web 2.0 和 Hotmail 就是很好的例子（Constan-tinides & Fountain，2008）。根据 Subramani & Rajagopalan（2003）的研究，Hotmail，Yahoo 以及其他两个网络邮箱服务公司，还有像是 Facebook 或 Twitter 这样的网络社交平台的客户群的增长速度要快于历史上的所有媒体公司，比如 CNN、AOL，甚至比 Seinfeld's 和 Sen and City 的观众增长速度还快。图 11.1 展示了几个社交媒体工具和病毒式营销环。

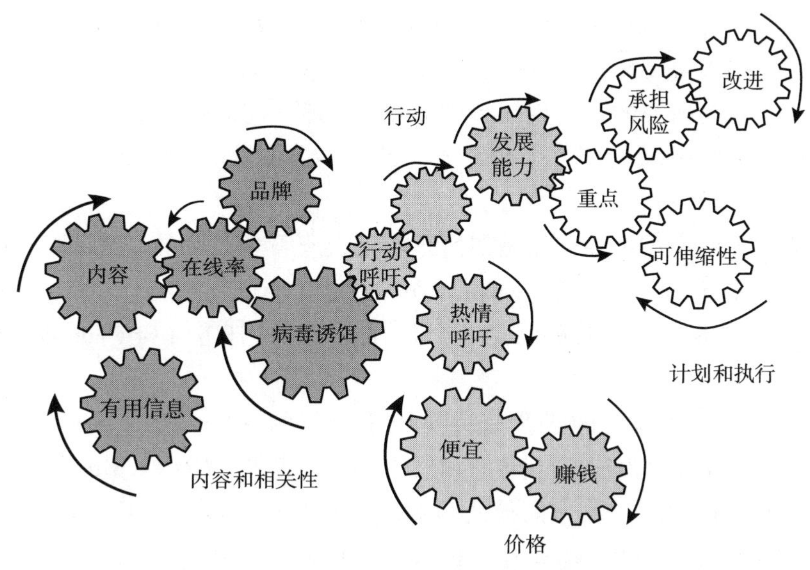

图 11.1　社交媒体工具和病毒营销齿轮

2000 年 9 月，本田思域在巴黎汽车展上发布了一项名为“喜美生活”的生活方式导向型活动。本田公司利用病毒营销技术收集关于潜在购买者的数据，从而支持 CRM 和吸引关注。本田思域在网上向 300 名比较有影响力的人推送一系列视频，之后展开比赛，这 300 名参赛者向越多人转发视频，获胜的概率就越大。在前 3 个月，这项活动就使得将近 50 万民众访问了本田思域的网站，视频转发量超过 80 000 次。2012 年本田思域活动时，还在 Facebook 主页和全国促销活动上利用了社交媒体竞争去吸引消费者。

@TRM 管理、IT 和“产品/服务质量与差异”是建立牢固竞争地位的重要方式，这能给人们展现一个清楚的企业形象和产品/服务形象，还能在全球环境中获得一个独特定位。给其他竞争者设置竞争壁垒，能够为自身提供一个牢固的竞争地位。

此外，@TRM 强调效率和效益的相互关系，以及企业运营的生产力和盈利能力之间的相互关系。如果@TRM 理论使更多人（合作方、员工、顾客、投资者和其他利益相关方）感到满意，企业运营的收益率就增加了。

11.4 电子全面关系管理和心理学

心理学是神经机械学、IT 和系统领域所涉及的各个学科的重要理论依据之一，并在很多重要研究课题中扮演着重要角色。比如，心理学是人机界面发展或者人类行为研究的一个重要组成部分。心理学也是社会控制论（讨论人在社会中的一切）领域任何一个研究方向的重要组成部分（Ruddall，1999；Joseph et al.，2005）。

很少有人研究技术性交流是如何影响工人或管理效率的（Wellman et al.，1996；Frost & Strauss，1997；Kahn & Mentzer，1996）。甚至，区分"社会性"和"技术性"的定义都被证明是一个具有挑战性的任务（Brigham & Corbett，1997）。

如今技术方面取得的进步是完全出乎意料的（Sproull & Kiesler，1991；Mangold & Faulds，2009；Kaplan et al.，2010）。另外，Vega & Brennan（2000）认为过多利用技术会导致人们彼此疏远。人机互动（Human Computer Interaction，HCI）也是 IT 和计算机科学领域中发展最快也最可见的部分（Carroll，2003），此外，私有部门和公有部门都渐渐变得越来越依赖技术工程（Schneiderman & Plaisant，2004）。

然而，尽管我们越来越频繁地使用 HCI，但我们依然不知道该领域的专业人士是如何将该领域概念化的（Clemmensen，2004，2006）。Compaq 在一本杂志中提出了一种用 ICT 解决问题的新策略。文中没有提及具体问题，但在某种程度上为 IT 使用者寻找解决方案提供了思路。因此，这必然是一种心理学方法。Compaq 利用这种心理方法让越来越多的人使用 IT，反过来，这就会引发发展 HCI 方法的需求。

很多使用者不仅没有专业学习过如何使用这种工具，更错误地认为 IT 能够帮助他们解决问题。再加上人们具有各种各样的性格，这就给心理学家还有 ICT 专家提供了不断增加的工作量。IT 的这一"缺点"导致很多人和工作人员质疑计算机到底是给他们带来了解放还是更多的负担。

这意味着，我们要学习和应用那些具有全局性、整合性的方法，比如 TRM，真正的团队合作、跨企业合作、以顾客为导向以及鼓励创新。通过了解影响行为的逻辑链条，我们便能够发现要改变什么才能消除行为障碍并掌握这些永不停止的改变。

企业进入2020年以后，会面对前所未有的技术变革速度，这要求管理人员一定要认识到，在网络世界和技术领域作出影响企业业务的错误决定会影响企业的竞争力，同时，纠正错误决定的行动会花费大量资金，这就会影响到利润。

成功，是整合技术、管理和营销的结果（Zineldin，1998）。ICT、TRM，营销和管理的合作方对于未来网络世界挑战的理解将会起到重要作用。众所周知，企业作出的重大变革最终却失败的原因是他们没能正确领悟：他们需要利用能够稳固长期关系的人类行为背后的ICT和心理变化的需求。

对于一家企业来说，确定有效的策略是一个复杂的过程。因此，对于HCI和人—体系—组织拟合而言，战略性要求和组织性要求变成了竞争优势研究的重点，因为他们需要学习技术方面的知识，并快速掌握新的技术和信息传播手段（Lei & Slocum，2005）。

总而言之，为了应对这些技术创新带来的新挑战，我们需要全新的整体电子化TRM和心理学方法来整合关键战略，从而实现ICT的持续发展。

11.5 爱上电子化TRM和Web 2.0时代

现在，WWW（万维网）不再仅仅是我们检索信息和购物的载体了，而是一个全面互动并能够全方位参与的平台。如何最好地从信息技术中提取价值，是企业和IT管理人员面对的一个大挑战，尤其是当他们将关注点从寻找战略信息系统的竞争效益和争取超过流程再造的利润转移开来时（Konsynski & Mc-Farlan，1990；Venktraman，1997）。

Web 2.0越来越受消费者主导（Boulos et al.，2006），而且现在，它代表了关系管理的新时代。尽管它现在依然是一个新兴流行语，但Facebook、Google、Craigslist、MySpace、Flickr、Wikipedia等网站，都是它的代言人。事实上，网络营销的范围应该更广阔，因为它不仅指的是互联网、电子邮件和条幅广告等数字化媒体，而且还包括数字化客户信息的管理和电子化CRM系统。Web 2.0对顾客沟通和顾客关系的规划影响深远（Meadows - Klu，2008）。突然兴起的Web 2.0和Facebook要求管理人员从电子化TRM和新的行动方式角度思考问题。掌握电子化TRM和Web 2.0的意思是，了解如何才能构建足够惹人喜爱的商务关系。

企业总是关注营销中的顾客忠诚度和客户关系，在寻找“爱”的过程中，企业希望顾客能展现出“爱”，并宣传“爱”。但是，只有当企业通过展示出相互忠诚并赢得大家信任后，人们才会愿意向他人推荐它。例如，只有企业愿意将时间和精力用于培养这样一段惹人喜爱的关系，他们才会真正理解，这样的关系是什么样的。

我们应该将 Web 2.0 工具整合到电子化 TRM 中。但是，TRM 是一个容错率极低、要求极高的程序，中间出现任何一点差池，都会导致前功尽弃。如果能够将利益相关方整合到产品/服务研发的过程中，通过实时合作，我们便能建立一种紧密的关系。

计算机的出现彻底革新了社会生活和商务生活的方方面面，同时，电话通信、互联网、Web 2.0 技术和 Facebook 时代相继出现，还有一些信息产业，替代了那些无法跟上技术变革速度的产业，这使我们要对很多产业进行彻底的评估（Blattberg & Deighton, 1991；Blattberg et al. , 1994；Kaplan et al. , 2010；Meadows - Klu, 2008）。这也是为什么要将 ICT 和其他计算机技术植入到所有关系组合的原因。

局域网的作用是将合作信息整理成一个易访问资料库。CBT、Web 2.0 和其他数字化媒体极大地改变了企业知识性工作的运作方式，因此节省了大量劳动力，促使大量数字化企业问世，实现企业发展（并迫使企业进行结构重组），并促进效益提升（Holsapple, 2005；Kaplan et al. , 2010）。

因此，电子化 TRM 利用电子化手段描述和处理各种类型、各种程度的知识。对于描述性知识，（从未加工数据到结构性信息到问题解决方案决策）反映了 CBT 从数据加工系统到关系信息系统最后到决策支持系统的演变过程。

近年来，ICT 的一个重大改变就是它出现在各大联络性平台（社交网络），与他人提供并分享信息（社交媒体）、提取和加工某些群体的相关知识，最后再返回结果（集体智慧）。

这些技术对企业、消费者、顾客行为都有着巨大的影响，并且代表着这个数字化网络社会中独一无二的关系范式、互动范式和沟通范式。掌握了 Web 2.0 的基因密码后，营销人员就能够了解在这些全新的领域如何作为，让目标客户爱上自己。

电子商务和网络营销包括 Web 2.0 电商和协同商务、电子社区、电子化约会和婚姻。这关系到实现企业目标的方法，在该领域，描述和处理知识的技术手段可以用于应用、交易、促进并完成价值链内外的各种活动和这些活动背后的决策制定（Holsapple, 2005；Holsapple & Singh, 2000；Constantinides &

Fountain，2008）。

电子商务和一对一营销迎合了企业和消费者的需求，因为它具有人们永远都需要的网络技术。结果是：企业走向电子化，从而与其他企业和客户沟通。网络营销同样是一种自我选择。它在生活中的每一个部分都能与消费者切实接触到。另一个好处是，这种营销是互动式的，能够轻易控制网站和预期价值（例如，娱乐、便利性、结成团体）的能力将会影响最终的使用量和满意度。通过扩张，网络环境的满意度也可能会由消费者使用自助服务技术的利益主导。这种利益包括有用的信息、便利性、省时和省钱，无需人际互动、保护个人隐私和财务安全（Reichheld & Schefter，2000；Van Riel et al.，2001；Bansal et al.，2004；Zineldin，2000b，2006）。

电子化 TRM 还涉及网络完善度、创新性、情感吸引性、互补关系、持续图像、联络人互动与关照以及电子忠诚度。电子化 TRM 还与如何将网络用作新技术有关，并且网站满意度也由于可用性和实用性而变得可促进（如网站设计、网店功能、易于理解、易于操作、易于定位信息、使用者爱好等。）

在预估使用电脑科技的消费者数量时，这两种方法起到了不可磨灭的作用（Davis，1989）。很多学生也建议形成一个第三方，这反映出网站关于安全政策的信息：

（1）内容社交媒体（如 YouTube）。YouTube 以个人消息为基础，提供他人分享的视频。

（2）个人社交网络（如 Facebook 和 Twitter）允许所有会员创建主页，还能链接到朋友、家人或同事的资料页。这种工具极大依赖于个人，主要目标用户是成年人。

（3）兴趣社交媒体（如各种社团、微博、Twitter 等围绕某一话题或事件构成的小团体）。这种社交媒体给企业提供了与消费者互动的机会，同时也让企业有机会倾听和了解消费者的经验与想法。

（4）幻想社交媒体营销（虚拟世界，例如第二人生）。

从食品到药物，很多品牌和“产品+服务”开始寻找那些应用了电子化 TRM 和 Web 2.0 技术的新营销模式，在战略框架而非“一夜情”似的活动营销上投入时间，构建稳定的关系，从而让这段关系变得更加稳固，更具价值。

下面的几个例子展示了 Web 2.0 对商业和营销的影响。Facebook 正在改变品牌行动，试图避免来自 HSBC 的挑战。其他博客使用者承担合作的职责（Sweep-Up 超市严格监视 Tesco），还有些合作方（如 Sun Microsystems 的董事，也都是博客使用者）则保持博客信息的透明度和真实性。娱乐产业也用促销广告引燃了社交媒体。Harry Potter 出现在各大社交媒体，而 Nike、Dove、Coke 和 PotNoodle 则采用病毒式营销和线上社交网络活动的方式（Meadows - Klu，2008）。

11.6 互联网企业、网络和现实空间密不可分的本质

1940 年，Asimov 开始在他的故事书 *Robbie* 中撰写关于机器人的故事，大概讲到最开始人们如何产生了人工智能（如今的 AI）的想法，之后又生产出了专门为人类服务的机器人，最后，不断得到升级的机器人占领了世界。他在 1940 年时的想象，如今实现了，这再也不是幻想了。

技术不断改进，我们再也不用担心产品的服务范围不够了。CBT 和 ICT 的出现革新了社会生活、政治生活和商务生活的方方面面，电话通信和计算机技术的出现，再加上一些信息产业，替代了那些无法跟上技术变革速度的产业，使得我们要对很多产业进行彻底的评估。

然而可以说，如今管理面临着更多挑战，这些挑战从本质而言变得更加复杂，而且原因各不相同。如图 11.2 所示，网络世界需要新的理论和进步，我们应该抛弃关系管理，进而采用电子化全面关系管理（e - TRM）。e - TRM 能使现实世界和网络世界完美互联。

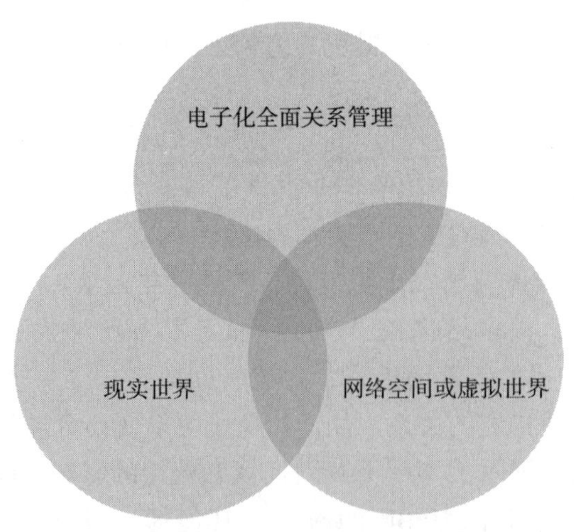

图 11.2 网络世界、现实世界和电子化全面关系管理密不可分的本质

e-TRM连接着现实与网络世界。

互联网企业不是虚拟企业。Byrne（1993）定义了虚拟企业："独立企业间的短暂合作。"Goldman等（1995）则称之为"核心资产的机会性联合"。还有人说"员工通过电子化设备连接不具备实体关系的企业"（Fulk & Desanctis，1995；Mowshowitz，1997）。

虚拟企业也被称为幻想企业，也就是存在于脑海中的企业。然而，互联网企业是指在现实和网络世界中，企业超越环境界限、有效利用ICT和其他技术整合资源，进行沟通、促进、合作并整合不同企业、政治、社会和经济活动，从而与利益相关方培养、提高和加强关系。

e-TRM说的是让各方能够系统且高效地合作与沟通，例如：人的能力是处理自己的隐性知识，计算机系统的能力是大规模运算经过人工组织过的显性知识。

企业可以利用e-TRM来获取和再生产员工与合作伙伴的隐性知识，目的是在不同的时间、不同的地点，通过不同媒体和网络沟通，利用这些经过组织的知识，更高效地为企业解决问题。这就使人们有更多的时间去利用自己擅长的技能，更高效地解决问题。

11.7　未来整合性全面关系管理模式

如前所述，RM和CRM体系研究的一个主要难题就是：能考虑到的那些影响企业未来战略可能性全局观的因素太有限。在很多研究中，企业是一个独立的组织，不受竞争市场力量的影响，拥有无限的内部资源。学者和管理人员务必开始正视IT的重要性（Glazer，1991；Hoffman & Novak，1997）。管理人员务必了解技术的新进展和可能带来的影响。企业如何使用或不使用某项技术对于企业的长期关系和长期发展而言都非常重要。

因此，我们需要对现有模式加以扩充，使Web 2.0和Facebook环境，整合网络沟通和TRM方法的网络合作与其他相关因素所带来的影响，都能包括在内。研究人员指出，网络空间的概念是理解虚拟企业的核心（Shekhar，2006）。虚拟是通过企业完成企业活动过程中，对网络或ICT技术的依赖程度决定的。因此，对于电子化技术应用程度的衡量标准才应该是企业电子化程度的衡量标准（Dube et al.，2005；Travica，2005；Neuborne，2003）。

应用网络空间是不是为了进行信息流通或许是区分一段关系是否是虚拟的

的最重要指标了，包括互联网 2.0 工具和社交网络媒体（Townsend et al.，2002；Katzy，1998；Kaplan et al.，2010）。因此，使用这个公认的标准——技术依赖度，作为互联网企业最明显的因素之一进行研究，似乎是符合逻辑的。互联网企业就是指着重于且依靠信息沟通技术而发展的企业。在同一网络中，ICT 通过联盟和协作的形式，影响当前和未来的沟通与合作进程。科技逻辑的发展和应用要么使一个产业得以革新，要么就会毁掉这个产业。

e-TRM 管理人员一定要注意市场空间，从而创造附加价值并整合现实世界和虚拟世界中的各种市场活动，进而以最有效的方式创造和获取更大利益。我们用科技逻辑关系这个术语来表示本质的不可分离性和 ICT 对于全部市场及关系的影响。因此，有效的 e-TRM 要将现实与虚拟世界紧密连接在一起。这种多维定向 e-TRM 方法全面概括所有受技术促进的企业内部和相互关系的可能性，想要做到这一点，我们既要实践又要做研究。

11.7.1 e-TRM 与潜在技术逻辑关系合作伙伴

建立该模式的第一步就是要确定技术使用的方向，这可以是 9 种电子化方向中的任何一种或多种的结合。从测量的角度看，分别测量 9 种方向是很有必要的。这会使科技使用化的累计程度贯穿始终，还有利于在需要的时候只关注某一个方向。

采用高效的电子化科技逻辑关系管理、人力资源和技能以及利用 TRM 机制的共同利益、尊重、信心、信任、值得信任的行为、承诺和适应，企业能够与内外部合作方建立、巩固、维持并加强商业关系。

在规划和分析关系策略时，管理人员要考虑以下 9 个技术逻辑关系的方向：

（1）劳动力技术逻辑关系管理（Workforce Technologicalship Management，WFM）。

（2）员工态度和行为（Employee Attitudes and Behaviour，EAB）。

（3）产品设计过程技术逻辑关系管理（Product Design Process Technologicalship Management，PDTM）。

（4）流程技术逻辑关系管理（Process Flow Technologicalship Management，PFTM）。

（5）供应商技术逻辑关系管理（Supplier Technologicalship Management，STM）。

（6）客户技术逻辑关系管理（Customer Technologicalship Management，

CTM）。

（7）分销商技术逻辑关系管理（Distributor Technologicalship Management，DTM）。

（8）技术逻辑关系全面质量管理（Technologicalship TQM，TTQM）。

（9）其他：技术逻辑关系的协调者（利益相关方）（OSTM）。

图 11.3 是整合后的 e－TRM 各方向的示意图，以该方式描述 CO 的不同现象就容易多了。

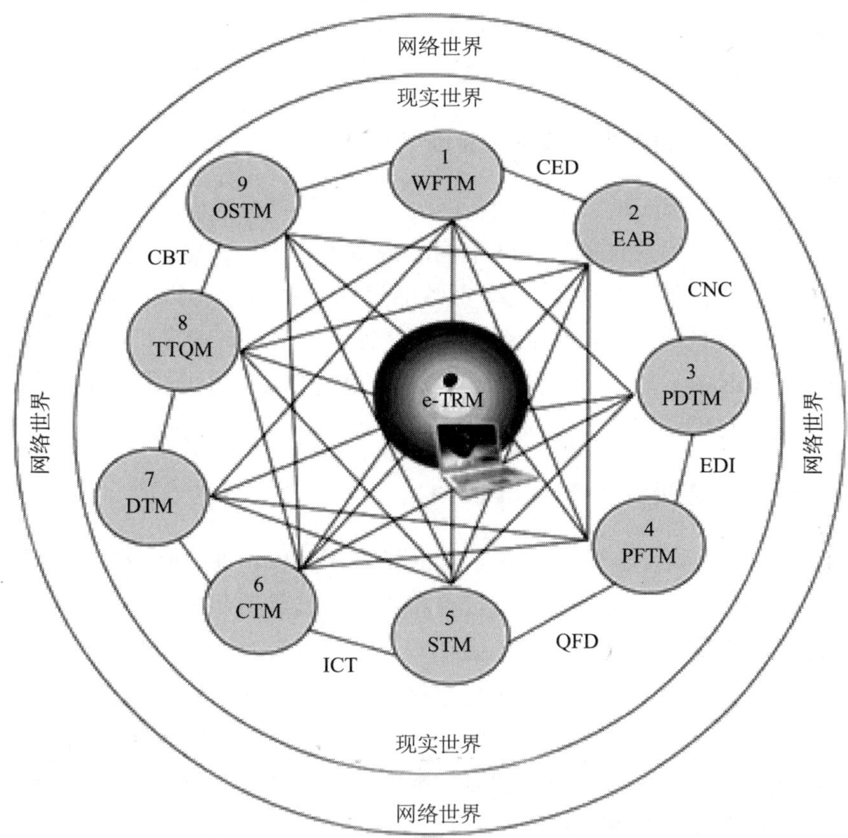

图 11.3 整合后的 e－TRM 模型：现实与网络世界

1. 劳动力技术逻辑关系管理（WFM）

e－TRM 在这一情境中似乎更容易引起争论，尤其是作为自动化水平上升的结果，车间工人和中层管理人员的角色发生了变化。

e－TRM 可以将 ICT 用作控制工作流程的代理，也可以是一种提高员工积极性、自主性和灵活性的机制。e－TRM 应该根据通信能力（如电子邮件）调整团队合作，并减少线下会议的数量。

2. 员工态度和行为（EAB）

采用 e－TRM 意味着组织结构的重组。普遍认为，IT 应用将导致雇用更少的员工（e. g. Brynjolfsson et al.，1994）。可想而知，员工会拒绝这种变化，这可能会导致员工自主性下降，无法实现企业目标，失去动力。另外，还有一些人认为事情不会是这样的（e. g. Osterman，1986）。无论如何，若要采用 e－TRM，要提前做好应对这些职场态度变化的准备，考虑好如何防止员工的自主性、工作满意度以及忠诚度下降。

3. 产品设计过程技术逻辑关系管理（PDTM）

有效实施 e－TRM 就要提高创新能力，因为计算机辅助设计技术促进了设计进程的发展，因为这样能够更快地回应消费者的需求，更好地实现创新。一个高效的新产品设计和研发过程需要各部门（生产、营销以及 R&D）与 ICT 之间的合作与信息流通。ICT 在测试设计、失效模型与影响分析（Failure Mode and Effects analysis，FMEA）和质量功能配置（Quality Function Development，QFD）中也很有用。

4. 流程技术逻辑关系管理（PFTM）

e－TRM 在有效实施流程管理方面也很有用。ICT 通过使用自动化系统发现机器保养的需求，有助于对机器进行维护，还能诊断出应该怎么做。这一切都能在远离机器的地方完成。详细设计的自动化能够减少过程性差异，因为通常而言，机器比工人的出错率要小，这就可以在提高生产速度的同时，又提高质量（Freund et al.，1997）。自动化机器需要高质量的零部件和原材料。因此，通过 e－TRM 管理好与零件和原材料供应商的关系就十分重要。通过 e－TRM，对程序的设计能够保证结果符合质量要求，还能实现对程序的控制，在这个过程中，所有的事务都通过计算机数控（Computer Numerical Control，CNC）设备在网上自动完成。

5. 供应商技术逻辑关系管理（STM）

ICT 系统通过 EDI 系统提高了与供应商之间的沟通链接。EDI 可以用于下单，传送产品规格、设计细节等，然后将上述内容和商业发票以及货款一并发送给供应商（Teague et al.，1997）。企业可以进入供应商的库存系统自动下单，也可以进入生产计划系统。IT的应用能够通过升级信息流而提高控制效率，企业就会有更多建立合作关系（如供应链）的动机（Christiaanse et al.，2004；Kaplan et al.，2010）。e－TRM利用ICT协调、沟通、改进和加强供应链管理流程。e－TRM支持JIT计划的共享和信息链的建立，从而减少转运差异。

6. 客户技术逻辑关系管理（CTM）

e－TRM强调商业、家庭和国家之间向电子商务转型的速度和规模，并开始落实不可见程序的控制办法。ICT的发展从多方面改善了与顾客之间的关系，例如，ICT能够带来企业—客户间的直接关系，促进信息的交换并使企业能够与地理位置相距很远的客户保持联系（Quelch & Klein，1996；Moran，2008；O'Reilly，2007；Fagerstrøm & Ghinea，2010）。

例如，企业可以通过网络提供货物，包括解释产品特性。客户也可以通过这种方式获取产品和服务，然后再通过邮件反馈产品/服务的特性。使用EDI，企业可以通过互联网和局域网与客户就产品详情、投诉、调查等信息进行高效率沟通。

7. 分销商技术逻辑关系管理（DTM）

在大多数工业和服务业部门，保守渠道结构已经因为如因特网和其他第三方信息服务提供商（如CompuServe，Prodigy & America Online）等网络工具的应用和飞速发展而衰弱。20世纪末，零售商能够迅速获取关于全部产品的精确信息，无论是顾客喜欢的还是不喜欢的。简而言之，IT正在改变一切，仅仅维持不变的渠道就是关系，让营销世界的渠道变得更短更快，并促进双向互助和渠道决策的制定。

8. 技术逻辑关系全面质量管理（TTQM）

e－TRM提供自主性，减轻各部门员工的访问权和实施TQM原则的功能。ICT使TQM变得更简单，管理能够促进不同活动、不同关系的网站，还能在企业内部与外部收集、分析、转换和传播信息。因此，e－TRM能促进TQM的实施和传播。

9. 其他：技术逻辑关系的协调者（利益相关方）（OSTM）

企业界限或市场环境以外的协调者培养关系并不是一件新鲜事。政府机关和学术机构的活动会影响企业的行动。政治家可以在帮助企业维护外国市场方面发挥重要作用。另外，很多政府机关都是当前购买者或潜在购买者，而且，能与他们保持长期关系，可以说是一个有力的竞争因素。因此，e－TRM 或互联网企业需要与政府机关以及管理机关保持良好的网络关系。研究机构或与大学的合作关系可以被视为另一种形式的供应关系。越来越多的学术机构变成了高端科技的主要提供者。由于从理论到应用的时间大幅削减，学术贡献会直接塑造新产品开发的形式。因此，现代企业一定要建立 e－TRM 团队，并与利益相关方形成技术逻辑式关系。

11.7.2 电子化程度的测量

使用 ICT 和其他技术手段的程度和内容决定了企业组织活动电子化使用的程度。对于企业来说，电子化使用程度既可以被看作是一种使用技术的现象，也可以被看作是一种战略工具。企业使用 e－TRM 的电子化的程度（Degree of Cybernisation，DOC），很大程度上就是在测量用计算机控制的技术现象。只有当分析了结果（价值创造、弹性、增长、定制、更优质的生活、更高的信任度、承诺、满意和忠诚等）后，才能知道 e－TRM 和计算机控制是否使实现了预期目标，是否发觉了计算机控制实际上应该被当成战略工具来使用，因此，才提供了测量网络企业成熟度的方法。认识到研究人员的观点和实践者的观点之间的差异性还是很有必要的。研究这些因素或事实有助于解决与电脑控制相关的运营和战略问题，甚至能够通过分析产出来评估战略效用。

因此，电脑控制研究的下一步就是要明确 e－TRM 的方向。该研究可以从个人、员工、员工群体（部门/项目）或者企业整体等多个层面进行。关于方向的研究，可以参考单一或多种产品设计过程、流程、供应商、顾客或分销商的技术逻辑关系管理。同理，也可以从单一供应商、供应商种类或价值链上的所有合作方层面去研究。

这样的研究能够发现计算机控制其实是一种概念，它不仅与企业这个单独实体有关，同样与企业的员工或项目团队有关，这种关系就像企业事实上是元企业一样（得到了意义扩展的企业）。业绩的要素和相关结果对每个点的依赖程度不同，而这正是我们想要研究的现象。因此，计算机控制的测量机制应该也是根据目前要检测的情况而定制的。

然后，可以利用该模式来帮忙分析更高层次的计算机控制和结果产出之间有没有必然联系。最后，很多企业因为没有边界设置，或使用虚拟现实，导致最终 e－TRM 和 Web 2.0 失败，但成功的企业都轻松跨入了 21 世纪。

第12章　基于合作的竞争：未来的企业

提出新的问题，新的可能性，从新的角度看待旧的问题，就需要富有创造性的想象力，这标志着科学的真正进步。

Albert Einstein

12.1　为了竞争而合作

研究发现，竞争心理会让一个人比其他人表现更出色，并且以同样的付出，赢取更多的资源。其对立面是积极合作，即使原本是敌对的双方，也可以为了共同利益握手言和。现在，商业环境与以往大不相同，所以我们需要新型商务关系，在这样的趋势下，“竞合”关系诞生了，它能更有效地应对环境改变带来的新威胁与新机遇。

“竞合”（Co-opetition）是指这样的一种商业现象：独立的各方达成合作，协调运作，从而实现共同利益，但与此同时又相互竞争。其理论基础是所有产业的管理活动都是为了与同一经营范围内的各方，建立具有共同利益的伙伴关系，当然这里的各方也包括了竞争者（Zineldin，1998，2000）。例如，两家企业可以为了产品研发和创新而合作，同时又要在同一个产品市场中竞争。因此，竞合意味着企业之间具有共同利益时就要合作，当利益发生冲突时，就要竞争（Bengtsson & Kock，2000），其核心目标就是要实现共同利益的交换并创造附加价值。

Hensley（2000）认为竞争不可避免，但却是一个有益且有趣的人性特点构建的过程，就像一个“谜”一样，他引用了Kohn（1992）中的几句话作为论据：“搞清楚为什么通常而言竞争都没能带来有益结果的最简单的办法就是弄明白，努力做到最好和努力打败别人是不一样的。”

Margulis（1998）也质疑过竞争的必然性。他提出的生命形态进化在连续内共生理论（Serial Endosymbiotic Theory，SET）就是基于反达尔文细胞进化论的。同样借鉴了生物学知识的还有 Hensler（2000），他表示，细菌从一开始出现到最终演变成真菌的整个过程中，植物和动物都提供了帮助，这就是合作的优点。

Zineldin（1998）将这个理论转移到营销策划和营销策略领域，将其命名为“商业生态环境”，在这样的环境里，竞争者和其他各方能够发挥“协同效应”，合作理论非常适用于现在的经济环境。

未来企业的基本作用就是建立和发展战略性合作，这样能够维护长期关系、保留度和忠诚度。竞合关系等基础是相关各方（供应商、分销商、分包商、“互补者”和竞争者）的价值网，这些参与者能够共同为其他参与者增加价值。

比如，戴尔（Dell）和康柏（Compaq）在硬件开发和生产方面竞争，同时又和网景（Netscape）以及微软（Microsoft）等软件生产商合作。

Bengtsson 和 Kock（2000）引用了 Trellex 和 Skega，两家来自瑞典的全球矿产保护层产品的领头企业的例子。以前，他们在产品开发和市场两方面都相互竞争，现在他们在材料研发和基础调查方面展开了合作。

另一个很好的例子是 Permanova，它是一家来自瑞典的光纤生产商，另一方是来自德国的激光光源生产商 Rufine Sinar，他们共同开发出了装有光纤的激光灯。双方不仅通过合作共享了基础设施，Permanova 还通过合作了解了关于激光灯的知识，并能够有机会进入激光灯市场。

竞合的主要优势是知识的共享、资源的整合、更高的风险收益率、积极开展产品研发，以及在同等市场基础上对良性竞争的展望。

12.2 竞合关系的准则

决定是否采用竞合策略不是一件容易的事，特别是涉及关系、互动、态度、动机、行为、需求、行动和满意度的方面。相关各方首先要明确自己想要什么。然后据此来规划能够完美满足需求的行动。想要实现长久互利的商务关系和交易，就要做到以下七点：

（1）至少有两个个体、群体或企业愿意加入这样一段互动交流的关系中；

（2）各方都拥有一些其他合作方想要的价值；

（3）各方都愿意为了得到来自他人的“某种价值”而放弃一部分自己有而他人想要的“价值”，换句话说，这段关系需要相互补助；

（4）各方都能自由接受或拒绝能够让他们比交易前情况更好（至少不会更糟）的交易条款；

（5）各方都能相互沟通；

（6）各方都明白只有符合道德价值和规范，相互依存、承诺和包容，才能创造、发展和巩固这段积极且可持续的长期关系；

（7）各方都可以自己衡量应该支持还是反对这段关系。

个人或组织关系主要是互动与交易。但是，消费者市场中，合作各方的力量不对称会比 B2B 市场中还明显。不过这并不意味着 B2B 关系中的力量永远都是平衡的。

12.3 发展竞合关系

很多作者对于市场营销组合在工业产品 B2B 营销领域的表现并不满意。他们认为，工业关系通常是长期的，亲密的，并且相关各方之间有非常复杂的互动模式。作为回应，Håkansson（1982）提出了针对工业市场的“互动方法”。工业营销理论从四个主要成分和若干二级变量的角度解释了工业产品买卖双方的关系，其中，四个主要成分分别是环境、氛围、互动主体和互动过程。

互动方法的重要性在于，若想要了解工业关系的本质和影响因素，就必须考虑到所有这四个主要成分和二级变量。在特定环境中，当企业规划合作方针和任务时一定要明确、切实、坚定地以关系为导向。

竞合关系的一个特点就是合作各方要调整自己的进程和产品，从而更好地与其他人合作、共享信息与经验，并将不稳定、不确定因素缩减到最少，甚至完全消除。

表现自己的诚意，能够让各方各家信任彼此，还能使创造和巩固不断完善的战略商务关系的氛围更好。最终能够让人满意的关系都要靠各方相互配合协作，从而共同创造新价值，而不仅仅是交换价值（Christopher & McDonald，1995；Grönroos & Ravald，1996）。

关系与互动过程都会受到他们所处的具体环境氛围影响；反过来，氛围也会受合作方的特点以及互动本身的特性影响，氛围能够影响关系的走向。“氛围”可以理解为一种权利依赖关系，它存在或出现在关系生命周期中，比如技术逻辑领导力、技术与能力、企业规模和结构、策略和经验、合作或冲突的现状、不确定性、关系的亲密度或疏远度，以及合作方之间在自身和整体层面的相互期待。

因此，竞合关系应该被更广泛地定义为不同独立企业（合作方）之间既合作又竞争的关系。不考虑抛出法律和企业形式与界限，合作企业要用一个共同观点和共同目标，这种合作关系既可以是口头上的，也可以是经过法律认证的股权式合营。合作方能够也愿意在相互承诺、相互忠诚、相互信任、共享信息、共担风险、共享收益的基础上既合作又竞争。

关键战略伙伴之间的依赖度不断上升是可持续战略关系的重要一步，合作方会将这种合作关系视为非零和博弈。只要产品和企业成本总和比“自己单干”时的少，通过战略网络建立竞合关系就是合作的有效方式。

简而言之，合作方认为自己取得成功不意味着别人就要失败。他们也明白，大家彼此承诺，相互信任，就能实现双赢，让市场更广阔，自己的利润也就更多。竞合关系的主要原则就是寻找机会，共同创造价值，从而实现协同效应。

12.4 维持竞合关系的准则

良好的创造和维持良好竞合关系能力对于竞争优势而言非常重要，这也会给合作方（至少一个）带来问题和麻烦，主要问题是未来企业应该如何发展、有效建立和维护战略性竞合关系的程序。企业管理者的主要任务是将自己公司的行动和资源与顾客、供应商以及复杂合作关系中的其他人的行动和资源利用起来，从而实现相互依存（两个企业之间）。这个过程不单单是合作的问题，还涉及管理者如何与其他企业打交道的问题，比如应该与他们对抗、利用他们还是不管他们（Ford et al.，1998）。

当然，仅仅是竞合与竞合关系还不足以保证这段关系能够运行下去，长期关系也不总是意味着最后的结果是乐观的。实现非零和博弈关系的关键是信任和承诺，虽然听起来很简单，但做起来其实很难。有了信任，就基本不需要预先说明未来的具体可能性或结果了。搭建和巩固可持续的关系，虽然需要投入成本，但也会获得回报。这个过程是漫长的，而时间会影响到合作方的盈利（Vargo，2004）。

因此，所有合作方一定都要有这样一个观念，这段合作关系的基础是大家要相互依赖。他们要知道，关系如果很薄弱就很容易变成麻烦和冲突，事实上，最成功的合作关系是能够满足以下原则的真正的伙伴关系：个人意愿、动机和战略协调性（合作方非常想要加入这段关系）具有创造共同利益的价值，并且任意一项都能轻易带来可持续竞争优势，依赖度不断上升。合作方有共同长期目标，并想通过合作来实现这个目标：

（1）相互依赖——合作方之间的资产和技能互补。任凭他们中的哪一个都无法实现共同努力所创造的结果。他们对彼此进行投资从而表示出各自对于这段关系的赌注有多大，他们需要彼此。

（2）文化契合度——每一个合作方都要承担自己的承诺并表现出值得信任的态度，这两点都能使那些可以加强和维持关系的信息和知识得以共享（很多伙伴关系最终失败就是因为合作方没有共享信息或者分配最好的人才，并且没有真正重视这段关系）。

（3）组织安排和制度化给关系一个正式地位。合作方清楚地规定了他们的职责，并且达成统一有效的争议处理机制，这样即使有问题出现，也不会破坏氛围或使信任度下降。

（4）一体化和诚信——合作方培养关系并统一运营模式。他们会在不同的组织层面与不同的人构建有效的沟通体系。他们不会滥用得到的信息。合作方都会很具灵活性，并且彼此尊重。

他们会展现诚信，并且公正行事，维护自己的声誉，增强互信和相互承诺。

由于有效竞合的发展取决于合作方如何对关系生命周期中不同的行动和行为进行解读和再解读，所以保持高度忠诚氛围就可能要比重新搭建一段关系还要难，这就是竞合最难实现的一点。

12.5 信任、承诺与竞合

发现了共同利益，合作方就急需一个坦率沟通、信任、相互依赖、彼此积极期望的环境，让他们沟通、合作与竞争。由于这种亲密合作，高效沟通的过程是非常必要的，所以要明确包括产品特性和顾客技术在内的业务类型。

Sherman（1992）指出，成功竞合的最大障碍物就是缺乏信任。

信任的经典定义是个人或企业普遍希望的，可以相信的，来自他人或其他企业的话（Rotter，1967）。

令人信任的一方的自信源于这样一种信念，值得信任的一方是可靠的，非常诚信正直的，这里所说的诚信正直是指：一致性、竞争、诚实、公正性、责任感、尊重、乐于助人和仁爱。

企业务必考虑到所有这些因素（当然就更不用说道德立场和危机处理机制了），这样共同利益就能够实现，关系就能够得到管理、维护、持续和加强。信任不仅指公开与合作相关的企业机密，还包括相信合作伙伴也能够正直行事。不过并不是“盲目信任”（Chia，2005）。

信任和值得信任的行为不是靠威胁和蛮力取得的，而是自己赚回来的。因此，发展诚信战略关系很可能实现长期关系或者演化模式，在这个模式中，风险和不确定性会逐步减少，承诺和信任会逐步增加。

12.6 从陌生人到竞争合作伙伴

竞争与合作的程度在不同企业中也有所不同。有些企业合作程度很高，竞争程度很低，但有些企业则可能恰好相反。

当其他合作方更想要合作时，我们不妨使用“蓝海战略”，这能够避免任何形式的竞争（Luo，2004）。这指出了竞合的四种不同组合类型。如图 12.1 所示，潜在竞合模式有：陌生者、挑战者、联盟和完全竞合。

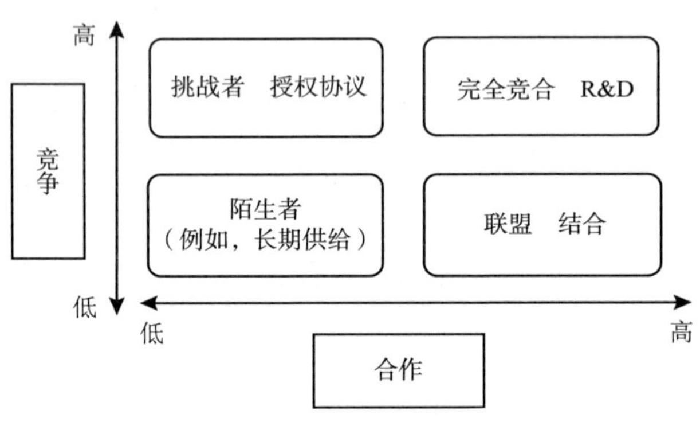

图 12.1　竞合的四种方向

陌生者（或比较疏远的）是指竞争程度和合作程度都很低的企业。这是一种自立型企业，依赖于自己的资源，独立于所处国际市场中的其他企业之外。陌生者通常属于劳动力密集型产业，或者是独立时尚产品生产商（例如，玩具和鞋），他们不是很需要物资和经济帮助。在这种模式中，虽然说和自己商业网中的分包商、特许经营商和自有子公司进行一定程度上的合作是合乎情理的，但商业部门或分支中的依存度依然很低。

挑战者（或竞争者）是在国际市场中与其他主要企业保持高度竞争和低度合作，从而争取到更大市场份额与更多市场权利。这种竞争者的竞合策略通常存在于寡头市场，意思是由少数国际企业控制的市场。竞争者一定要通过合作和交易获得一些重要资源（例如基础设施、某些自然资源、原材料、资金、国外市场等），从而扩张国内或国际市场。同时，他还必须与其他企业激烈竞争，从而避免竞争者的控制权扩大，或提前拥有这些资源。

联盟（或伙伴）是与其他公司和管理机构保持高度合作与低竞争的企业。当各方由于相关利益可共用或存在重叠，而高度依赖彼此，且不需要残酷竞争（例如，在基础建设中）时，战略联盟、合资经营或结合可以视为合作者。依存度和相互承诺使关系紧紧结合在一起。各方从根本上共享价值，相互理解而不是相互不信任时，合作会达到新的高度。社会关系和社交活动能够从制度上促进市场活动与合作。合作竞合策略通常会带来可持续的竞争优势。

最后，完全竞合（综合者）是认识到与其他企业或政府机关相互依存，高度竞争并高度合作，从而实现各自目标需求的企业。综合竞合模式通常关注很具体的目的，例如工业和航天工业以及大型土木工程项目。与联盟形式相反的是，综合模式不一定要与同领域或项目中的其他企业拥有共同或部分重合目标。不过，他们必须为了获得具有战略意义的，重要的且有限的资源（包括顾客基础）而竞争。目标的差异为综合者的互动和相互依存创造了不同的规则。当竞合者不完全满足于股份时，竞争也会加剧。全面竞合关系常常存在于新兴但还没有完全解禁的产业（例如，电信、汽车、制药、互联网、保险和银行业）。既然这些产业对于当地经济的稳定和繁荣而言比他人显得更重要，政府自然会对这些产业的准入性、市场宽度、商业行为和经济环境加以管制。综合者更可能会选择合资模式。竞合者在与特定领域内的竞争者合作的同时，还会和他们在其他领域单独竞争。最终的目标是提高自己的经济效益和竞争地位。

意大利 Consortium Alfa 的例子能够解释竞合模式成功的原因，这个例子基于 Bigliardi 等（2011）的一个案例研究。2002 年，两个当地很相似的大型技术企业共同建立了 Alfa Consortium。他们也有着同样的顾客数据库。Beta SPA（成立于 1983 年）和 Gamma SPA（成立于 1974 年）的业务，都是为航天、国防和证券业提供软件和系统。后来，Alfa 收购了很多小型企业和中型企业。

2007 年，Beta SPA 的成交量为 1 亿欧元，员工数量为 150 人。他的顾客包括很多重要国际型企业，比如 Air Force，Ericsson，Fincantieri Navali，FS Ferrovie dello Stato，IBM，Telecom Italia，Thales Alenia Space 等。Beta SPA 生产极其复杂的系统、软件开发和硬件整合。Gamma SPA 与欧洲和意大利的很多主要产业、企业、大学和研究中心合作为复杂电子系统设计和开发应用、工具以及软件组件。Beta SPA 和 Gama SPA 在合并之前，有着相似的结构，他们都有 100~200 名设计师和有着丰富技术经验及营销经验的员工。唯一的问题就是市场还不够成熟，并且增长缓慢。

合作的主要原因是为了通过交易门槛，人员可获得性、营业额和可用资源来实现更高的经济增长。因此，他们决定发展一种新的商业模式，一种能够动员、整合并协调他们和 Alfa 财团其他合作伙伴的优势与资源的模式，并在产品和服务创新与开发方面进行合作。Beta SPA 提供系统的内部设计与制作，而 Gamma SPA 负责为复杂系统和统包开发软件。尽管他们都保持各自的具体任务，但财团整合了不同的企业流程，并在共同市场中创造了协同效应。两家企业形成了中心，以此作为分享知识、经验和技术的途径，从而使自身能够协调各种资源并使自身的经营活动达到最优。因为合作后他们有相同的顾客数据库，所以合作伙伴也都要彼此竞争。2007 年，如 Alfa 财务报表所示，同领域内 25% 的企业的交易额下降了 32%，而 Alfa 的交易额上升了将近 9%，交易额高达 5 亿欧元。因此，Beta SPA 和 Gamma SPA 的这种商业模式或商业策略可以说是一种“完全竞合”。

12.7 竞合的竞争优势

竞合关系中的合作方能够通过减少交易成本和购买或联合投资的金融风险与实际风险的方式创造新的价值。在这样的关系中，获取大量关于普遍需求、普遍渴望与普遍计划的信息，这能够加强战略合作，从而形成可观的竞争优势。

然而，关系的发展是围绕信誉和承诺而小心建立的。供应商、分销商和零售商之间的亲密互利合作（基于连通物流、JIT 和智能销售）使得供应商能够在知道需求的情况下（而不是在不可预测的情况下）安排自己的生产和分销流程。如今，很多企业选择战略合作而不是竞争。他们建立正式或非正式的战略联盟与合作网，经营规模小到技术和市场的简单交换，大到工业的巨额交易。

例如，Apple、IBM 和 Motorola。苹果电脑芯片的供应商分别有：瑞典的玻璃与水晶制造商 Orrefors Kosta Boda 和他的竞争者 Royal Copenhagen，Mitsubishi 与 Volvo，IBM，GM 与 Digital Equipment Corporation，McDonald's，Benetton，Marks & Spencer，IKEA 与 the Alfa Consortium（意大利）。

可持续的竞合关系为合作方提供各种各样的优势与机会。例如，他们能够建立一个“我们联盟”去发展超过法定研究界限和发展界限的合作项目，这会产生重大利益，并引发协同效益：

（1）规模经济；

（2）低成本；

（3）技术丰富的劳动力；

（4）高水平的 R&D；

（5）可利用的先进技术；

（6）可进入的新市场；

（7）更高的顾客附加价值；

（8）适合联盟或工作网中的全体参与者。

未来企业长期竞合关系的发展将会需要道德和伦理标准、足够的信任以及耐心，这样才能避免以牺牲长期利益为代价去获得短期所得。

这种思想或许比较老派，但建立和维持成功的竞合关系与婚姻有很多相似之处。例如，当双方对彼此有了基本了解时，双方处于求爱期，之后举办一个仪式，再签订合同，合同会用明确的条款规定双方的责任与义务。如果不是，人们就会开始担心“离婚”。

12.8 竞合的竞争劣势

过度竞合可能会导致以下几个不良结果：

（1）构建和维护亲密关系需要资源，为不确定的结果，制定不确定的投资安排；

（2）品质循环可以转变成一种封闭式的因果循环，毁掉效率、生产率和盈利率；

（3）企业缺乏与新合作方之间的实践经验，这需要投入大量的管理实践、注意力、努力和体力，这可能导致企业忽略自己的核心商业活动。

力量和依赖度也是冲突的来源。根据 Bengtsson 和 Kock（2000）的观点，

4 种不同的冲突类型可以威胁不同的竞合关系，例如，内部合作者、内在角色、内在合作伙伴和个人。通常，制造商和分销商的目标和目的会不太一样。其中一方可以根据自己的最大经济利益，利用技术、政治、经济或情感力量驱使另一方的行为。如果一个经销商还在依靠一个生产者和多个厂商，他就不得不承担产品积压并承担高昂服务成本。如果企业变得更加依赖于其他合作方，它们的脆弱点就越多。过于亲密的竞合关系能够通过给某一方应用某种特定技术而消除弹性。

竞合策略或许要让企业承担太多的合作成本与合作竞争战略的控制成本，还需要投入大量的时间和资源去了解彼此，与潜在合作方相互协调，并不断调整，从而维持和巩固关系。这些调整（技术的、经济的、文化的、心理的或管理的）同样需要资源调动。而对于投资的预期回报，也是不确定的。

共同行动，不再控制那些亲密关系的自然结果，这在一定程度上意味着缺少自由。事实上，低效管理竞合关系会失去战略机会。过于亲密的竞合很容易变成退出关系时的阻碍。如果一方想要退出，而其他各方并没有想退出，想要退出的一方就可能会感觉遭到了背叛，因为他会感觉之前在这段关系中的投入都毫无意义。很多分包商都高度依靠他们的分包公司，他们很容易陷入经济问题；这不是因为他们没有效率或者生产率低下，而是由于客户的问题。

最后，竞合关系并不总会如预期一样有效，但是任何一个生命体都一定存在于关系当中。人、国家，或是企业都不是孤岛。通过逃避而避免可能的结果不是一个明智的选择。毫无疑问，作出最初的决定和后来的承诺都不是一件容易的事。但这个事实仅仅要求竞合关系的潜在合作者发现机遇和利益，并对结果抱有一个切实的期望，还要努力培养一个成功且持久的合作联盟。如果经过详细安排，认真管理和有效控制，竞合可以发挥出协同效应，对于实现这一结果的先决条件是经得起推敲的。同样的，关系管理得糟糕，自然会产生负面影响，这时，我们就应该看一看让关系继续存活的前提条件是什么了。

总而言之，营销人员值得密切关注竞合模式。

第13章 开发和管理一段完美的商务关系

关系学研究如何与人们搭建和发展互利的关系并满足其需求和欲望。这就像人们会相爱、结婚、开展业务、创造音乐、美术、舞蹈等各种创造力的表现方式一样。

Mosad Zineldin

13.1 战争与和平

传统的商业竞争（例如，击败竞争者或是与“敌人”对抗、锁定或寻找客户、压制供应商、抢占市场份额、正面进攻战术、侧翼进攻战术和迂回战术）使得整个商界就好像是一个战场。

商界绝对不像托尔斯泰笔下的《战争与和平》所描述的一样，它并非一个战争与和平的无限循环。就像当今的政客所做的一样，如今的企业家也不必再搞得你死我活，上演零和博弈，如今的商界可以说是合作与和平。

我们早已告别了第二次世界大战和冷战时期，因此，那些古老的竞争假说和竞争本身也都应该随之远去。引用20世纪90年代最受追捧的明星之一——席琳迪翁说过的一句话：“除了自己以外，我不与任何人竞争……我只有一个目标，那就是比昨天的自己表现得更好。”同理，企业应该打败的，也不是别人，而是过去的自己。

企业认识到商业不是战争，不用抢夺便可以形成一个健康、和平且系统化的大环境，会有更多的机会。而战略管理管理理论的一个重要概念是实现顾客满意。

如今，各企业之间的竞争十分激烈。不过如上所述，竞合的概念正在萌芽与发展。企业会发现采取这样的战略，会更利于与他人（甚至是以往的竞争对手）建立长期的、亲近的关系。

合作伙伴一定要携手应对全球化竞争，协同发挥自身优势，确保各自能够继续发展甚至是得以存活，共同走进新的市场，或者联手进行极复杂的调研项目。管理者已经认识到，他们务必变革以往的经营方式。

真正令人感到震惊的是，如今，反对竞争已经被人们接受，并被视作常态，甚至还取得了各地政府的支持与鼓励。可就在不久前，这种模式还被认为不可理喻。剧烈变革的全球经济和不断发展的技术创新迫使这一新兴商业模式诞生了。

13.2 战略性商务关系

竞争和市场营销活动的传统主导地位和以往对于企业特性和经营范围的描述方式在如今的企业建设中发挥的作用越来越小了。造成这一情况的主要原因是绝大多数的企业无法保证每时每刻都拥有足够的资源或者知道如何应对日趋复杂的以自身内部资源为单一基础的商业环境。新型的商务和营销环境使管理者和营销人员认识到，他们必须变革、重组自身采用的客户与商务关系的开发和维护方法。作为一种新兴商业发展模式，竞合关系正在不断发展，为我们提供了一个全新的理念。实际上，建立基于合作、有弹性、有适应性、低风险、低成本、有着共同利益和共同目标、无缝式、开放且共同承担责任的合作联盟或合作网，从而不断地与各合作方进行业务往来的概念已经出现，并被认为是当今市场环境下，一种能够应对市场挑战和机遇的好方法。这种关系的特性能引起协同效应，并建立持续发展型战略商务关系（Vieira，2010；Hennig - Thurau et al.，2002；Zineldin et al.，1997）。

亲近的战略商务关系网具有的特征是：合作网中的个体都会为了更好地相互配合、共享信息与经验而调整各自的流程和产品，从而在根本上消灭或减少安全隐患和不确定因素。共享信息和经验可以表明自己在履行承诺，这样一来，便可以使参与合作的各方更加信任彼此，并为持续发展的战略商务关系的形成与发展，提供一个更好的环境。

虽然人们很了解基于交换理论的买方—卖方二元关系和（或）生产商—供应商二元关系，却对战略性商务关系知之甚少，然而只有在这样的关系中，合作网内部的各方才能共同发挥作用，创造价值，而非只是交换。

营销理论和营销活动一直关注买卖双方的交换。但是，大多数的研究和营销策略都将买卖双方的交换行为视作离散事件，而非连续关系（Dwyer et al.，1987）。

战略性商务关系（Strategic Business Relationships，SBR）需要以协同合作为前提，这就要求各方要共同努力、相互适应、协同合作，只有这样才能实现共同目标并创造价值。合作各方之间的关系和互动会受到他们所处环境的氛围的影响；反过来，这种氛围也会受到相关各方的特性以及合作本身的性质的影响。氛围可谓是一把双刃剑，既可以巩固关系，也可以瓦解关系。

我们可以将氛围理解成一种存在或出现于各方关系生命周期内的权利关系或依存关系。它与科技水平、技术水准、竞争力、组织规模、组织结构、组织战略、组织经验、合作或冲突状态、不确定因素、紧密度或关系的好坏有关，也和合作各方在个体层面和组织层面对彼此的期望有关。

根据以上讨论，我们可以这样定义战略性商务关系：

有着共同愿景和目标的企业（合作方）之间的持续性关系与法律或组织形式无关。它们的合作关系可以是口头协议，也可以是书面文件，还可以是股权式合资。合作各方能够也愿意在相互承诺、互相信任、分享信息、共担风险、共享利益的基础上进行合作。主要合作方之间的相互依存性对于长期战略合作而言是至关重要的。在这样的关系中，没有人愿意白忙一场，到最后什么都得不到。

战略性商务合作关系绝对是有效的合作方式，且适用于各种战略性合作网，因为在这种情况下，生产成本和运营成本的总和一定比“与世隔绝，孤立无援地单干”要少。简而言之，我们应该认识到，我们取得成功并不一定意味着别人就要失败。企业家最终发现，对于成功的关系管理而言，能够协力创造出价值的合作伙伴与合作策略是必不可少的。他们也知道，各方要相互信任，通力合作，才能实现双赢，只有双赢才是最佳的合作，才能创造更多的财富，自己才能得到更多的分红。战略性商务关系的核心是找到能够共同创造新价值的机会（Zineldin & Jonsson，2000，Zineldin et al.，2011；Ulaga & Eggert，2006；Fang et al.，2008；Dressler，2004；Daugherty，2011；bigliardi et al.，2011）。

13.3 情感关系与商务关系

人也好，企业也罢，都不是与世隔绝、互不联系的。客户知道自己和某些企业之间存在联系，并且有相当一部分的客户会理性且现实地对待这段关系。公司在分析客户对与自己的关系的看法时，要注意在这个研究中，客户很有可能将这段关系设定为一段长期关系。而无论何时（在与客户进行交易前不久，或是交易过程中，也有可能是交易之后），若是客户这么考虑了，能够巩固彼此关系的机会便出现了。在管理长期关系时，我们不能仅仅关注于某一个方面，比如计划、人员、程序规划或者制定具体的服务规范。就像本书一直在强调的，我们要考虑到所有的这些事。

人与人之间的关系通常会在其生命周期内经历不同的阶段（例如成长期、成熟期）。同时，不要忘了进行合作或竞争的既不是公司，也不是国家，而是在公司内工作、在国家里生活的人。所以，企业或国家之间的关系，也会经历不同的阶段。我们作出的选择和很多反应都是在对他人的行为作出回应。在商业环境里，也是如此。企业为了发展和取得成就，也离不开与其他公司之间的关系。因此，如果我们不能用关系的视角思考问题，则无法了解一家公司会做些什么或者应该做些什么。

Guillet de Monthoux 早在 1975 年便提出了一个关系发展模型，在该模型中，他将关系发展比作人们的爱情。Haubrich（1989）也把银行和顾客之间持久的关系比作婚姻这种长期关系。而 Sellers（1989）则说：

> “让顾客爱上你”听起来很容易，好像也没什么大不了的。“可实际上，想要做到这一点远比管理者想象的要难，不过这样却能使顾客具有更高的忠实度，不断购买你的产品。”

Craft（1984）将买卖双方之间的稳固契约比作“婚姻关系”，Bertrand（1995）则将这种合作关系描述为：

> 就像是我们纠结到底是结婚还是继续恋爱。婚姻关系中的双方是相互依存的，而这种关系也是长久的。

Zineldin（1995a）的研究成果对研究发展作出了巨大的贡献，他的研究表明建立和巩固商务关系就和经营自己的感情与婚姻一样。这个过程是不断变化的，它会向什么方向发展取决于企业的举动、互动、信任、适应能力和彼此对承诺的履行。他的研究原文如下：

关系管理战略通常以相互信任、相互合作、有共同利益和目标、较为亲近的关系以及坚持携手共进的承诺为基础。

再来看一下现实中的企业之间，有着什么样的“情感八卦”。麦当劳的行政总裁 Mike Quinlan 谈到麦当劳和可口可乐之间的关系时，双眼顿时一亮，话也变得多了起来，就连音调都上扬了。他说：“可口可乐是我们的合作商。我们的合作绝对是一次极其重要且成功的战略合作……就像人们陷入热恋一样，麦当劳和可口可乐也是一对情侣，想着从此以后都能相爱下去，恨不得每个周末都能腻在一起”（Fortune，1994）。

从营销和管理的角度看，商务关系和恋爱关系的合理性也一样说得通。其主要观点是，成功的组织性战略商务关系和成功的婚姻一样，都需要清楚地了解彼此的需要和目的、所处的发展阶段、是否做好了准备、耐心程度、环境因素、弹性、承诺、信任，有时候还需要一定的妥协。

管理商业关系和经营婚姻是一样的，他们的关系将会在很大程度上决定后续的计划、安排能否成功实现。但即使关系融洽也不完全意味着你们的合作就成功了，毕竟评价合作是否成功最主要的因素还是利润。但这绝对是必要的背景条件。在这个过程中，重点在于承诺和信任（Faulkner，1992）。

完美的商务关系基于一个假定条件，那就是这些长期的商务关系都有一个理想化的背景，合作方之间有着共同利益、彼此信任、都很有道德、主动合作并愿意履行承诺，维持合作关系且努力让合作发挥其预期效果，并与所有合作方共享利益。这样的关系富有生机，容易使合作方之间相互依赖，提高对彼此的忠诚度。对关系管理而言，了解存在于一段关系中不同阶段的变数以及能够对合作与满意度产生影响的因素，意义重大。

13.4 关系生命周期

近十年来，服务业和工业的市场营销活动为买卖关系的发展提供了无数案例。工业市场营销学者研究得出交互合作网的运作系统，它极其复杂也极其重要。学者还发现，对于企业来说，他们想要创造的价值（例如与目标和项目相关的因素）组合越复杂，战略合作就越是必不可少。

如前文所述，关系管理是指企业与其顾客、分销商、供应商、公共机构以及个人搭建、维持和发展关系的一切活动。此外，该理念还强调了企业与企业、企业与顾客之间的合作以及长期关系的重要性。搭建与发展买卖关系的过程也就是区分出并想办法应对一段关系中的不同阶段。而在各阶段能够对关系的走向产生影响的因素，也都已得证。在服务业营销中，我们将顾客生命周期分为三个阶段：初始阶段、购买阶段和消费阶段。对于市场营销来说，区分清这些不同的阶段是很重要的。

学者在总结商务关系（如买卖关系）时，借用了生命周期理论、进化理论和社会心理学的知识。有些学者（Guillet de Monthoux，1975；Frazier，1983；Rosson，1986；Kanter，1994）还将商务关系比作爱情与婚姻，后来又有学者解释了这其中的缘由（Zineldin，2002）。

用像是爱情故事、浪漫邂逅、婚姻、进化论和生命周期一类的比喻来描述和分析人与人之间、企业与企业之间或是国家与国家之间的长期密切合作关系是很有新意也很恰当的，因为它们是如此的相似，都与直觉吸引力有关，也都非常适用于教学、咨询和应用环境。遵循关系的演变过程，分析一段关系处于生命周期中的哪一阶段，是搭建、维持和巩固一段不断优化的合作关系或忠诚度较高的关系的基本条件。

13.5 关系的进化过程

最初，“进化”一词是一个科学概念，指的是动植物逐渐衍化得更加复杂（如进化生物学）。根据 Darwin 的观点，进化一词也指观念、环境或者物体（如动植物）逐渐发展得更为复杂的过程。良好、亲近且稳固的关系就是从较为简单的阶段进化而来的。

该过程呈上升趋势，同时也具有多变性。在这一过程中，关系会逐渐从一个阶段发展到另一个阶段，而其走向则取决于关系中的各方如何对待彼此。糟糕的环境不仅会对自然生物的进化产生负面影响，同样也会对关系的进化产生消极影响。

从本质上讲，关系进化论（REP）的观点和以搭建并巩固良好关系的生命周期很相似。基本上是这样的，一段关系刚刚形成就像婴儿一样，之后这个婴儿会渐渐成长，经历了儿童、青年和成人等不同阶段后，最后发展成战略商务关系。这就和人类的进化一样，不断朝着更加完美发展，从一个阶段到另一个阶段，这有利于管理一对一模式的关系。从战略营销和战略管理的角度来看，关系生命周期对关系管理和大综商品/服务性客户合作关系与贸易的发展都有着重要的指导意义。

几乎任何一段关系都是从发现或辨别出需要和欲望开始，以满足、失望或失败结束。在这个过程中，存在着期望、沟通、行动、合作、互动、承诺、问题、冲突以及其他取决于参与各方意愿的活动，他们的决定会影响最终能否克服在其关系发展的不同阶段中固有的问题。

13.6 浪漫的关系

为了解忠诚商务关系的进化模式和浪漫关系的进化之间的关系，先简要解释一下这样的关系是如何出现的。一个小伙子表示，他的需求是一个女朋友。那么他就需要采取行动，去找到他梦想中的完美女友。

之后，他找到了一个自己喜欢的漂亮女孩。但这还不是故事的结局，而仅仅是开始，因为只是找到了他喜欢的女孩并不意味着女孩也喜欢他。为了确保女孩愿意满足他的需要（做他的女朋友），他需要更了解她并让彼此的关系更加亲近一些。

过了一段时间之后，他们决定订婚了。在订婚的这段时间，他们可以评估对方的能力，看看对方是否具有满足自己需求和欲望的能力。从那时起，互动和合作变得更多了。他们至少还需要和对方的朋友以及亲人搞好关系，并维持下去。之后，新的要求、矛盾还有情感（例如激情、兴奋、信任、恐惧、感到冒险、冷淡、愤怒等）也会随之产生。

即将要步入婚姻殿堂的一对新人将会通过诸如彼此适应、包容对方以及努力达成共识等方式来迎接新的挑战，解决新的矛盾。而这种关系最终无非会有两种结局：第一种，婚姻关系，这将使二人的关系得到巩固，或者理解为两人进入了承诺阶段（婚姻关系）。接下来，他们会搬入两人共同生活的新家，之后便发现，原来两个人对未来生活的看法是如此不一致（Kanter，1994）。在这个阶段，双方新的需求和彼此对对方需求的理解（例如新的社交圈、嫉妒、性、信任、恐惧、不确定感、冲突、承诺、愤怒等）会出现分歧。第二种结果就是分手，他们各自便会继续寻找新的伴侣，开始新一轮的恋情。在经历过一段感情之后，他们对与下一段感情的伴侣会有新的看法和标准。

如果是一个美好的结局，那么两人婚后生活会十分幸福，两人也都对彼此十分忠诚。他们尊重并信任对方，尽可能地让对方满意，他们对此感到非常的满足，因为两人的期待最终得到了实现。这种状态使得两人进入最后一个阶段：生育。他们一起购买了房产、汽车、船还有其他投资（忠诚的关系/长久的婚姻）。在这一阶段中，会出现新的关系网，它包含了很多新的正式或非正式的关系，而且，这些新的关系会继续发展出新的关系使得这个关系网不断地扩大，比如他们的孩子（们），他们父母的亲戚、朋友、邻居、同事，甚至是陌生人以及他们社交圈以外的人或组织。

如果这段关系发展得并不理想，最终两人或至少一人会对对方抱有消极的看法。他们对婚姻并不满意，是因为他们的期望与现实有一定的落差。他们可能无法与自己伴侣的父母和朋友搞好关系。有可能是这些人不是很友好，不是很正直或者就是一个很无聊的人。当然，也有可能是婚姻中的一方出轨，或是一方的好友爱上了自己的伴侣，并从中作梗。

尽管这样的关系是十分亲近的，但也不能确保得到一个好的结果。因为如果一段关系过于亲密，来往过于密切，其中的人际网络过于复杂，二人关系剪不断，理还乱，将会导致以下三种结果：

（1）离婚：一方或双方对对方的表现感到十分的不满意，形成一种让自己感觉十分不自在的环境，最终导致关系的破裂。当婚姻关系进入长久婚姻阶段，夫妻双方对彼此高度依赖，此时的结果无论是好是坏，都将是一种极端的结果。

（2）两人决定继续生活在一起，对彼此坦诚相待，不再用有色眼镜去看待对方。

（3）背叛：夫妻中的一方或双方另寻情人（竞争者）。

其实，商务关系也是这样的，存在着优势、难以解决的冲突以及成本的众多因素。

13.7 感情式商务关系

不同的阶段与启示：建立合作网，并使得这段合作关系十分亲近，这需要付出很多的努力、资源还有耐心。

从恋爱和婚姻关系的论述中，我们可以归纳出关系发展生命周期的五个阶段。每个阶段都意味着会有大量的合作以及在信息、期待、经验、需求、愿景、价值、战略、要求和结果等方面的分歧。这五个阶段分别是：开发阶段（恋爱）、发展期或基础期（订婚）、承诺阶段（婚姻）、忠诚阶段（长久的婚姻）、解约/终止（离婚），分离等情况会在任意阶段，任意时间发生。将由双方组成的商务关系描述为充满活力的恋爱关系或婚姻是合乎情理的。

《营销想象力》（Levitt，1983）中这样写道：

> 销售仅仅是结束了求爱期，这才只是婚姻阶段的开始。婚姻会发展到什么程度取决于将关系管理做到什么程度。

Kanter（1994）说：

> 企业间的关系一点一点形成、延续、发展或失败，这和人与人之间的关系很像……比如恋爱、合作都是建立在希望和梦想之上的。

值得注意，人一次只能和一个人结婚，但是一家企业可以同时与多家企业发展关系。这其中任意一段关系中发生的事情都会对全局产生影响，当然除此之外，其他参与方也会对此产生影响，甚至连没有参与其中的其他相关合作网所进行的活动也会对这些关系产生影响。企业应该将每一段关系都看作是一个文件夹，分门别类地管理它们，对每一段关系都有特定的管理策略和期望（Zineldin，2002；Ng，2005）。图 13.1 为 Zineldin 关系生命周期（Zineldin's Relationship Life Cycle，ZRLC）。

最初，将关系的发展描述成递增变化的进化论（达尔文的进化论）为简化和解释关系的发展过程作出了巨大贡献。不过这个过程缺少了一个假设条件，那就是战略性商务关系的发展是一定的，不可避免的。在这样的背景下，关系会迅猛发展，从一个具体阶段发展到另一个具体阶段，直至最终结束。参与方或没有参与到这段关系中的其他方（竞争者）的活动都会决定关系的成败。

企业间的战略性商务关系之所以会产生并发展，一方面，是因为关系是可计划的。例如，合作方在关系的一开始便意识到，战略商务关系是不可或缺的；另一方面，战略商务关系以相互之间令人满意的表现和相互之间的依赖为基础，渐渐演变和发展。

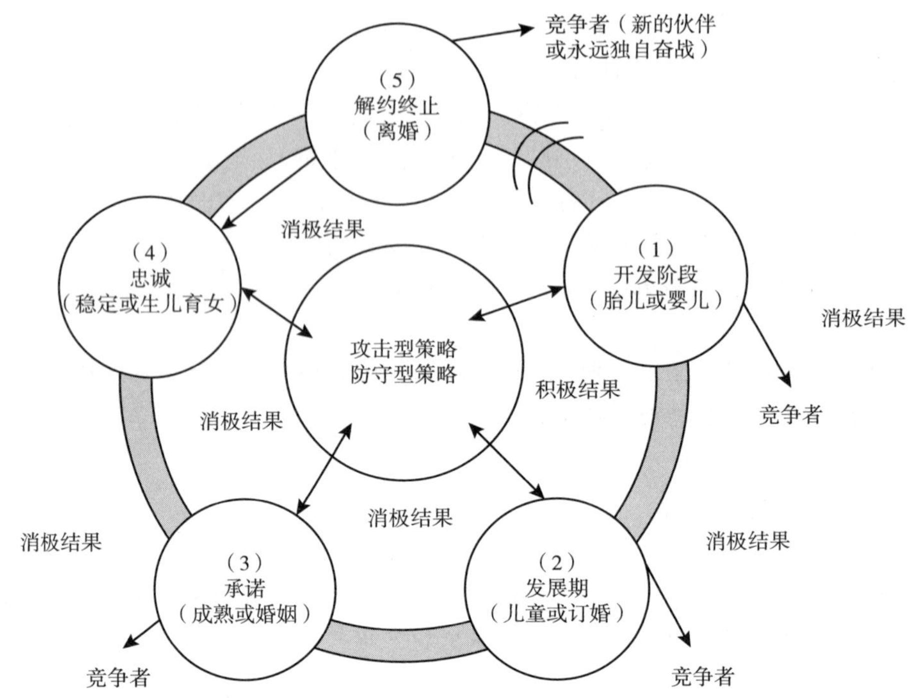

图 13.1　Zineldin 关系生命周期（ZRLC）：一个革命性的模式

就战略商务关系演变的生命周期而言，我们无法区分出预先计划的活动和变化不定的战略商务关系。

关系发展的阶段以及每个阶段持续的时间（长度）在不同的参与者（顾客或工业品顾客、供应商、分销商等）身上的情况可能大不相同。无论从潜在关系的性质（简单或复杂）或是从交易价值的性质角度而言，都是说得通的。例如，从一个阶段发展到另一个阶段可能只需要一天的时间，但也可能需要几年的时间。这便会对资源分配起到一定的指导作用。

从战略营销管理的角度看，ZRLC 有助于理解在各个阶段内合作方的行为。ZRLC 为顾客和企业间的关系、一个品牌或是供应商，以及新关系的搭建提供了新的分析角度。此外，ZRLC 还会让人们注意到现实生活中各种情况的复杂性。因此，对于描述、管理、调整和改进处于较复杂或复杂环境中的市场营销策略与管理策略以及客户市场、服务业或工业市场中的关系环境而言是相当有用的。

13.7.1　开发阶段及战略启示

1. 开发阶段

开发阶段是指，两家或两家以上企业表明其需求并想要参与或搭建战略合作关系，并且他们对彼此都很有吸引力。最终的决定基于他们对各因素的考量，像是该战略商务关系和其他关系（如公开市场关系、纵向合并关系）相比较而言的优势与风险、潜在合作伙伴的能力以及他们对彼此情况的了解。

在这个阶段，参与各方对于他们想要通过这段关系得到什么还不确定，也不知道彼此的能力和要求，不过知晓彼此的能力和要求十分重要，在日后务必通过沟通去了解，并表示出自己的能力和要求。如果能够迅速完成这个步骤，这段关系便会进入生命周期中的第二个阶段。

然而，如果合作并不知道彼此的需要和需求，以致无法作出正确的举措或者采取的行动无法满足其他合作方的期望，那么这段关系很可能在还没有进入第二个阶段的时候，便终止了。

2. 战略启示

消费者在关系搭建的初期会感到非常没有把握，对此，我们得出以下这些极其重要的市场营销目标和战略启示：

（1）明确潜在（目标）客户，了解他们的行为与动机；

（2）使你的企业和你的商品/服务的包装更加吸引人；

（3）提供多种产品/服务的包装；

（4）与顾客或中间商积极沟通，相互了解；

（5）掌握顾客的需求和欲望（如功能性、情感性、社交性等），找到能在最大限度上满足这些需求和欲望的方法；

（6）交叉组合产品/服务的特性和价值以及能够满足那些需求和欲望的性质；

（7）突出公司的竞争力和那些最具吸引力的产品/服务。

13.7.2　发展阶段及战略启示

1. 发展阶段

在第一阶段中，合作各方在满足期望方面作出的举措和表现出的潜力会为接下来的发展提供基准。在第二阶段中，我们已经找到了能够满足顾客需求的产品/服务。那么这一阶段的重点就是增加各方之间的往来。合作方之间的良好往来在此时非常重要，是第三阶段（忠诚阶段）的基础。

发展阶段的目标是扩大合作网，无论能否满足共同利益，都要这样做。此时，合作方之间已经很熟悉，并（在一定程度上）确信自己能够实现经济目标（经营质量）。此外，他们还需要通过互动（相关的过程）了解彼此的工作准则和价值。

在这个阶段，合作方更需要积极调整以满足各方的欲求。此时，合作关系的发展很大程度上取决于能否实现较低的交易成本和信息成本。

如果最终的结果不尽如人意，那么这段关系将会就此终结，但如果最终成果颇丰，那么这段战略商务关系将很可能继续发展。合作各方都得到了满足并更加愿意参与合作。这样一来，这段关系便会进入下一个阶段。

2. 战略启示

对于营销人员来说，发展阶段包括以下关键战略启示和关系组合要素：

（1）让顾客相信，自己的产品/服务的功用（物品或服务过程的价值和意义）能够满足他们的需求；

（2）更加及时有效地分析出即将会出现的需求；

（3）了解顾客目前的满意程度；

（4）关注顾客的疑问和投诉；

（5）改善沟通环境和沟通氛围，同时提升企业与现存顾客和潜在顾客的沟通能力，更好地为他们服务；

（6）了解社会对于企业的态度；

（7）进行顾客分析，找到现有和潜在的顾客中的大客户。

在发展阶段，传统的沟通渠道依然重要，尤其是人与人之间联系。此外，诸如地理位置的方便程度、产品/服务的可获得性、产品/服务详细信息的可获得性、交通运输的便利程度还有分销系统等，都是十分重要的因素。

13.7.3 承诺阶段及战略启示

1. 承诺阶段

承诺是指合作各方暗示或明确表示他们一定会继续参与合作。以成功的发展阶段或之前提到的订婚阶段为基础，潜在忠实客户将会进入承诺阶段。承诺意味着合作方很有可能长期合作，并以这种牢靠性来激励各方继续加大投资，延续关系。

如果关系能够发展到这个阶段，那么这段关系是牢固的、亲近的而且具有良好的互动，因为能够发展到承诺阶段，意味着合作方之间彼此信任、相互尊重且都得到了满足。接下来，关系会向忠诚阶段发展，为此，他们要起草新的计划，达成协议，共同创造新的价值。在该阶段，顾客和企业（合作方）有可能会倾向于战略合作、联盟或合作协定，例如合资企业、联营企业和股权制。这时，相互调整适应并进行创新变得尤为重要。这就好比在之前的（爱情）故事中，小伙子和他的爱人决定结婚。

潜在忠诚顾客或合作方会发现，承诺、合作和协调会引发协同效应和新的价值。企业和潜在顾客或合作方都有机会来搭建和维持一段上升式的、对彼此都有利的、忠诚度极高的关系。在这个阶段，由于上述举措，关系得到深化，所以它越来越需要“有人能够采取这样的举措……因为人际关系一旦建立，心理上的沟通便得以深化客户”（Anderson et al.，1994）。

客户关系变成了长久客户关系或忠诚关系，而企业也能够并愿意为它的顾客提供更多更便捷的服务，并很大程度上甚至完全解决顾客关于产品功能性和技术性的问题。在这个阶段，维持产品/服务的质量和（关于产品/服务过程的）性能是营销任务的重中之重。可以以产品/服务升级的形式提供更多更加便捷的服务，或者，可以试一试开展销售培训项目，这些做法都能够维持、巩固和发展关系。顾客忠诚的程度和持久度都会在这一阶段得到提升。

2. 战略启示

继续维持处于优势地位的关系组合要素与战略启示如下：

（1）管理人员和营销人员需要通过与顾客建立纽带来打造最牢固的顾客关系，这对各合作方来说非常重要，对竞争者而言又难以效仿；

（2）关注技术发展和新的法律规范，这对于创新、新产品或服务的研发来说，是极有用的；

（3）与时俱进，不断创新，让你的产品/服务具有吸引力非常重要；

（4）营销人员具备了与顾客沟通的绝佳机会，可以了解他们对企业的看法，知道自己可以帮他们解决哪些问题并满足他们各自的独特需求和欲望；

（5）与客户进行一对一联络对于提升客户满意度而言是很重要的；

（6）营销人员需要提高素养，以改进不足；

（7）感知价值将在更大程度上取决于技术价值和其他通过关系和交易过程中体现出来的价值/内涵（互动本身的品质）；

（8）着重于通过合作、信任、承诺和信息共享的方式留住顾客。这有益于促成持久的客户关系。

在这一阶段，传统营销活动的作用微乎其微，一定要说它有什么用，那就是影响顾客对于交易或产品/服务的偏好。

13.7.4 忠诚阶段及战略启示

1. 忠诚阶段

现在，这段关系具有很高的忠诚度。

承诺的可靠度、体验的良好度、期望被满足的程度、弹性、适应性、综合能力以及共同创造附加价值的能力都十分强。工业市场上，合作方此时应该想办法用制度化纽带来巩固关系，而不是利用经济、社交或心理纽带。

该阶段的主要目标是维持战略商务关系并使之稳固，同时确保每一位合作方都能从这段关系中得到利益。

现在，是时候减少彼此之间的沟通了，因为期望、策略以及合作的性质都已在之前的几个阶段中得以明确。换句话说，成功的恋爱或婚姻关系现在要被战略关系取代了。

对于企业来说，为忠实顾客提供那些其他竞争者无法提供的优良产品/服务是非常好的方法，这样便可以实现自己产品/服务包装的差异化。产品差异化程度越高，企业就越有能力避免价格战，还能带来更好的市场吸引力。不过，企业要根据自身的资源和优势开发差异化高且更为便捷的产品/服务。

2. 战略启示

处于忠诚阶段时，合作方要进一步优化装置、企业结构、工作程序和技能以便弥合组织分歧与个人分歧，并通过战略商务关系获得真正有益的机制、结构、程序和技能。这些机制和程序能确保关系的延续。

该阶段的重要战略启示有：减少不确定因素，降低风险，缩小（社会性、文化性、技术性、地域性和时间性）差距，让忠诚客户认为自己确实得到了利益/意义，感受到了价值并且愿意花更多的钱来购买产品/服务以再次等到其使用价值，最终实现对彼此都有益的关系。

相互的依赖、社交纽带、复杂的心理关系和人际关系也存在于各个功能层。

客户希望企业能够用最先进的电子设备来收集和储存每一位客户的数据，与合作企业沟通的渠道也多了很多。未来战略发展方向和对关系发展的承诺也越来越得到认可。

因为在此阶段，承诺和忠诚度都会变高，所以我们应该借此机会促成长久的战略商务关系。信任、道德价值还有相互依赖会随着关系的加强而迅速上升。这些都是进行创新，并将关系推向下一个阶段的有利资源。此外，我们需要自始至终保持灵活性，坚守承诺，积极解决问题。

之后，上升式的合作关系便形成了。在该阶段，产品/服务和传达方式在科技上的创新是维持关系的重要因素。共同创造新的/附加价值的能力提升，持久的忠诚顾客关系便也会形成。

在这个阶段，忠诚的客户关系可以减少企业花在与顾客明确、维持和建立合作的时间，也会通过长期的持续的交互式、个性化、增值性的沟通来持续加强合作。若想建立高效的客户关系，就离不开对先进电子信息技术的掌握和高效使用。

电子信息技术使数据处理进程得到提速，还能更好地分析顾客个人或顾客群体的信息。大型企业可以利用数据库存储每一位忠实顾客的独特需求和要求，进而提高自己的忠实客户占有率，而不再是市场占有率。很明显，企业让顾客对自己的忠诚度越高，这段关系便越有价值。

13.7.5 解约阶段及战略启示

1. 解约/合作终止或分离阶段

和恋爱或婚姻一样，大约40%的密切合作或其他形式的商务关系最终以争执、冲突和分离告终。处于忠诚关系阶段并不能保证关系会永远持续。

一个极具吸引力的合作邀请（或者以某种方式和一个人调情，最终使别人相信两人之间有感情）便可能导致争执、冲突和分离。

密切合作关系通常有着复杂的合作网，使彼此很难分离。但出现问题并最终变质了的合作关系，可想而知，最后会终止。如果各合作方之间已经高度依存，并很好地履行承诺，那么没有完善计划的解约/终止合作将会带来巨大的损失与消极影响。

对专门管理长期商务关系的管理人员来说，不仅需要知道如何搭建关系，还要知道如何终止。不过有一些关系是非常松散的，例如为某一明确的目的或某特定时间段而建立的关系，会在他们达到目的或度过那段时间后终止（Halinen & Tähtinen，2002）。

在终止一段关系时，人（例如变革的推动者）的作用不可忽视。一个关于人们如何与别人断绝往来的社会心理调查（e. g. Duck，1982；Alajoutsijärvi et al.，2000）成果显著，它告诉我们在面对不同的冲突和争端时，我们应该采取什么样的策略终止合作（Halinen & Tähtinen，2002）。

其影响因素主要有以下三组：

（1）诱因（如复杂到难以实现的服务、企业能力低下、目标不一致、企业文化）；

（2）导火索（突发和戏剧性事件或一系列为关系发展带来压力的事件）；

（3）微妙因素和事件（退出性障碍，例如合作方在管理和巩固关系方面的经验和技术、信任的程度、承诺、资源链和企业间的互动）。

诱因和导火索会引发合作终止，而微妙因素和事件会阻止这种结果的发生和加速（Halinen & Tähtinen，2002）。对因果效应的解释便可以说明不同因素对于终止合作这一决定的过程产生的影响有多大。

2. 战略启示

关系终止或破裂的过程模型能够解释一段关系是如何终止的，以及是什么影响这一过程的性质、顺序、指令和事件。

决定终止合作或提前解约的原因有很多。可能是合作方想要独立作业或者和其他人合作，也有可能由于某种原因无法继续合作。合作的双方或一方可能会希望这段关系再发展一段时间，尽管实际上只要条件允许，他们就想终止合作。

避免合作关系终止的最重要的途径是从一开始就要以信任、承诺、维系客户为基础培养牢固、良好的关系。信任和高度承诺是非常重要的微妙因素，它们的影响力甚至可以压制其他因素。如果能够巧妙地利用这些因素，即使终止合作，对于企业来说也是一个很好的机会，因为企业可以将这个最不幸的结果转化为一次值得反思的经历。

我们能从成功中得到多少，就能从失败中学到多少。如果很好地利用了这次机会，这一个教训就会帮助这家企业管理其他的关系，和潜在的合作终止进程（Giller & Matear，2001）。

如果管理人员决定终止关系，那么他或她一定要知道终止合作的策略是有很多的。该阶段具备以下一些关键战略启示：

（1）由于一方或双方对彼此的表现不满意，最终可能会形成一个非常不理想的状况；

（2）管理人员应该将关系的终止看作一个战略决策。尝试去采取一种在情感、社交、法律和经济因素上对双方公司影响都较小的策略；

（3）将不幸的结果转变成值得铭记的经验。

企业一定要详细了解 Zineldin 关系生命周期（ZRLC）以及其中的每一个阶段。为了更具竞争力，营销人员和管理人员要在生命周期的初期就有一个明确的顾客/忠诚客户管理计划和策略，但这还不足以让顾客长期购买公司的产品/服务。顾客/忠诚客户或合作方一定要认识到，配套产品所能提供的价值会远远超过竞争者能够提供的替代商品。表 13.1 总结了关系生命周期五个阶段的一些重要战略启示。

表 13.1　Zineldin 关系生命周期（ZRLC）的特性与战略启示

阶段	不确定性	经验	价值/意义	承诺/适应	忠诚	战略启示
开发（简单）	最多	无	产品相关度高	差	客户	提供多样的包装注重倾听和分析
发展（较复杂）	减少	少	产品和程序相关度高	上升	潜在忠诚	预测未来需求提高沟通、答疑、分析能力
承诺（复杂）	少	多	高度融合	好	客户	纽带 + 创新 高适应性 高问题解决能力
承诺（很复杂）	消除	最多	融合度更高	高制度化	忠诚客户	更高的创新能力和问题解决能力差异化
终结/分离（很复杂）	多	最多	低/融合	差	老客户	战略决策 最小的经济、情感、社交和法律影响

战略商务关系发展的一个重要内容是合作各方要通过生命周期的各个阶段评估这一段关系的价值，而该价值可能会随着时间的推移产生波动。如果合作方对此满意，那么这段关系则很可能得到延续，合作伙伴承诺和维系度也会提高。如果有一方对此感到不满，便很可能退出合作。客户（处于消费市场或工

业市场）也可能在生命周期中的任一阶段时退出，无论他/她是否满意。客户或许会在竞争者处找到更好的交易形式和交易条件。这时就要提到口碑和企业形象了，这两个因素在关系生命周期中的每一个阶段内都有着极大的影响力。

我们应该认识到，这里所说的进化规律并不完全等于自然生物的进化规律。或许对于那些对参与度和承诺要求较低的、简单的关系而言，该方法并没有什么意义。但是，如果想要建立的是一种能够增加交易所得价值和内涵的关系，那么这种方法便有用武之地了。以建立或改进上升式商务关系或战略合作为基础的策略需要丰富的管理技能和耐心，而且很可能要等很长一段时间之后才能看到收益。

从战略营销和管理的角度看，这个模型可以应用于不同阶段去描述、分析、管理和调整客户与企业的关系。

它会提供一个方向，引领我们超越上升式的紧密且忠诚的关系，从而共同创造出新的附加价值。此外，它还能使我们关注现实事件的复杂性。

战略商务关系的发展取决于每一个合作方对彼此活动和举措的解读和再解读，如何保持高度忠诚，远比如何在最初便建立这样的关系重要得多，而保持高度忠诚也是整个过程中最难的地方。尽管通常来说，相较于传统交易关系，忠诚的商务关系更具灵活性，且成本更少，但商业合作却需要将完全不同的企业文化进行融合。关系不融洽，最终导致关系瓦解，这种结果太常见了，这很大程度上是因为人员的不良行为。

因此，无论在哪一个阶段，企业都应该不断审视自己与每一位客户的关系。双方都应该认识到，糟糕的合作总是容易陷入麻烦（冲突），而一个公司的产品或服务出了问题就意味着竞争者得到了新的机会。

所以，持久忠诚关系的发展离不开道德和伦理标准，充分的信任，并且不会在采取长期合作的时候与他人发展新的关系。

耐心也是必要的，因为利益往往要过很久才能显露出来。总之，战略性商务关系就像是婚姻，并有一段求爱期，也就是双方相互了解的时间。或者说这就像是签商业合同，因为这份合同中的具体条款和条件便可以让双方知道双方的要求以及造成矛盾的潜在因素，双方会根据这些在日后作出决定——是否以终止合作收场。

第 14 章　结论与管理启示

当我准备发言时，总会花三分之一的时间琢磨人们想听什么？而只用三分之一的时间考虑我想说什么。

Abraham Lincoln

14.1　博弈过程再思考

本书列举了很多模型、观点、理论和概念。实际上目的只有一个，就是让人们认识到关系管理对于商业的意义。在一篇非常有趣的文章中，作者提出了这样的观点：总体而言，在商业竞争中，现在的企业都太过于喜欢采用强硬手段来制胜了（Stalk，2006）。

这表明，如今，在许多产业中都存在这样的一个大趋势，企业会更倾向于使用蛮力正面进攻，而非用自己的策略去迷惑竞争者。受到美式棒球的启发，Stalk（2006）在其文章中强调，采用他命名的弧线球策略，会对企业更加有利。由于许多读者可能不熟悉棒球的规则，所以我来解释这种比喻说法暗含的意思。

简单来说，棒球比赛由投球方和接球方组成，比赛过程就是投球方的一名选手将球投向接球方的一名选手。比赛中，投球手和击球手（属于接球方）都有指定的站立区域，如果投球手投出的球顺利通过击球手前方画出的矩形区域并没有被击球手用球棒击中，裁判就会宣布一振。当裁判宣布三振时，这名击球手就出局了。为了不让击球手击中球，可以选择的最基本的策略有以下两种：

第一种是尽可能用力地将球扔出去（专业术语中，叫作投球），使得击球手无法击中，这种强硬的投球叫作快球；

第二种基本策略则是让球的飞行轨迹呈一道弧线，使得击球手将球棒挥向他以为合适的击球点，而非球真正的位置。

Stalk（2006）的文章便用弧线球策略来形象地说明：企业不应该简单地迎头痛击，而应该采用更高明的策略，引诱竞争对手去抢占那些正在不断缩水的细分市场，也就是让他们将球棒挥向错误的击球点。

采用这种令人意想不到的策略来击败竞争对手绝对不是在浪费时间，而是在进行全面关系管理。回到棒球的比喻，可以发现，正是由于谁也不知道，下一秒在这个棒球场上将会发生什么，才会出现快球策略和弧线球策略。

双方选手在试图以力量或计谋打败对方时，双方便会自然而然地发生互动。何况，棒球比赛还不仅是一场比赛，它还离不开观众、热狗、队帽等组成部分。

因此，当我们更加抽象地来看一场棒球比赛时，竞争的两队反而是在通力合作以打造一个完美的事件。而且，很多时候，他们合作的程度在体育比赛中显而易见。例如，冰球比赛时，运动员经常会将冰球扔出场外，然后佯作愤怒地打另一名选手一拳。

在棒球场上，不是只有球队的经理会跑到场内对着裁判员叫骂，有时候，裁判员也会吼骂回去，并将球队经理驱逐出赛场。最为典型的例子发生在人们做了逾矩的事情时，比如有选手喋喋不休地抱怨裁判的裁定时，裁判员为了尽快继续比赛，而与选手发生了肢体冲突（而事后，裁判员又会对此感到抱歉）。

因此，很多市场营销著作（Rauyruen & Miller，2007；Zineldin & Philipson，2007；Lindgreen et al.，2000；Vence，2002；Cascio，2000）都在讨论这样一个问题，关系（就像是两支队伍共同合作，打造一场精彩赛事一样）和交易（这就像两队的利益冲突）孰轻孰重？

通常，人们认为关系管理比两者更先进，而且对市场营销学的理解方面而言，毫无疑问地有着革命性的作用。从根本上来说，第一笔交易是所有关系的最初阶段，而通过这一过程中的互动，深入了解对方的特性是十分重要的，因为这样才能知道如何使这第一笔交易引发后续更多的交易，从而形成长久的合作关系。要知道，关系营销与管理并不是从交易中分离出来单独进行的；相反，它是植入于每一笔交易的。而这一思想是本书的主要观点之一。简而言之，每一笔交易都是与一系列的交易相结合的，而每一笔重复性的交易都会加强双方的关系（Zineldin & Philipson，2007）。

如今，关系营销也变成了一种流行语，用来描述一些较为隐晦的方式或暗示某种意义（Zineldin，2000；Vieira，2010）。有趣的是，早在 1964 年

Borden 便指出了我们所称的市场营销组合只是更加宏观的格局中的很小一部分。

以同样的理念作为基础，我们可以得出这样的结论，尽管现有的质量模型取得了公认的成就十分奏效，但它们都是单方面服务于生产商的，而非面向贸易密集型或服务密集型的企业（Grönroos，2008）。在这类型的产业中，同时为核心产品增加客观要素和主观要素，从而将产品转变为一个（可以为你带来后续交易的）价值提供物是十分重要的，因为这种价值提供会转变成让人们对初次合作感到满意的基础。

而这样令人满意的初次合作又将会是接下来一系列交易的基础，不过在这里，我们还需要用到关于棒球的比喻，因为它能让我们知道，如何通过首次合作发展后续交易（Grönroos，2008；Normann，2001）。再回到棒球场上，意思就是说竞争的两队的总目标是要让现场和以后可能来到现场观看比赛的观众认为来现场看比赛是值得的。棒球比赛中，选手经常会将用过的球扔给离赛场最近的观众，就像是在发纪念品一样。这样的做法结合两队的互动、比赛过程中贩卖食品以及球迷之间的互动的共同发生，有利于营造出良好的氛围。因此，如各位所见，很多因素都能增加观众对于比赛的感知价值。

我们给出的各行各业中的真实案例都和上述讨论以及之前在本书中所给出的概念和模型一样，说明了全面关系管理在总体上而言，都对5Q模型的各个维度有着独一无二的影响。通过对战略联盟、银行、教育机构和医疗机构的调查，我们发现了在劳动密集型产业中实行全面关系管理时5Q模型中质量维度的一个现实意义（Zineldin，Akdag & Vasicheva，2011）。

它的基本原理是，不断发展的关系管理学促使我们深入了解在服务行业如何通过增加与顾客的直接互动以及将顾客也视为价值提供物生产者的一部分使得价值能够被更好地了解。为了同时评估忠诚度和质量，我们不仅要考虑到客观品质和流程质量，而且还要考虑到诸如互动质量、环境质量和基础设施质量等相关的各个方面。

下面要给出的例子就像大杂烩一样，其中关于合作联盟的例子，主要面向企业对企业的商业环境，银行方面的例子例证了取得顾客青睐的价值和重要性；教育机构的例子则不仅突出了提供纯粹服务的重要性，还强调了教职员工待人接物态度的重要性，因为教育机构和客户之间的关系，是在他们每天的互动中慢慢建立的。

14.2 合作与竞争的程度：战略伙伴关系与合作联盟

过去的十年里，人们十分关注商业环境的变化，尤其是商务关系性质的改变以及由对抗走向合作的战略转变。如今，战略联盟的数量同比十年前，多出了一倍，并有望在将来继续增加。以往的研究告诉了我们，是什么催生了战略联盟，什么因素会有助于或有碍于企业发展以及什么样的资本是可以累积的。Ghoshal（1987）、Dyer 和 Ouchi（1993）、Geringer 和 Louis（1991）、Cusumano 和 Takeishi（1991）、Johansson（1997）、Hendrick 和 Ellram（1993）、Stuart 和 McCutcheon（1996）、Soursac（1996）、Harrigan（1989）、Hamel 等（1989）、Selwyn（1991）、Niern（1995）、Brucellaria（1997）、Zineldin（1998，2000，2002）、Kalmbach 和 Roussel（1999）、Zineldin & Jonsson（2000）等都为此研究作出了巨大的贡献。

由于在过去几年里，企业之间的合作联盟大量涌现，所以越来越多的人萌生了建立合作联盟的想法。过去的研究也的确表明，有很多人想要建立合作联盟。此外，研究人员还尝试从多种理论角度解释这一现象，比如交易成本理论（Williamson，1985；Hennart，1991）、资源依赖理论（Pfeffer & Nowak，1976）、组织学习理论（Hamel，1991；Grant，1996）、战略定位理论（Porter & Fuller，1986）和体制理论（DiMaggio & Powell，1983；Meyer & Rowan，1977）。Glaister 和 Buckley 于 1996 年发表的文章给出了大量企业会组成合作联盟的原因，且让人印象深刻。

事实上，很难具体解释为什么越来越多的企业选择组成合作联盟。Day（1994）在文章中这样写道“建立合作联盟可能带来多少利益，就会产生多少达成合作共识的动机。”Heide 和 Stump（1995）在解释利益和动机问题时写道，“合作联盟是建立在一种假设之上的，企业假设彼此之间建立合作关系后，会对自己的业绩十分有利”。不过，这一理论缺乏相关的调查研究。虽然 Heide 和 Stump's（1995）研究过现有的联盟类型及不同类型联盟发展的特有潜在动机，却没有什么调查研究过他们的业绩目标和最终现实业绩的关系。

因此，我们可以得出这样的结论，大企业经常会为了提高自身的竞争能力而建立各种各样的合作联盟。其实，战略联盟的数量比十年前多出了一倍，而且很可能继续增加。但事实上，最终这种合作关系很少会取得成功。因为从某种意义上来说，他们这种联合作业的模式并没有真正利用好协同效应。可以说这是一个谜，在本书中，我们认为，不懈的努力和刻苦的工作才是维持合作关系的关键所在。除了对高失败率的原因掌握不多以外，我们对导致失败的潜在因素以及这些因素与合作联盟产生的动机与目标的联系也知之甚少。

学者在研究这类问题时总是关注联盟的协同成功而不是出现的挑战与问题。战略联盟如此具有吸引力，就像是一条通往成功的捷径。然而，国际化战略联盟的经验告诉我们，大多数的合作联盟，最终是以失败收场的。这是因为合作者之间的关系并不是看上去那样容易可搭建、发展和支撑。预计战略联盟的失败率会高达70%（Kalmbach & Roussel，1999），这样失败的结果会使人们停止建立战略合作联盟（Beamish，1985；Harrigan，1986；Kogut，1988）。

不过，虽然这些课题深入研究了合作关系的终结，却没能在很大程度上增进我们对合作联盟失败的了解，因为在大量成功的案例中，企业终止合作恰恰是因为合作方已经完成了其自身的目标（Gulati，1998）。由此可以知道，联盟的终止并不意味着关系的结束，也绝不意味着失败。此外，5Q 模型表明，合作企业营造的环境，也就是他们互动所处的合作环境的质量就像对象维度和技术维度一样重要。

俄罗斯的研究小组对瑞典两家大型汽车制造商进行了一项关于战略合作联盟建立动机和导致失败结果的潜在因素的研究，其研究结果表明，管理动机或许比金融动机和科技动机更重要。此外，作为调查对象的企业总体上达成一致，他们认为：在俄罗斯，战略联盟（联合经营）策略比封闭发展策略值得鼓励，但也更具风险。

这个结果很令人吃惊，因为它没有办法完全证明封闭发展一定不如联合经营。进一步研究采取封闭发展战略的动机时，我们发现，对于制造商来说，当他们采取封闭发展战略时，他们会更注重于利用新兴市场。提高生产率和改进生产流程也是封闭式发展战略的主要动机。

采取联合经营战略（合作联盟）的企业自然有着共同的企业愿景和目标，还要共享其研发成果（R&D）和最新技术。取得更具有主导优势的市场地位似乎也逐渐成为采取联合经营策略的主要动机之一。

事实上，研究表明，相较于技术动机和经济动机，企业更关注战略动机和管理动机。此外，企业还希望以此来改善客户服务，提高销售额并获取市场份额。在棒球（以及很多北美职业体育项目）的术语中，也有类似这种共创价值的例子，叫做新秀选拔制度。意思是说，在各队选拔新运动员的时候，在上一赛季中表现较差的队伍可以优先选择新运动员，这样一来，强队和弱队之间的差距就会渐渐缩小。

所以，对于每场比赛而言，处于竞争状态的队伍实际上应该相互合作，尽可能使比赛一直都很精彩，这样才能让观众一直保持兴趣。从某种意义上来说，所有的运动队伍都是在相互合作使得比赛能更精彩，吸引更多的观众。同理，在研究企业之间的合作联盟时，我们也不应过分重视创新能力和协同效应，而更应该重视与市场相关的因素，因为这才能证明合作联盟战略中，关系管理和客户服务的重要性。

考虑到企业对于不同动机的重视程度不同，不同合作联盟最后的成果也不一样。这种差异是可想而知的，因为各企业积极参与合作联盟就是为了满足自身的主要动机，实现企业的目标。

企业不仅需要正确选择组成战略联盟的合作企业，还需要确保对方有着和自己相适应的定位与档次，这样才能确保在今后的协同合作中，参与各方都能在彼此之间建立起良好的关系。令人吃惊的是，我们对一家封闭式发展企业进行的研究结果显示，尽管当初他并没有将获得更好的声誉作为首要目的之一，但最终却实现了这个计划之外的目标。

或许是因为该企业在成功扩大了市场份额的同时又降低了各种成本，这两点都是其重要发展目标。其次，该企业还成功开发了新的分销渠道，这一点在其发展目标的重要程度排名中，相对较低。看来，封闭式发展战略能够让企业更灵活地调整他们原本关于动机和目标的计划。这个结果着实令人吃惊，而且有悖于之前的战略联盟理论和封闭式发展理论。

人们不支持封闭式发展战略，是因为这种发展战略缺乏信赖度与企业道德，还存在不可控因素（例如战争、经济萧条等）。而反对战略联盟策略的人们，则认为缺乏灵活度与努力，以及过于乐观将会导致合作走向失败。对此的合理解释是，对于封闭发展战略而言，行为因素更重要；而对于战略联盟策略来说，理性因素和实际因素更加重要。此外，这还表明，当合作双方初始期望值较低时，双方的关系则越有可能变得更加稳固。最后，很多作者认为，为总体利益而进行调整的弹性和意愿对于战略联盟取得成功而言是至关重要的，因为这表明了合作伙伴愿意承担责任，履行承诺。

现在，再来和棒球的比喻对比一下，我们会发现互动和氛围（环境）质量的重要性更加突出了。很多职业棒球联盟的队伍会在官方提供的新秀以外挑选队员，于是，久而久之，这就可能会使那些经济实力较强的队伍不受实力制衡机制的制约。

对于个别队伍的竞争力而言，这当然是一件好事，不过对于整体体制（如运动项目）的未来运作而言，这可能会起到负面影响。尽管棒球的比喻并不完全同商业上的战略合作一样，但它确实可以说明，很多事情看似处于竞争状态，但站在一个更高的层面去看它时，你会发现，这其中通常是存在着合作的。另外，封闭式发展策略和联合发展战略之间存在一些相似点，这或许是由于企业更加趋向于将获得竞争优势和开发分销渠道（绕过准入壁垒）视为在国际市场中继续生存和实现差异化的手段。这也是为什么企业在组建合作联盟时会将改进顾客服务、降低成本、扩大市场份额和提高效益视为重要目标的主要原因。

尽管缺少信赖、承诺和沟通并不是联盟战略失败的五个首要潜在因素，但它们也的确在很大程度上导致了失败的结局。另外，企业不履行承诺和对其他合作方缺乏信心是合作最终失败的最主要原因，而这也再一次强调了互动和环境质量下降将会带来多大的风险。管理者想要在国际市场上寻找组建联盟的合作企业时，要非常了解对方的企业目标和他们期望通过合作达到的目的。并且要将这些信息分享给潜在合作伙伴，以确保合作是建立在共同目标基础之上的，这对于提高互动和环境的质量而言是不可或缺的。

14.3 不只是关于棒球比赛或者为何联盟战略无法理想化运作的问题

接下来我们把目光转移到银行业，这就和棒球更像了。银行是提供服务的机构，可以说它们提供的是纯服务。从本质上说，银行通过声望和信誉来盈利。本节用银行的服务来说明服务型行业获得顾客青睐在顾客关系管理中的重要性。基本上，管理和营销策略的目的是取得竞争优势（Devlin & Ennew，1997）。竞争优势会让顾客认为你的产品比竞争者的产品更值得购买。

根据 Porter（1980）的理论，有两种方法可以建立竞争优势：一种是降低生产成本，从而使价格下降；另一种是用新颖且有效的方法使你的产品具有差异性。很长时间以来，银行都试图为所有人提供完整的服务，直到 20 世纪 90 年代，瑞典的银行才意识到，想要在刚刚解禁不久的瑞士银行市场，为所有人提供全套的、完整的服务的同时，又让所有顾客都对你感到最满意是不可能的。相反，每一家独立的银行都必须提高自己的产品和服务质量来寻找新的竞争基础（Olsen，1992；Zineldin，1996）。

银行业是一个很有趣的产业，因为它曾经有着十分稳健的体系，也曾被严历管控过数十年，但是又忽然因为解禁而处于一个自由的环境中，不得不面对激烈的竞争。这样的历史背景导致了一个结果，那就是20世纪90年代，很多企业都已将注意力锁定在营销手段和消费者身上，并以此为导向了，可银行的目光却短浅了很多。那时，除银行外的很多产业都认识到了这样的现实，为了维持和建立业务关系，转型和改革是必要的。例如，很多企业发现，甚至更多的企业再次发现，在这个科技日新月异、全球竞争不断加剧的时代，和顾客建立亲密的关系实在是太有意义了。

然而，法律的变化和随之而来的不断加剧的竞争带来的最后结果是传统的老牌银行失去了相当一部分国内业务，这些客户都流入了那些本质上根本不是银行的竞争者，不过他们有着非常丰富的在高度竞争环境中运营的经验。过往已然成为历史，在新的环境中，竞争毫无疑问将会继续是一个重要因素。那些没能利用好新形势来建立和稳固自我竞争地位的银行，无异于亲手将自己送到了弱势位置。更重要的是，在极其复杂又不断变化的环境中，企业管理者和客户的思维模式也都在不断变化，比如改善服务质量这种无形的属性，并不一定需要耗费更多的资源。如果只是增加了资源的消耗，而没有改善整体服务中的其他无形因素，顾客很有可能依然认为服务质量很低。

正如本书之前所述的观点，在这样的环境中，银行会加深对顾客关系的认识，也会认识到关系管理理论强调的是营销活动的主体应该以横向功能为核心，而不是只关注自身的功能或几个部门。这将会使内部流程和顾客需求的关系加强，并使客户满意度加强，从而避免那些“以市场为导向，整合顾客服务和质量”（Christopher et al.，1991）的关系营销策略所引发的结果。

现在，我们更加深入地研究服务质量和顾客关系之间的联系。实际上，如今企业的市场竞争优势和良好的声誉很快就能转化成市场份额和利润。不过也有人认为，这样的优势基本上只能通过优秀而热忱的服务来形成，且这种服务基于对客户的欲望和需要的详细了解（Payne & Clark，1996；Zineldin & Bredenlöw，2001）。

银行业与制造业和其他服务产业的不同在于，银行不仅仅是提供产品和服务。银行与每一位客户建立“顾客关系”，其实都是在销售他们的声誉。良好的客户关系需要营销人员尽全力去创造，建立和发展优秀的价值组合，这样才能稳固关系，并与客户保持联系。简而言之，营销人员必须将他们的重要客户变成永久客户。

在这样一个科技加剧了竞争的时代，面对大量的产品（服务）需求，银行不得不重点解决改进、评估和控制产品（服务）质量和效率的问题。效率可以理解为不浪费时间和资源，并能够同时在最大程度上优化影响效率的各因素，又保证质量（Armistead，1990）。不过，质量是一个复杂而又模糊的概念（Grönroos，2000），客户满意度和客户关系的延续时间取决于客户认为产品或服务有多好，而评估结果又受到顾客对质量的最初期望值的影响。产品或服务的质量可以被分解为三个方面（Zinelidn & Bredenlöw，2001）：

（1）服务的技术质量（"是什么"）。例如，客户买了什么以及客户购买的产品或服务能否满足他的技术规格或标准。

（2）产品或服务的功能性质量（"怎么办"）。功能性质量指的是公司如何将包括客户关系管理在内的产品或服务传达给顾客。

（3）企业形象和定位的质量。公司的形象或许也会影响客户对企业战略定位及整体质量的感知。

简而言之，总体质量包括了这三个方面的质量。本质上来说，这意味着，在这样混乱的时代，客户关系管理和竞争性定位很可能是研究银行发展质量需求的好方法。在这个例子中，银行进行自我定位的目的是使自己从竞争者当中脱颖而出，从而变成某一细分市场或预期市场中最受欢迎的银行，也就是要在市场中有一个明确或独特的定位。根据 Ries 和 Trout（1986）的观点，市场定位应该从产品开始。这里说的产品可以是商品，可以是服务，可以是一家公司，一个机构甚至是一个人。但是市场定位不是取决于你生产了什么产品，而是在消费者的眼中，你生产的产品是什么样的。市场定位是企业和产品形象的综合表现，因此它只是企业活动的间接结果。

因此，市场定位是一个非常具有实用价值的营销工具，它甚至会改变人们对一个企业的形象的认识。解释一下，例如那些"虚有其表"的银行，就只会做表面功夫；而真正在做市场定位的银行，会从寻找独特定位开始一步一步做起，最后坚持自己的独特定位，并在市场中为自己和产品塑造形象。因此，市场定位是一种发现顾客心中没有被满足或缺失的状态，并在恰当的时间、合适的条件下，满足它、填补它的系统机制。简而言之，市场定位这个术语，就是说在特定的市场中，银行希望它的顾客们如何看待它，认为它有什么价值，以及它是一个什么样的形象。银行可以定位成大型银行、环球银行，以服务态度友好著称、以专业著称或以效率著称等（Zineldin，1995）。

银行可以发挥自身优势，根据风险回报收益平衡线找到最佳机会，为投资者创造价值。如果银行能够将市场定位比同一市场内的竞争者做得更好，那么它就会很有竞争力。竞争力的意思是银行一定要根据自身竞争地位、管理策略和营销策略、信息技术的使用情况、产品或服务的质量和长期顾客关系管理能力的变化，不断提升对市场考量和顾客导向的响应能力。

银行业也贴切又有力地例证了想要让企业存活，就不得不快速对外部环境的变化作出回应。此外，由于储蓄市场的稳定性不如贷款，所以进行储蓄的顾客更容易换其他银行进行储蓄。因此，银行不能仅仅提供像是借贷服务或活期账户等一种或几种服务，而应该尝试进入不同的多个新领域，例如资金管理、保理、租赁等。客户购买或使用的产品或服务越多，他们便越有可能忽略一些小问题，而持续与固定的银行保持业务往来。这个道理放到棒球上也是一样的，喜欢某个俱乐部提供的食物的粉丝，就更可能一直热衷于这个俱乐部，购买了季票的粉丝，就更有可能一直喜欢某一支球队。公司为了吸引客户，会发放一些与公司有关的小礼品。球队在状态不佳、不断输掉比赛时，也会作出这样的举动。

就像我们已经解释过的一样，市场定位可以被看作是顾客对银行和（或）银行产品的整体感知，这会涉及质量、企业形象和竞争战略定位。在顾客心中，每一个银行或产品都和其他产品有着某种微妙的关系。市场定位还关系到市场营销策略的多个方面，比如对产品类型的感知（银行可以通过市场定位，使得自己的产品在消费者的心中有别于其他银行的同类产品）、对质量的感知（银行可以通过市场定位给顾客以一种独特又让人感到舒适的形象）或者对价格的感知。

然而，由于市场定位给顾客提供了一个从市场上同类可替换产品中进行选择的基础，所以市场定位对于消费者而言意义重大，这就使我们需要研究了解消费者是如何从市场内同类竞争银行中注意到和选择了某一家银行的。当请顾客描述他们对于自己所选择的银行和其他银行的第一印象时，他们的回答显示，那些20世纪90年代的老牌银行，都已经成功找到了自己的独特定位。比如，斯安银行（S－E Banken）明确定位为大型银行，瑞典商业银行（Handelsbanken）定位为（产品或服务）质量突出型银行，瑞典北方银行（Nordbanken，也就是如今的北欧联合银行，Nordea）和瑞典联合储蓄银行（Förenings Sparbanken，如今的瑞典银行 Swedbank）都定义为家族银行。大多数的国外银行并不出名。调查中，客户最常见的描述如表14.1所示。

表 14.1　　客户对各竞争银行看法的关键因素

市场定位/银行编号	1	2	3	4	5	6	7
市场领导者	13	12	—	—	—	—	—
市场挑战者	—	—	13	12	—	—	—
市场利基者	—	—	—	—	4	13	14
科技领先型银行（包括手机银行和网络银行）	9	8	12	—	—	—	—
服务银行	9	4	6	5	3	—	—
产品或服务的质量出色型银行	18	20	7	5	4	—	—
本国或国有银行	8	7	6	—	11	13	10
地区性银行	—	4	11	7	18	33	10
专为家族服务型银行	—	8	20	—	18	13	10
专为中小企业服务型银行	—	8	—	17	28	6	10
大型银行	33	19	7	—	—	—	—

注：1. 北欧斯安银行（Skandinaviska Enskilda Banken or SEB）；2. 瑞典商业银行（Svenska Handelsbanken）；3. 瑞典联合储蓄银行（Förenings Sparbanken）；4. 北欧商业银行集团（Merita Nordbanken）；5. 丹麦丹斯克银行（Den Danske Bank，Östgöta Enskild bank，Bohusbanken）；6. 普斯特盖洛特银行（Postgirot Bank）；7. JP 银行（JP Bank）。

如前所述，在这个撤销了银行管制的社会，选择一个独特而正确的市场定位，让自己脱颖而出，是银行得以生存和走向成功的关键举措。

以往的研究及其结果大多表明，方便的地理位置是顾客进行选择的决定性因素。这个结果好像和撤销管制以前的情况一样。不过，一些调查也的确在一定程度上解释了：在未来，什么会成为顾客对市场定位感知的主要因素。

在顾客看来，账户和交易的正确性与仔细程度（4.60）、改正错误的效率（4.20）以及员工的友善度和有益性（4.12）明显成为顾客选择银行的最主要的因素。不过，这个结果意味着由于人们如今十分看重银行工作人员的表现，那么相较于以往最重要因素的营销活动而言，“功能性品质”变得更加重要了。

此外，调查结果还表明，接待人员的表现、银行的口碑情况（声誉）和电子化服务的水准可能会弥补诸如全面服务（3.10）、首次使用辅助服务的体验，多设备服务的情况（2.12）和“技术性品质”等因素的不足。功能性品质指的是顾客如何获得服务，而技术性品质指的是顾客得到了什么。另外，由于大部分银行提供的产品或服务基本一致，这就使得像是他人推荐、广告、全面服务和辅助服务与多终端服务之类的因素，对于银行选择而言没有那么重要了。表 14. 2 总结了银行选择的十大决定因素。排位顺序依照分数高低，而非频率。

表 14. 2　　　　银行选择的十大决定因素

因素	各因素重要性排名（得分采用五分制）	排名	重要程度/(%)
账户或交易能够被仔细且准确地操作	4. 60	1	72
修正错误的效率	4. 20	2	67
员工的友好度和有益性	4. 12	3	64
电话和网络银行服务	3. 87	4	52
贷款额度	3. 84	5	48
服务费用的竞争力	3. 62	6	46
营业时间	3. 26	7	41
贷款业务洽谈高度灵活	3. 20	8	39
贷款利息的竞争力	3. 17	9	36
声誉	3. 12	10	28

很明显，包括客户关系管理和顾客希望得到什么样的银行服务（友善且有用，账户和交易的准确性和仔细性，修正错误的效率，服务速度和决策速度）在内的与功能性相关的因素变得更为重要。与我们预料的一样，价格竞争力的重要性远不及手机、网络银行之类的服务。

显然，价格或成本因素在银行业并不是最重要的因素。因为银行服务是通过与顾客互动完成的，顾客选择哪一家银行主要取决于他们对银行潜在服务的感知。当顾客对某一服务的期待与管理者认为顾客会需要因此提供的服务之间存在差异时，感知服务质量与顾客满意度便都会下降。

表 14. 2 所说明的道理，放到棒球比赛的例子中来，说明了观众最关注的其实是比赛本身。因为你去棒球场看球，无非就是想看一场精彩的棒球比赛。当然，关于可参与性的因素也很重要，因为人们肯定是在休闲时间或没有其他安排的时间才会去现场看比赛。美国职业棒球联盟便考虑到了这一点，在旺季的时候，安排很多场比赛。相较于其他几大因素而言，顾客对企业声誉度的关注是最低的。这就很像对于你喜欢的球队和球员，无论他们是否在某几场比赛中发挥失常或在非比赛日因酒驾被处罚，你都依旧喜欢他们。

总而言之，银行可以通过产品或服务质量、客户关系管理和差异性来确立自身的竞争定位。至少在实践层面，市场定位意味着企业要不断尝试将产品或服务设计得极具吸引力，且适合顾客。这样的设计会影响顾客满意度、生产率和效率。竞争地位决策对于战略和管理来说，实在是太重要了。进行市场定位，必须考虑到其他商业活动，并对它们进行详密地安排和协调，并非仅仅关注销售、服务或是向人们推销。

从管理的角度来看，竞争力和竞争地位明显是企业市场营销、顾客关系管理、产品或服务质量、沟通、员工素质、私下关系等关键因素。具有较高的产品或服务质量可以帮助企业保留现有客户，吸引新客户和新商机。竞争力使银行愿意在合理成本内提供高质量的产品或服务。有证据表明，高质量能够帮助企业得到竞争优势，从而提高利润。因为有了竞争优势，市场份额就会增加，市场份额增加，就会带来更多的利润与规模经济。质量和差异性使银行得以为顾客提供一些独特的产品或服务。因此，高质量的产品或服务以及差异性是银行根据目标客户占领独特地位的关键所在。

14.4 赢得客户并获取经验

了解前文所述内容，让我们继续探讨一下高等教育中，高服务内涵与员工和顾客之间强大的相互作用的问题。

很少有人研究过技术性品质和功能性品质之间的联系，也很少有人研究高等教育中学生的满意度情况（Zineldin，Akdag & Vasicheva，2011a）。如今，越来越多人认为，学生也是顾客。现在的大学不仅是在国内范围，也在国际范围内争夺客户，比如学生。随着竞争愈演愈烈，大学为了招收新生和留住现有学生，都更加重视提高学生满意度并减少他们的负面评价。为了做到这一点，与“校园生活”相关的各类服务，都必须达到一定水准。一般来说，绝大部分对于服务业的研究都只关注服务质量和满意度之间的联系（e. g. Parasuraman et al.，1994；Bettencourt，1997；Zineldin，2000；Cruickshank，2003），却并没有研究环境、互动和基础设施这三方面是如何影响学生总体感知和满意度的。

如本书前面所讲，一提到服务业的质量评价，人们立刻就会想到5Q模型，而这些因素是5Q模型中的核心问题。从本质上讲，因为学生是评判他们是否有感知到品质以及是否满意的唯一标准，所以学生满意度调查一定要遵循诚信原则，并且教育机构要承诺，他们会根据调查结果，来改善高等教育(Douglas et al.，2006)。

然而，现在高等学府都认识到，高等教育并不仅仅是服务业，它同时还“孕育”和延续知识，比如，在这里，师生用批判的视角反思我们的社会，而这对于参与其中的人们来说，是极其有意义的时刻。因此，让学生参与课程设计、开发与评价，将会让教育工作者对学生学习情况和知识掌握情况有一个更深、更直观的了解（Gapp & Fisher，2006）。

20世纪80年代时，教育业和其他产业都存在很多问题，官方认证和审核程序的不健全、一直没有改善的低质量、新兴管理技术的出现再加上成本的提高，使得教育工作者开始重新审视基于认证和标准的质量控制体系（Morgan & Murgatroyd，1994；Roberts & Schyve，1990)。高校开始试验持续质量改进理论和全面质量管理理论等工业中的理论（Blumenfeld，1993；Koeck，1997)。与此同时，认证体系将关注点从检查扩大到了推进质量改进（Roberts & Schyve，1990)。全面关系管理理论突出了质量和顾客（学生）服务的作用以及外部环境对于规则与表现、关系与合作、与来自不同部门（职务）的人的沟通与互动等方面的影响。5Q模型认为，学生满意度是累积而成的，它包括学生对于大学各个方面的满意度，像是技术性的、功能性的、基础设施性的、互动方面的以及环境方面的变量或实物。根据这一点，土耳其的高等学府为改善教育系统的目标与质量提供了具体的原则与方案。

根据土耳其的案例，我们可以说5Q模型对于评估和管控教育质量以及让教师们搞清楚学生真正想要也需要提高的是什么而言，具有有效的诊断作用。

这不仅为大学提供了计划，同时还激励了大学和教师更加积极地让学生参与到服务产品（教育）的创造中来。一个对于5Q模型内容的研究表明，在教育界，知识、灵感、动力、批判思维和激励是最重要的。这并不让人出乎意料，因为学生会影响互动的发生以及在哪里发生。此外，真正的教学不仅是让来上课的学生变成授课内容的接收者，还要让他们参与到授课过程中来。

因此，在描述全面关系管理和大学5Q模型的过程中，决策者将会明白，大学的质量如何，不是学校说了算的，而是学生说了算的。首先，采取全面关系管理策略是为了让教职工更好地理解其主要思想体系，再加上质量管理对高等教育是如此重要，所以，综合评估体系以及基于5Q模型，用5个关键质量管理要素进行评估的稽核工具才会得以建立并使用。将学生满意度进行建模，变成一个5Q（5个高阶质量维度）函数，并结合全面关系管理的45个独立变量。

Q1：事物的质量，或技术性的“是什么”质量。它与教育的基础核心有关，还和以技术因素为中心的教育主要目标、方法、课程或方案有关。

Q2：流程的质量，或技术性的“如何”质量。在这里，它会解决如何将事物的信息（讲座、研究班、个性、灵活性、创造性、实习、考试形式等）传达出去，以及如何评估教学活动进展的状况。总之在评估高等教育时，这些过程指标应该受到更多重视。教授、主任、校长以及其他员工都可以在他们的设备上用过程指标监管各项活动，还可以据此进行每天的决策。它还是学生态度和知识消化率与产生的共鸣感的一种表现形式。

Q3：基础设施的质量，包括有形的和无形的（能力水平、经济水平、技术水平、人力资源、自我评估、课程评价等）。教育机构的基础设施暗示了学校对基础设施的关心程度和满意程度。它和内部能力、技术、态度、动力、经验、专业知识、科技、内部关系、活动以及这些活动是如何被管理、协调的，以及活动参与方是如何合作的。我们要考虑到这些指标，因为缺少了这些因素中的任意一项，都无法打造高质量的教育。Price 等（2003）也发现，大学的硬件设施会影响学生的满意度，如 Q3。如果高校要发展，要将其实力的各个组成因素融入综合教育战略中，那么内部资源就非常重要。例如，科技水平可以衡量高校通过通信网络进行信息处理的方式，比如校园门户网站。

Q4：沟通和互动（员工和员工之间、员工和领导之间、学生和老师之间、学生和学生之间等）的质量能反应信息交换（导师、讲座、会议、监管、问题和考试的反馈、体检的时间和精准度、考试成绩甚至是社会性问题）的质量。沟通则能通过评估学校如何协调服务方法来改进教育和研究的质量，去评价学校的交互系统。这里，我们也应该考虑到各种形式的社会交换。满意度会受课程或考试之前、当中和之后的充分讲解与指导的影响。讲座对于激发学生批判思维的能力也是最重要的问题之一。事实上，过多的教职员工会导致工作以外的交流与互动减少。这无疑是高校面对的最严重的挑战之一。

Q5：氛围的质量（优质文化、集体利益、集体目标、决策环节中员工的参与程度、责任感、信赖度、承诺、权威、组织结构等）。各部门之间的关系和互动受他们工作与合作的特定氛围影响。氛围指标是十分重要的，不够坦诚，不够友善的氛围意味着教育质量的低下。5Q 模型也考虑到了学生的课业，学生也应该评估自己的学业表现。从心理学角度来看，如果人们做错了什么事，就会产生愧疚感，而面对这种愧疚感，人们通常会选择逃避。因此，如果学业出现问题，学生更倾向于责怪老师而不是自己，这也是学生评价的客观性难以得到保证的一个主要问题。如果让他们同时评价自己和老师的表现，这个问题可能在一定程度上被缩小。

根据 Zineldin 的全面关系管理模式，高校应该关注所有的活动，包括与员工、其他利益相关方以及合作方之间的内部和外部关系。主要目标是传递高功能性品质和高技术性品质的服务，做到价格合理，响应迅速，同时帮助企业明确目标短期利润和长期利润、企业发展和竞争优势。因此，责任在于企业的领导力，比如激励员工，让员工利用好全面关系管理这一工具，实现真正的全面质量服务环境。

14.5 快球或曲线球有时都不是明智的选择

现在让我们重新看本章开始时的比喻，此时此刻，要通过这个例子学到的东西是，将全面关系管理的概念和价值评估的5Q 模型相结合时，快球和曲线球策略或许会让我们忽略最重要的影响因素。在棒球赛中，一些投球手会尝试用快球打败对手，有的会用曲线球策略来以智取胜，还有一些（通常也是最成功的人）会选择将二者结合。不过，从球队的角度来看，比赛的过程和结果仅仅是整个活动的价值创造中的一个方面。在美国，棒球赛是家庭活动或者友好型活动，基本不会出现体育流氓行为，也不会受到其他干扰。

球队、裁判、观众、餐饮服务商、评论员以及其他人都想让每一场比赛都能变成一段令人难忘的回忆。因此，某种程度上来说，处于竞争中的队伍会在竞争的同时，相互合作为顾客带来更多的价值。银行和这很像，因为银行的成就、可访问性与声誉会给它的客户留下第一印象。作为一名观众，你希望选手和经理能够在比赛中发挥出比较高的水准，而声誉会在一定程度上影响你的这种期待值。然而，绝大多数人不会因为俱乐部或银行一时的盈亏而不再忠于它，但会影响人们下一次还是否愿意付费来观看比赛。最后，根据对高等教育的说明，感知价值绝不仅受师生之间的互动性质与层次影响，也会受其他因素（比如球场例子中的观众）的行为影响。我们要记住一点，就像评论员会在比赛开始时说的一样，我们正在赛场进行“直播”！

参考文献

[1] Abell, D., Hammond, J. Strategic Market Planning: Problems and Analytical Approaches [J]. *Journal of Marketing*, 1979, 44 (3): 131.

[2] ABN. AMRO Holding, N. V. Annual Report, Amsterdam. Abned, J. Eating and Breathing Customer Needs [J]. *Bobbin*, 1992: 20 - 24.

[3] Abratt, R. A New Approach to the Corporate Image Management Process [J]. *Journal of Marketing Management*, 1989, 5 (1): 63 - 76.

[4] Achrol, R. Evolution of the Marketing Organization: New Forms for Turbulent Environments [J]. *Journal of Marketing*, 1991 (12): 77 - 93.

[5] Agrawal, M. L. Customer Relationship Management (CRM) and Corporate Renaissance [J]. *Journal of Services Research*, 2004, 3 (2): 149 - 171.

[6] Aijo, T. The Theoretical and Philosophical Understandings of Relationship Marketing: Environmental Factors Behind the Changing Marketing Paradigm [J]. *European Journal of Marketing*, 1996 (30): 2.

[7] Alajoutsijarvi, K, Moller, K, Tahtinen, J. Beautiful Exit: How to Leave Your Business Partner [J]. *European Journal of Marketing*, 2000, 34 (11/12): 1270 - 1290.

[8] Allaire, Y. Some Marketing Thoughts on Competition Between Banks and Near Banks [J]. *Institute of Canadian Bankers Review*, 1972, 5 (11): 1.

[9] Allen, R. Quick Response: Inventory Management Impact on Manufacturing [J]. *American Production & Inventory Control Society*, *Conference Proceeding*, 1994: 638 - 643.

[10] Alexander, K. L. & Payne, S. US Air: This "Dog" May Be Having Its Day-The Linkup with BA is Working and Wall Street is Impressed [J]. *Business Week*, 1993, (6): 74 - 76.

[11] Altman, I. & Taylor, D. A. *Social Penetration: The Development of Interpersonal Relationships* [M]. New York: Holt, Rinehart and Winston, 1973.

[12] Anderson, A. R. Paradox in the Periphery: An Entrepreneurial Reconstruction? [J]. *Entrepreneurship and Regional Development*, 2000, 12 (2): 91-109.

[13] Anderson, J. C., HåKansson, H. & Johanson, J. Dyadic Business Relationships Within a Business Network Context [J]. *Journal of Marketing*, 1994, 58 (10): 1-15.

[14] Anderson, J. C. & Narus, J. A. A Model of Distribution Firm and Manufacturer Firm Working Partnership [J]. *Journal of Marketing*, 1990, 54 (1): 42-58.

[15] Andersson, G. & Larsson, R. G. *Granslost Vardeskapande - Strategisk Ekonomistyrning Vid Konfigurering Av Vardesystem* [M]. Lund, Studentlitteratur, 2006.

[16] Andrews, K. R. *The Concept of Corporate Strategy* [M]. Richard D Irwin, 1987.

[17] Armistead, C. *Productivity and Quality in Service Operations* [A]. Teare, R., Moutinho, L., Morgan N. *Managing and Marketing Services in the* 1990S [C]. London: Cassell Educational Limited, 1990.

[18] Arnould, E. J. & Price, L. L. River Magic: Extraordinary Experience and the Extended Service Encounter [J]. *Journal of Consumer Research*, 1993, 20 (1): 24-45.

[19] Assael, H. *Marketing Management: Strategy and Action* [M]. Boston, Massachusetts, Kent Publishing Company, 1985.

[20] Asser, et al. *Zero Defections: Quality Comes to Services* [A]. Lovelock, C. *Managing Services, Marketing, Operations and Human Resources* [C]. New Jersey: Prentice-Hall, 1992.

[21] Balmer, J. M. T. & Gray, E. R. Corporate Identity and Corporate Communications: Creating a Competitive Advantage [J]. *An International Journal*, 1999, 4 (4): 171-176.

[22] Bampo, M., Ewing, M., Mather, D., Stewart D. & Wallace, M. The Effects of the Social Structure of Digital Networks on Viral Marketing Performance [J]. *Information Systems Research*, 2008, 19 (3): 273-290.

[23] Banwet, D. K., Datta, B. A Study of the Effect of Perceived Lecture Quality On Post-Lecture Intentions [J]. *Work Study*, 2003, 52 (5): 234-243.

[24] Bansal, H. S., Mcdougall, G. H., Dikolli, S. S. & Sedatole, K. L. Relating E-Satisfaction to Behavioral Outcomes: An Empirical Study [J]. *Journal of Services Marketing*, 2004, 18 (4): 290 –302.

[25] Barbalet, J. M. *Citizenship* [M]. Minneapolis, University of Minnesota Press, MN, 1988.

[26] Bayraktar, E., Tatoglu, E. & Zaim, S. An Instrument for Measuring Theoretical Factors of TQM in Turkish Higher Education [J]. *Total Quality Management and Business Excellence*, 2008, 19 (6): 551 –577.

[27] Beamish, P. W. The Characteristics of Joint Ventures in Developed and Developing Countries [J]. *Columbia Journal of World Business*, 1985, 20 (3): 13 –19.

[28] Becket, N., & Brookes, M. Evaluating Quality Management in University Departments [J]. *Quality Assurance in Education*, 2006, 14 (2): 123 –142.

[29] Beland, D. Insecurity, Citizenship and Globalization: The Multiple Faces of State Protection [J]. *Sociological Theory*, 2005, 23 (1): 25 –41.

[30] Bell, M. *Marketing: Concepts and Strategy* [M]. Houghton Mifflin Company, Boston, 1996.

[31] Bengtsson, M. & Kock, S. *Tension in Co-Opetition, C&C, Paper Presented at the* 1*st International Conference on Cooperation & Competition* [D]. Vaxjo University, Vaxjo, 2000.

[32] Bergstedt, A. & Nilsson, J. *What'S Your Story? –Stories' Effect on Corporate Image* [D]. Graduation Thesis, Linnaeus University, Sweden, 2010.

[33] Bernstein, D. *Image Och Verklighet-Om FöEtagskommunikation* 1*st Edition* [M]. Werner Soderstrom OY, Borga, Sweden, 1985.

[34] Berry, L. L., Zeithaml, V. A., Parasuraman, A. *Five Imperatives for Improving Service Quality, In Managing Services* [A]. Lovelock, Ch. H. *New Jersey Marketing Operations and Human Resources* [C]. Prentice Hall, 1994: 224 –235.

[35] Berry, M. & Keyser, W. Business and Ethics, In Stacey, R. (ed.) [J]. *Strategic Thinking and the Management of Change*, 1993.

[36] Berry, L. L., Shostack, G. L. & Upah, G. D. (eds.) Emerging Perspective on Service Marketing [J]. *American Marketing Association*, 1983: 25 –28.

[37] Berry, L., Relationship Marketing of Services – Growing Interest, Emerging Perspective [J]. *Journal of the Academy of Marketing Science*, 1983, 13

(4): 236 -245.

[38] Bertrand, K. Marketing's Just - In - Time Mandate [J]. *Business Marketing*, 1995 (11): 44 -54.

[39] Bettencourt, L. Customer Voluntary Performance, Customer as Partners in Service Delivery [J]. *Journal of Retailing*, 1997 (37): 383 -406.

[40] Bhattacharya C. B. & Sen, S. Consumer - Company Identification: A Framework for Understanding Consumers' Relationships with Companies [J]. *Journal of Marketing*, 2003, 67 (2): 76 -88.

[41] Biggs, J. Teaching for Quality Learning at University [J]. *Mcgraw - Hill*, 2003, 40 (100): 374 -376.

[42] Bigliardi, B., Ivo Dormio, A. & Galati, F. Successful Co-Opetition Strategy: Evidence from an Italian Consortium [J]. *International Journal of Business, Management and Social Sciences*, 2011, 2 (4): 1 -8.

[43] Billing, A. Ikea Tappar Mark I Sverige - Raset Tvingar Tillverkare I Konkurs [J]. *Stockholm, Dagens Industri*, 1996 (7): 7.

[44] Birnbaum, R. The Life Cycle of Academic Management Fads [J]. *Journal of Higher Education*, 2000, 7 (1): 1 -16.

[45] Blattberg, R. C. & Deighton, J. Interactive Marketing: Exploiting the Age of Addressability [J]. *Sloan Management Review*, 1991, 33 (1): 5 -14.

[46] Blattberg, R. C., Glazer, R. & Little, J. D. (eds.). *The Marketing Information Revolution* [M]. Boston: Harvard Business School Press, 1994.

[47] Boulos M. N., Maramba I. & Wheeler S., et al. Wikis, Blogs and Podcasts: A New Generation of Web-Based Tools for Virtual Collaborative Clinical Practice and Education [J]. *BMC Medical Education*, 2006, 6: 41.

[48] Bonn, B. & Nyquist, J. L. *Analyzing the Customer/Firm Communication Components of the Service Marketing Mix*, The Marketing of Services, AMA Proceedings, Chicago, IL.

[49] Booms, B. H. & Bitner, M. J. *Marketing Strategies and Organization Structure for Service Firms* [A]. Donnelly J. H. & George, W. R. (eds.). *Marketing of Services* [C]. American Marketing Association, Chicago, 1982: 47 -51.

[50] Bourdieu Pierre. *Distinction - A Social Critique of the Judgement of Taste* [M]. Routledge, New York and London, 2007.

[51] Bourdieu, P. *The Forms of Capital* [M]. Handbook of Theory and Re-

search for the Sociology of Education. J. Richardson. Westport, Conn, Greenwood Press, 1986.

[52] Bourdieu, Pierre. *Outline of a Theory of Practice* [M]. Cambridge: Cambridge University Press, 2003.

[53] Broadbent, M. & Weill, P. Management by Maxim: How Business and IT Managers Can Create IT Infrastructures [J]. *Sloan Management Review*, Spring, 1997: 77 -92.

[54] Borden, N. H. The Concept of Marketing Mix [J]. *Journal of Advertising Research*, 1964.

[55] Bowersox, D. J, Daugherty, P. J, Dro. Ge, C. L, Germain, R. N, Rogers, D. S *Logistical Excellence: It'S Not Business as Usual* [M]. Digital Press, Burlington, MA, 1992.

[56] Brigham, M., Corbett, J. M. E-Mail, Power and the Constitution of Organisational Reality [J]. *New Technology, Work and Employment*, 1997, 12 (1): 25 -35.

[57] Brodie, R., Coviello, R., Brookes, R. & Little, V. Towards a Paradigm Shift in Marketing? An Examination of Current Marketing Practices [J]. *Journal of Marketing Management*, 1997 (13): 383 -406.

[58] Brookes, R. The New Marketing, Gower Press, 1988.

[59] Brown, J., Johnson, J. & Koenig, H. Marketing the Sources of Marketing Channel Power: A Comparison of Alternative Approaches [J]. *International Journal of Research in Marketing*, 1995, 12: 333 -354.

[60] Brucellaria, M. Strategic Alliances Spell Success [J]. *Management Accounting*, 1997, 77 (7): 16

[61] Brynjolfsson, E., Hitt, L. Paradox Lost? Evidence on the Returns to Information Systems Spending [J]. *Management Science*, 1996, 42 (4): 541 -558.

[62] Buckingham Bloom, B. *Taxonomy of Educational Objectives* [M]. Handbook 1: Cognitive Domain, Longman, London, 1956.

[63] Bussgang, J. & Spar, D. Ruling the Net [J]. *Harvard Business Review*, 1996 (516): 125 -133.

[64] Buzzell, R. & Ortmeyer, G. Channel Partnerships Streamline Distribution [J]. *Sloan Management Review*, 1995: 85 -96.

[65] Byrne, J. The Virtual Corporation [J]. *Business Week*, 1993 (2): 36 -41.

[66] Campbell, N. C. G. & Cunningham, M. T. Customer Analysis for Strategy Development in Industrial Markets [J]. *Strategic Management Journal*, 1983 (4).

[67] Carroll, J. M. *HCI Models, Theories and Frameworks-Towards a Multi-disciplinary Science* [M]. Morgan Kaufmann Publishers, San Francisco, CA, 2003.

[68] Carter, A. *The Political Theory of Global Citizenship* [M]. Routledge, London, 2001.

[69] Cascio, W. F. *Costing Human Resources – The Financial Impact of Behavior in Organizations* [M]. 4th. South – Western College Publishing, 2000.

[70] Cash, J., Mcfarlan, F., Mckenney, J. & Applegate, L. *Corporate Information Systems Management* [M]. 3rd Ed., Homewood, IL., Irwin, 1992.

[71] Chapman, R. Murray, P, Mellor, R. Strategic Quality Management and Financial Performance Indicators [J]. *International Journal of Quality & Reliability Management*, 1997, 14 (4): 432 – 448.

[72] Chaston, I., Mangles, T. Relationship Marketing in Online Business-To-business Markets – A Pilot Investigation of Small UK Manufacturing Firms [J]. *European Journal of Marketing*, 2003, 37 (5/6): 753 – 773.

[73] Chayanov. *On the Theory of Non-Capitalist Economic Systems* [A]. *ed. D. Thorner. The Theory of Peasant Economy* [C]. Homewood, IL: Richard D. Irwin, Inc, 1966.

[74] Chia, J. Is Trust a Necessary Component of Relationship Management? [J]. *Journal of Communication Management*, 2005, 9 (3): 277 – 285.

[75] Christensen, L. T. & Askegaard, S. Corporate Identity and Corporate Image Revisited – A Semiotic Perspective [J]. *European Journal of Marketing*, 2001, 35 (3): 292 – 315.

[76] Christiaanse, E., Van Diepen, T., Damsgaard, J. Proprietary Versus Internet Technologies and the Adoption and Impact on Electronic Marketplaces [J]. *Journal of Strategic Information Systems*, 2004 (13): 151 – 165.

[77] Christopher, M., Panyne, A. & Ballantyne, D. *Relationship Marketing: Bringing Quality, Customer Service and Marketing Together* [M]. Butterworth – Heinemann, Oxford, 1991.

[78] Christopher, M. & Mcdonald, M. *Marketing: An Introductory Text* [M]. Macmillan Business, 1995.

[79] Clemmensen, T. Whatever Happened to the Psychology of Humancomputer Interaction? [J]. *A Biography of the Life of a Psychological Framework within a HCI Journal*, *Information Technology & People*, 2006, 19 (2): 121 -151.

[80] Clemmensen, T. Four Approaches to User Modelling-A Qualitative Research Interview Study of HCI Professionals' Practice [J]. *Interacting with Computers*, 2004, 16 (4): 799 -829.

[81] Constantinides. E. & Fountain, S. J. Web 2.0: Conceptual Foundations and Marketing Issues, Journal of Direct [J]. *Data and Digital Marketing Practice*, 2008 (9): 231 -244.

[82] Copulsky, L. & Wolf, M. Relationship Marketing: Positioning for the Future [J]. *The Journal of Business Strategy*, 1990 (718): 16 -20.

[83] Craft, A. The JIT Customer - Vendor Marriage, The Just - In - Time Newsletter [J]. *Association for Manufacturing Excellence*, *December* , 1984 (12): 18 -22.

[84] Crosby, L. A. Exploding Some Myths About Customer Relationship Management [J]. *Managing Service Quality*, 2002, 12 (5): 271, 277.

[85] Crosby, L. & Stephens, N. Effects of Relationship Marketing on Satisfaction, Retention, And Prices in the Life Insurance Industry [J]. *Journal of Marketing Research*, 1987 (24): 404 -411.

[86] Cruickshank, M. Total Quality Management in the Higher Education Sector: A Literature Review from an International and Australian Perspective [J]. *TQM & Business Excellence*, 2003, 14 (10): 1159 -1167.

[87] Cunningham, P. Problems and Perspectives in Management [J]. *Problems and Perspectives in Management*, 2004 (3): 170 -180.

[88] Cusumano, M. , Takesihi, A. Supllier Relations and Management: A Survey of Japanese, Japanese-Ransplant and US Auto Plants [J]. *Strategic Management Journal*, 1991 (12): 563 -588.

[89] Daugherty, P. J. Review of Logistics and Supply Chain Relationship Literature and Suggested Research Agenda [J]. *International Journal of Physical Distribution & Logistics Management*, 2011, 41 (1): 16 -31.

[90] Day, G. *Strategic Market Planning*: *The Pursuit of Competitive Advantage* [M]. St. Paul, MN: West Publishing, 1984.

[91] Day, G. S. The Capabilities of Market-Driven Organizations [J]. *Journal*

of Marketing, 1994 (58): 37 –52.

[92] Day, R. *Quality Function Deployment: Linking a Company with Its Customer* [M]. Milwaukee: A SQC Quality Press, 1993.

[93] Deighton, J. Commentary On: Exploring the Implications of the Internet for Consumer Marketing [J]. *Journal of Academy of Marketing Science*, 1997, 25 (4): 347 –351.

[94] Deming, E. *Out of the Crisis* [M]. Cambridge University Press, Cambridge, 1986.

[95] Devlin, J. & Ennew, C. Understanding Competitive Advantage in Retail Financial Services [J]. *International Journal of Bank Marketing*, 1997, 15 (3): 73 –82.

[96] Dibb, S., Simkin, L., Ferell, O. & Pride, W. *Marketing Concepts and Strategies* [M]. Houghton Miffin, Boston, 2006.

[97] Dibb, S., Smink, I., Pride, W. & Ferell, O. *Marketing* [M]. Houghton Miffin, 1997.

[98] Dickson P., *Marketing Management*, *Fort Worth* [M]. The Dryden Press, 1994.

[99] Di Maggio, P. J. & Powell, W. W. The Iron Cage Revisited: Institutional Isomorphism and Collective Rationality in Organizational Fields [J]. *American Sociological Review*, 1983 (48): 147 –160.

[100] Dixon D. F. & Blois K. J. "Some Limitations of the 4 P'S as a Paradigm for Marketing", In Back to Basics, Proceedings of the Marketing Education Group [J]. *Cranfield School of Management*, 1983: 92 –107.

[101] Dobb, M. Chayanov: The Theory of Peasant Economy [J]. *The Economic Journal*, 1968, 78 (310): 469 –471.

[102] Dobelea, A., Tolemanb, D. & Beverlandb, M. Controlled Infection! Spreading the Brand Message Through Viral Marketing [J]. *Business Horizons*, 2005 (48): 143 –149.

[103] Douglas, J., Douglas, A. & Barnes, B. Measuring Student Satisfaction At a UK University [J]. *Quality Assurance in Education*, 2006, 14 (3): 251 –267.

[104] Donnelly, Jr., Berry, L. & Thompson, T. *Marketing Financial Services –A Strategic Vision* [M]. Homewood: Illinois, 1985.

[105] Downey, S. M. The Relationship Between Corporate Culture and Corpo-

rate Identity[J]. *Public Relations Quarterly*, 1986, 31 (4): 7 - 12.

[106] Dressler, S. *Strategy*, *Organizational Effectiveness and Performance Management*: *From Basics to Best Practices* [M]. Linited States: Universal Publishers, 2004.

[107] Driscoll, C., Wicks, D. The Customer-Driven Approach in Business Education: A Possible Danger? [J]. *Journal of Education for Business*, 1998, 74 (1): 58 - 61.

[108] Drummond, H. *The Quality Movement – What Total Quality Management is Really All About*! [M]. Kogan Page Limited, London, 1992.

[109] Drucker, P. F. *The Practice of Management* [M]. London: Heinemann, 1963.

[110] Drucker, P. *Management*: *Tasks*, *Responsibilities*, *And Practices* [M]. Harper Business, 1913.

[111] Drumwright, M. E. & Murphy, P. E. The Current State of Advertising Ethics: Industry and Academic Perspectives [J]. *The Journal of Advertising*, 2009, 38 (1): 83 - 107.

[112] Dube, L., Bourhis, A., Jacob, R. *The Impact of Structuring Characteristics on the Launching of Virtual Communities of Practice* [J]. Journal of Organizational Change Management, 2005, 18 (2): 145 - 166.

[113] Duck, S. *Toward a Research Map for the Study of Relationship Breakdown* [A]. Duck, S, Gilmour R. (eds), *Personal Relationships* 3: *Personal Relationships in Disorder* [C]. Academic Press, London, 1981.

[114] Duck, S. *A Topography of Relationship Disengagement and Dissolution* [A]. In Duck, S (eds). *Personal Relationships* 4: *Dissolving Personal Relationships* [A]. Academic Press, London, 1982.

[115] Durrenberger, E. P. & Tannenbaum, N. Household Economy, Political Economy, And Ideology: Peasants and the State in Southeast Asia [J]. *American Anthropologist*, *New Series*, 1992, 94 (1): 74 - 89.

[116] Dutton, J. E., Dukerich, J. M. & Harquail, C. V. Organizational Images and Member Identification [J]. *Administrative Science Quarterly*, 1994, 39 (2): 239 - 263.

[117] Dutton, J. E. & Dukerich, J. M. Keeping an Eye on the Mirror: Image and Identity in Organizational Adaptation [J]. *Academy of Management Journal*,

1991, 34 (3): 517 -554.

[118] Dwyer, F. R. & Lagace, R. R. *On the Nature and Role of Buyer – Seller Trust*, *AMA Summer Educators Conference Proceedings* [M]. T. Shimp et al. (eds.), American Marketing, Chicago, 1986.

[119] Dyer, J. H. , Ouchi, W. G. Japanese-Style Partnerships: Giving Companies a Competitive Edge [J]. *Sloan Management Review*, 1993: 51 -63.

[120] Dwyer, F. , Schurr, P. & Oh, S. Developing Buyer – Seller Relationships [J]. *Journal of Marketing*, 1987, 51 (2): 11 -27.

[121] Easton, G. *Industrial Networks: A Review*, *In Industrial Networks: A New View of Reality* [M]. Axelsson, B. & Easton, B. (eds.), London, Routledge, 1992.

[122] Edmunds, M. , Strachand, D. & Vriesendorp, S *Client-Responsive Family Planning: A Handbook for Providers* [M]. Watertown: Massachusetts, Pathfinder Fund, 1987.

[123] Rodney Edvinsson, R. *Growth*, *Accumulation*, *Crisis with New Macroeconomic Data for Sweden* 1800 -2000 [M]. Almqvist & Wiksell International Stockholm, 2005.

[124] Ekeledo, I. , Sivakumar, K. The Impact of E-Commerce on Entrymode Strategies of Service Firms: A Conceptual Framework and Research Propositicanons [J]. *Journal of International Marketing*, 2004, 12 (4): 46 -70.

[125] Ellram, L. Life – Cycle Patterns in Industrial Buyer – Seller Partnerships [J]. *International Journal of Physical Distribution & Logistics Management*, 1991, 21 (9): 12 -21.

[126] Ellram, L. A Managerial Guideline for the Development and Implementation of Purchasing Partnerships [J]. *International Journal of Purchasing and Materials Management*, 1991, 27 (3): 2 -8.

[127] Elmuti, D. , Kathawala Y. An Overview of Strategic Alliances [J]. *Management Decision*, 2001, 39 (3): 205 -218.

[128] Elton, L. Dimensions of Excellence in University Teaching [J]. *International Journal for Academic Development*, 1998, 3 (1): 3 -11.

[129] Jan. *OTC Healthcare in Kazakhstan*, *Euromonitor International Report* [DB/OL]. Jan Euromonitor International, 2008 -4 -20.

[130] Fagerstrom. A. & Ghinea, G. Web 2. 0's Marketing Imapct on Low – In-

volvement Consumers [J]. *Journal of Interactive Advertising*, 2010, 10 (2): 67 - 71.

[131] Fang, E., Palmatier, R. W. & Steenkamp, J - B. Effect of Service Transition Strategies on Firm Value [J]. *Journal of Marketing*, 2008, 72 (9): 1 - 15.

[132] Faulkner, D. *Strategic Alliances: Cooperation for Competition* [A]. Faulkner, D., Johnson, J. (eds.), *The Challenge of Strategic Management* [C]. Kogan Page Ltd, 1992.

[133] Fisk, G. *Marketing Systems: An Introductory Analysis* [M]. Harper and Row, New York, NY, 1967.

[134] Foa, U. G. & Foa, E. *Social Structures of the Mind* [M]. Springfield, IL.: Charles C. Tomas, 1974.

[135] Fog, K., Budtz, C & Yakaboylu, B. *Storytelling: Branding in Practice* [M]. Springer Verlag, Denmark, 2006.

[136] Ford, D. (ed.) *Understanding Business Markets* [M]. Interaction, Relationships, Networks, Academic Press, London, 1990.

[137] Ford, D. (ed.) *Understanding Business Markets* [M]. Dryden Press, 1997.

[138] Ford, D., Gadde, L - E., HåKansson, H., Lundgren, A., Snehota, I., Turnbull, P. & Wilson, D. *Managing Business Relationships* [M]. Wiley, 1998.

[139] Ford, D. The Development of Buyer - Seller Relationships in Industrial Markets [J]. *European Journal of Marketing*, 1986 (14): 5 - 6.

[140] Ford, D. *Understanding Business Markets* [M]. London: Academic Press, 1993.

[141] Ford, D., HåKansson, H. & Johanson, J. How Do Companies Interact [J]. *Industrial Marketing and Purchasing*, 1986, 1 (1): 26 - 41.

[142] Fornell, C. & Wernerfelt, B. Defensive Marketing Strategy by Customer Complaint Management: A Theoretical Analysis [J]. *Journal of Marketing Research*, 1987 (11): 337 - 346.

[143] Frazier, G. L. Interorganizational Exchange Behavior in Marketing Channels: A Broadened Perspective [J]. *Journal of Marketing*, 1983, 47 (4): 52 - 67.

[144] Frost, R. & Strauss, J. *The Internet: A New Marketing Tool* [M].

Englewood: *Prentice Hall*, 1997.

[145] Freund, B., Konig, H., Roth, N. Impact of Information Technologies on Manufacturing [J]. *International Journal of Technology Management*, 1997, 13 (3): 215-228.

[146] Fulk, J., De Sanctis, G. Electronic Communication and Changing Organizational Forms [J]. *Rganization Science*, 1995, 6 (4): 1-13.

[147] Gapp, R. & Fisher, R. Achieving Excellence through Innovative Approaches to Student Involvement in Course Evaluation Within the Tertiary Education Sector [J]. *Quality Assurance in Education*, 2006, 14 (2): 156-166.

[148] Ghoshal, S. Global Strategy: An Organizing Framework [J]. *Strategic Management Journal*, 1987 (8): 425-440.

[149] Giller, C. & Matear, S. The Termination of Inter-Firm Relationships [J]. *Journal of Business & Industrial Marketing*, 2001, 16 (2): 94-112.

[150] Glaister, K. & P. Buckley Strategic Motives for International Alliance Formation [J]. *Journal of Management Studies*, 1996 (33): 301-332.

[151] Glazer, R. Marketing in an Information-Intensive Environment: Strategic Implications of Knowledge as an Asset [J]. *Journal of Marketing*, 1991, 55 (10): 1-19.

[152] Glynn, W. & Barnes, J. (eds.) *Understanding Services Management* [M]. John Wiley, 1996.

[153] Godlevskaja, O., Iwaarden, J. V., Der Wiele, T. V. Moving from Productbased to Service-Based Business Strategies: Services Categorisation Schemes for the Automotive Industry [J]. *International Journal of Quality & Reliability Management*, 2011, 28 (1): 62-94.

[154] Goldman, S. L., Nagel, R., Preiss, K. *Agile Competitors and Virtual Organizations – Strategies for Enriching the Customer* [M]. Van Nostrand Reinhold, New York, NY, 1995.

[155] Goodman, E. P. Stealth Marketing and Editorial Integrity [J]. *Texas Law Review*, 2006, 85 (83): 83-152.

[156] Grant, R. M. Prospering in Dynamically-Competitive Environments: Organisational Capability as Knowledge Integration [J]. *Organisation Science*, 1996, 7 (4): 375-387.

[157] Gray, E. R. & Balmer, J. M. T. Managing Corporate Image and Corpo-

rate Reputation [J]. *Long Range Planning*, 1998, 31 (5): 695 -702.

[158] GröNroos *Service Management and Marketing: Customer Management in Service Competition* [M]. John Wiley & Sons Inc, 2007.

[159] GröNroos, C. *Service Management and Marketing – A Customer Relationship Management Approach* [M]. Wiley, Chichester, 2000.

[160] GröNroos, C. A Service Oriented Approach to Marketing of Services [J]. *European Journal of Marketing*, 1978 (12): 588 -601.

[161] GröNroos, C. Designing a Long Range Marketing Strategy for Services [J]. *Long Range Planning*, 1980, 13 (2): 36 -42.

[162] GröNroos, C. *Strategic Management and Marketing in the Service Sector* [M]. Studentlitteratur, Lund, 1984.

[163] GröNroos, C. *Service Management and Marketing* [M]. Lexington: Lexington Books, Maxwell Macmillan International Editions, 1990.

[164] GröNroos, C. The Marketing Strategy Continuum: Towards a Marketing Concept for the 1990s [J]. *Management Decision*, 1990a, 29 (1): 9.

[165] GröNroos, C. From Marketing Mix to Relationship Marketing: Towards a Paradigm [J]. *Journal of Marketing Management*, 1994 (10): 347 -360.

[166] GröNroos, C. & Ravald, A. The Value Concept and Relationship Marketing [J]. *European Journal of Marketing*, 1996, 30 (2): 19 -30.

[167] Guillet De Monthoux, P. Organizational Mating and Industrial Marketing Conservation – Some Reasons Why Industrial Marketing Managers Resist Marketing Theory [J]. *Industrial Marketing Management*, 1975, 4 (1): 25 -36.

[168] Gulati, R. Alliances and Networks [J]. *Strategic Management Journal*, 1998, 19 (4): 293 -317.

[169] Gummesson, E. *Total Relationship Marketing* [M]. Oxford: Butterworth Heinemann, 2008.

[170] Gummesson, E. *Applying Service Concepts in the Industrial Sector: Towards a New Concept of Marketing* [A]. Gronrros, C. & Gummesson, E. *Service Marketing: Nordic School Perspectives* [C]. Report No. 2, Stockholm University, Dep. of Business Administration, 1985.

[171] Gummesson, E. The New Marketing – Developing Long – Term Interactive Relationships [J]. *Long Range Planning*, 1987, 20 (4): 10 -20.

[172] Gummesson, E. *Quality, Productivity & Profitability in Service Opera-*

tions [Z]. Conference Papers from the QP & P Research Program 1992 – 1994, Stockholm, 1995.

[173] Gummesson, E. Relationship Marketing: From 4Ps to 30Rs [J]. Stockholm: Stockholm University, *School of Business*, 1994: 60 –62.

[174] Gummesson, E. Relationship Marketing: Its Role in the Service Economy in Gylnn, J. and Barnes, G. [J]. *Understanding Services Management*, *Chichester*, Wiley, 1995: 224 –268.

[175] Gupta, A., Mcdaniel, J. C., Herath, S. K. Quality Management in Service Firms: Sustaining Structures of Total Quality Service [J]. *Managing Service Quality*, 2005, 15 (4): 389 –402.

[176] Gupta, Y., Torkzadeh G. Re – Designing Bank Service: Systems for Effective Marketing [J]. *Long Range Planning*, 1988, 21 (6): 38 –43.

[177] Hallen, L., Johanson, J. & Mohamed, N. Relationship Strength and Stability in International and Domestic Industrial Marketing [J]. *Industrial Marketing and Purchasing*, 1987, 3 (2): 22 –37.

[178] GurãU, C. Tailoring E-Service Quality through CRM [J]. *Managing Service Quality*, 2002, 13 (6): 520 –531.

[179] Hagedoorn, J. Strategic Technology Alliances and Models of Cooperation in High – Technology Industries [J]. Embedded Firm on the Socioeconomics of Industrial Networks, 1993: 116 –137.

[180] Hagedoorn, J. Inter – Firm R&D Partnerships: An Overview of Major Trends and Patterns Since 1960 [J]. *Research Policy*, 2002 (31): 477 –492.

[181] Halinen, A. & Tahtinen, J. A Process Theory of Relationship Ending [J]. *International Journal of Service Industry Management*, 2002, 13 (2): 163 – 180.

[182] Hamel, G. Competition for Competence and International Partner Learning Within International Strategic Alliances [J]. *Strategic Management Journal*, 1991 (12): 83 –103.

[183] Hamel, G., Doz, Y. L., Prahalad, C. K. Collaborate with Your Competitors and Win [J]. *Harvard Business Review*, 1989, 67 (1): 133 –139.

[184] Harrigan, K. *Managing for Joint Ventures Success* [M]. Lexington, MA: Lexington Books, 1986.

[185] Harrigan, K. R. Restructuring the Data Communications Industry

through Strategic Alliances [D]. *Los Angeles: University of Southern California*, 1989.

[186] Harvey, L. Beyond TQM [J]. *Quality in Higher Education*, 1995, 1 (2): 123 – 146.

[187] Hatch, M. J. & Schultz, M. Relations Between Organizational Culture, Identity and Image [J]. *European Journal of Marketing*, 1997, 31 (5): 356 – 365.

[188] Haubrich, J. G. Financial Intermediation – Delegated Monitoring and Long-Term Relationships, North – Holland [J]. *Journal of Companying and Finance*, 1989, 13 (1): 9 – 20.

[189] Hedensjo, M. *Modebranschen Kliver in IT-Aldern, Cyberspace Fashion Launched in Stockholm, Stockholm: Dagens Industri*, 1996, 24 (8): 5.

[190] Heide, J. B, John, G. Alliances in Industrial Purchasing: The Determinants of Joint Action in Buyer-Supplier Relationships [J]. *Journal of Marketing Research*, 1990, 27 (1): 24 – 36.

[191] Heide, J. B, Stump, R. L. Performance Implications of Buyer-Supplier Relationships in Industrial Markets: A Transaction Cost Explanation [J]. *Journal of Business Research*, 1995, 32 (1): 57 – 66.

[192] Hendrick, T. & Ellram, L. M. *Strategic Supplier Partnerships: An International Study* [Z]. Centre for Advanced Purchasing Studies, Tempa, AZ, 1993.

[193] Heneman, R. L., Greenberger, D. B. *Human Resource Management in Virtual Organizations* [M]. Information Age Publishing, Greenwich, CT, 2002.

[194] Hennart, J. E. *The Transaction Cost Theory of the MNE* [M]. *The Nature of the Transnational Firm*, Routledge, 1991.

[195] Hennig – Thurau, T., Gwinner, K. P & Gremler, D. D. Understanding Relationship Marketing Outcomes: An Integration of Relational Benefits and Relationship Quality [J]. *Journal of Service Research*, 2002, 4 (3): 230 – 247.

[196] Hensler, D. Cooperation in the Competitive Environment of New Growth Economics [J]. International Conference on Cooperation & Competition, Vaxjo University, Vaxjo, 2000.

[197] Herington, Carmel, Johnson, Lester, W. & Don Scott, Firm-Employee Relationship Strength – A Conceptual Model [J]. *Journal of Business Research*, 2009 (62): 1096 – 1107.

[198] Herstatt, C. & Von Hippel, E. Developing New Product Concepts Via the Lead User Method: A Case Study in A "Low Tech" Field [J]. *Journal of Product Innovation Management*, 1992 (9): 213 -221.

[199] Hinterhuber, H. H. & Levin, B. M. Strategic Networks – The Organization of the Future [J]. *Long Range Planning*, 1994, 27 (3): 43 -53.

[200] Ho, S. *TQM – An Integrated Approach*, *School of Business* [M]. Hong Kong Baptist University, 1999.

[201] Hoffman, L. & Novak, P. Marketing in Computer-Mediated Environments: Conceptual Foundations [J]. Journal of Marketing, 1996 (7): 50 -68.

[202] Hoffman D. & Novak, T. *A New Marketing Paradigm for Electronic Commerce*, *Information Society*, 1997 (13): 43 -54.

[203] Hofstede, G. *Culture'S Consequences – International Differences in Work – Related Values* [M]. Sage Publications, London, 1982.

[204] Hughey, A. W. What Higher Education Can Learn from Business and Industry? [J]. Industry and Higher Education, 1997, 11 (2): 73 -78.

[205] Holsapple, C., Singh, M. Toward a Unified View of Electronic Commerce, Electronic Business and Collaborative Commerce; A Knowledge Management Approach [J]. *Knowledge and Process Management*, 2000, 7 (3): 151 -164.

[206] Holsapple, C. W. The Inseparability of Modern Knowledge Management and Computer-Based Technology [J]. Journal of Knowledge Management, 2005, 42 - 52.

[207] Hovarth & Partners Automotive Retail Performance 2007: Ergebnisbericht, Competence Centre Automotive.

[208] Howard, S. *How Customer Lifetime Value Can Drive Your Marketing Efforts* [Z/OL]. 2001. www. receptive. com/only/taurusdm/plan/dmb _ articles/lifetimevalue. html, [-10 -10].

[209] HåKansson, H. (ed.), *IMP Group*, *International Marketing and Purchasing of Industrial Goods – An Interaction Approach Chichester* [M]. Wiley & Sons Ltd, 1982.

[210] HåKansson, H. & Snehota, I. The Burden of Relationships Or Who'S Next [D]. *International Conference* In Manchester, September 7th -9th, 1995.

[211] Ishikawa, K. *What is Total Quality Control*, *The Japanese Way New Jersey* [M]. Prentice Hall – Inc, 1985.

[212] Jackson, B. *Build Customer Relationship That Last* [M]. *Harvard Business Review*, March – April, 1985.

[213] Jaugh, L. R., Orwig, R. A. A Violation of Assumptions: Why TQM Won'T Work in the Ivory Tower [J]. *Journal of Quality Management*, 1997, 2 (2): 279 –291.

[214] Jarillo, J. C. *Strategic Networks – Creating the Borderless Organization* [M]. Oxford, 1993.

[215] Butterworth – Heineman Ltd. Jay, J. *Harrods In. 2bn Plan to Go Global* [M]. London, 1996.

[216] Jenster, P. (ed.) *Managing Industrial and Business – To – Business Marketing* [M]. Hertfordshire, Prentice Hall International, 1994.

[217] Jeffrey, F. R. & Sviokla, J. J. Exploiting the Virtual Value Chain [J]. *Harvard Business Review*, 1995.

[218] Jobber, D. *Principles and Practice of Marketing* [M]. Mcgraw – Hall Book Company, 1995.

[219] Johannisson, B. *Organisational Networks and Innovation* [A]. Stacey R. *Strategic Thinking and the Management of Change* [C]. Kogan Page Limited, 1993.

[220] Johanson, J. & Mattsson, L. G. Marketing Investments and Market Investments in Industrial Networks [J]. *International Journal of Research in Marketing*, 1985 (2): 185 –195.

[221] Johanson, J. & Mattsson, L. G. *Internationalization in Industrial Systems – A Network Approach* [A]. Hood, N. and Vahlne, J. *Strategies in Global Competition* [C]. London, Croom Helm, 1988.

[222] Johansson, J. *Global Marketing: Foreign Entry, Local Marketing, And Global Management* [M]. Mcgraw – Hill/Irwin, 2008.

[223] John, H. *Concurrent Engineering* [M]. Cambridge, MA: Productivity Press, 1992.

[224] Johnson, W. & Chvala, R. *Total Quality in Marketing* [M]. St. Lucie Press, 1996.

[225] Joseph, M., Sekhon, Y., Stone, G., Tinson, J. An Exploratory Study on the Use of Banking Technology in the UK – A Ranking of Importance of Selected Technology on Consumer Perception of Service Delivery Performance [J]. *In-*

ternational Journal of Bank Marketing, 2005, 23 (5): 397 -413.

[226] Judd, V. C. Differentiate with the 5th P: People [J]. *Industrial Marketing Management*, 1987, 16 (9): 241 -271.

[227] Juttner, U. & Wehril, H. P. *Relationship Marketing from a Value System Perspective* [A]. In Payne, A. *Advances in Relationship Marketing.* [C]. London: Kogan Page, 1995.

[228] Kahn, K. & Mentzer, J. EDI and EDI Alliances: Implications for the Sales Forecasting Function [J]. *Journal of Marketing – Theory and Practice*, 1996: 72 -78.

[229] Kalmbach, C. , Roussel, C. Dispelling the Myths of Alliances [J]. *Outlook*, *Accenture*, (Special Issue), 1999: 5 -32.

[230] Kalwani, M. U. & Narayandas, N. Long – Term Manufacturer – Supplier Relationships: Do They Pay Off for Supplier Firms? [J]. *Journal of Marketing*, 1995 (59): 1 -16.

[231] Kanji, G. & Asher, M. 100 *Methods for Total Quality Management* [M]. Saga Publications, 1996.

[232] Kant, I. *Foundations of Metaphysics of Morals* [M]. NY, Bobbs – Merrill, 1959.

[233] Kanter, R. Collaborative Advantage [J]. *Harvard Business Review*, 1994 (718): 69 -108.

[234] Kaplan, A. M. & Haenlein, M. Users of the World Unite! the Challenges and Opportunities of Social Media [J]. *Business Horizons*, 2010 (53): 59 -68.

[235] Kapoulas, A. , Murphy, W. , Ellis, N. Say Hello, Wave Goodbye: Missed Opportunities for Electronic Relationship Marketing Within the Financial Services Sector? [J]. *International Journal of Bank Marketing*, 2002, 20 (7): 302 -310.

[236] Karaosmanoglu, E. & Melewar, T. C. Corporate Communications, Identity and Image: A Research Agenda [J]. *Journal of Brand Management*, 2006, 14 (1): 196 -206.

[237] Katz, D. & Khan, R. *The Social Psychology of Organizations* [M]. New York, Wiley, 1978.

[238] Katzy, B. R. Design and Implementation of Virtual Organizations [J].

Proceedings of the 31st Annual Hawaii Conference on System Sciences, 1998 (4).

[239] Keen, P. *Shaping the Future – Business Design Through Information Technology* [M]. Harvard Business School Press, 1991.

[240] Keller, G. Increasing Quality on Campus: What Should Colleges Do About TQM Mania? [J]. *Change*, 1992, 24 (3): 48 –51.

[241] Kelly, M. *Revolution in the Marketplace* [A]. Utne Reader, Jan/Feb. Kiriakidou, O. & Millward, L. J. *Corporate Identity: External Reality Or Internal Fit?* [C]. Corporate Communications: An International Journal, 1989, 5 (1): 49 –58.

[242] Klein, W. M. Objective Standards Are Not Enough: Affective, Selfevaluation and Behavioural Responses to Social Comparisons Information [J]. *Journal of Personality and Social Psychology*, 1997 (72): 763 –774.

[243] Kogut, B. Joint Ventures: Theoretical and Empirical Perspectives [J]. *Strategic Management Journal*, 1988, 9 (3): 319 –332.

[244] Kohn, A. *No Contest: The Case Against Competition* [M]. Houghton Mifflin, Boston, MA, 1992.

[245] Knight, R. & Dimmler, E. *The Greening of Europe'S Industries* [N]. US, News & World Report, 1989 –6 –5.

[246] Konsynski, B. & Mcfarlan, F. Information Partnership – Shared Data, Shared Scale [J]. *HBR*, 1990, (9/10): 114 –120.

[247] Kotler, P. Megamarketing [J]. *Harvard Business Review*, 1986, 64 (2): 117 –124.

[248] Kotler, P. & Armstrong, G. *Principles of Marketing* [M]. Prentice Hall, 2009.

[249] Kotler, P. Marketing'S New Paradigm: What'S Really Happening Out There [J]. *Planning Review*, 1992, 20 (5): 50 –52.

[250] Kotler, P. *Marketing Management, Analysis, Planning, Implementation, And Control* [M]. N. J. Englewood Cliffs, 1994.

[251] Kuhn, A. *The Study of Society: A Unified Approach* [M]. Homewood, Illinois: Dorsey Press, 1963.

[252] Kulzhanov, M. & Healy, J. *Healthcare Systems in Transition*, Report of European Observatory and Healthcare Systems, AMS.

[253] Lah, T. E., O'Connor, S., Peterson, M. *Building Professional Serv-*

ices: *The Sirens' Song* [M]. Prentice Hall PTR, Upper Saddle River, NJ, 2002.

[254] Lajoux A. R. Things Go Better with COKE [J]. *Trustee the Journal for Hospital Governing Boards*, 1995, 48 (7): 26.

[255] Lamming, R. *Beyond Partnership: Strategies for Innovation and Lean Supply* [M]. NJ and Hemel Hempstead, Prentice Hall International, 1993.

[256] Lei, D., Slocum, J. W. Jr. Strategic and Organizational Requirements for Competitive Advantage. [J]. *Academy of Management Executive*, 2005, 19 (1): 31 –45.

[257] Leonidou, Leonidas, C. & Kaleka, Anna, A. Behavioral Aspects of International Buyer-Seller Relationships: Their Association with Export Involvement [J]. *International Marketing Review*, 1998, 15 (5): 373 –397.

[258] Levitt T. Marketing Myopia [J]. *Harvard Business Review*, 2004, 82 (7/8): 138 –150.

[259] Levitt, T. Production Line Approach to Service [J]. *Harvard Business Review*, 1972 (50): 42 –52.

[260] Levitt, T. *The Marketing Imagination* [M]. New York, Free Press, 1983.

[261] Lewis, J. D. Competitive Alliances Redefine Companies [J]. *Management Review*, 1991.

[262] Linder – Pelz, S. Toward a Theory of Student Satisfaction [J]. *Social Science and Medicine*, 1982, 16 (5): 577 –582.

[263] Lings, I. N. Internal Market Orientation: Construct and Consequences [J]. *Journal of Business Research*, 2004, 57 (4): 405 –413.

[264] Lomas, L. Embedding Quality: The Challenges for Higher Education [J]. *Quality Assurance in Education*, 2004, 12 (4): 157 –165.

[265] Longo, D. R. The Impact of Outcome Measurements on the Hospital-physician Relationship [J]. *Top Healthcare Financial*, 1994, 20 (4): 63 –74.

[266] Lorange, P, Roos, J. Why Some Strategic Alliances Succeed and Others Fail [J]. *Journal of Business Strategy*, 1991, 12 (1): 25 –30.

[267] Lovelock, C. *Managing Services: Marketing, Operations, And Human Resources* [M]. New Jersey: Prentice – Hall, Inc, 1992.

[268] Low, B. K. Long – Term Relationship in Industrial Marketing [J]. *Industrial Marketing Management*, 1996 (25): 23 –35.

［269］ Luo Y. A Co-Opetition Perspective of MNC-Host Government Relations ［J］. *Journal of International Management*, 2004 (10): 431 -445.

［270］ Malhotra, N. K. *Marketing Research*, *An Applied Orientation* ［M］. Prentice Hall, New Jersey, 2007.

［271］ Maslow, H. *Motivation and Personality* ［M］. Harper and Row Publishers, 1954.

［272］ Margulis, L. *Symbiotic Planet* ［M］. Basic Books, New York, NY, 1998.

［273］ Martin, K. D. & Smith, C. N. Commercializing Social Interaction: The Ethics of Stealth Marketing ［J］. *Journal of Public Policy & Marketing*, 2008, 27 (1): 45 -56.

［274］ Martin, C. L. & Pranter, C. A. Compatibility Management: Customer-to-Customer Relationships in Service Environments ［J］. *Journal of Services Marketing*, 1989, 3 (3): 5 -16.

［275］ Marwick, N. & Fill, C. Towards a Framework for Managing Corporate Identity ［J］. *European Journal of Marketing*, 1997, 31 (5): 396 -409.

［276］ Marx, K. *Capital*, *Volume* Ⅰ - Ⅲ ［M］. International Publsiher, New York, 1970.

［277］ Marx, K. *A Contribution to the Critique of Political Economy* ［M］. Dobb, M. , Lawrence and Wishart, London, 1979.

［278］ Meadows - Klue, D. Opinion Piece: Falling in Love 2. 0: Relationship Marketing for the Facebook Generation ［J］. *Journal of Direct*, *Data and Digital Marketing Practice*, 2008 (9): 245 -250.

［279］ Mccarthy, E. J. *Basic Marketing*: *A Managerial Approach* ［M］. Homewood, IL, Richard D Irwin, 1971.

［280］ Mcclelland, D. *The Achievement Motive* ［M］. John Wiley & Sons Inc, 1976.

［281］ Mccollum, T. Making Internet Work for You ［J］. *Nation'S Business*, 1997 (3): 7 -13.

［282］ Mckee, M. , Figueras, J. & Chenet, L. Health Sector Reform in the Former Soviet Republics of Central Asia ［J］. *International Journal of Health Planning and Management*, 1998 (13): 131 -147.

［283］ Mckenna, R. *Relationship Marketing - Successful Strategies for the Age of the Customer* [M]. Addison Wesley, 1991.

[284] Mclellan, H. Corporate Storytelling Perspectives [J]. *Journal for Quality and Participation*, 2006, 29 (1): 17 –20.

[285] Melewar, T. C. & Saunders, J. Global Corporate Visual Identity Systems: Using an Extended Marketing Mix [J]. *European Journal of Marketing*, 2000, 34 (5): 538 –550.

[286] Melewar, T. C. & Jenkins, E. Defining the Corporate Identity Construct [J]. *Corporate Reputation Review*, 2002, 5 (1): 76 –90.

[287] Melewar, T. C., Karaosmanglu, E. & Paterson, D. Corporate Identity: Concept, Components and Contribution [J]. *Journal of General Management*, 2005, 31 (1): 59 –81.

[288] Meyer, J. W. & Rowan, B. Formal Structure of Organizations as Myth and Ceremony [J]. *American Journal of Sociology*, 1977 (83): 340 –363.

[289] Michelet, R. & Remacle, R. Forming Successful Strategic Marketing Alliance in Europe [J]. *Journal of European Business*, 1992 (12): 11 –15.

[290] Mizikaci, F. *Higher Education in Turkey.* [M]. Bucharest, Romania: UNESCO European Center for Higher Education, 2006.

[291] Morgan, Robert & Hunt, Shellby. The Commitment – Trust Theory of Relationship Marketing [J]. *Journal of Marketing*, 1994, 58 (3): 20 –38.

[292] Morgan, C. & Murgatroyd, S. *Total Quality Management in the Public Sector: An International Perspective* [M]. Buckingham, England, Open University Press, 1994.

[293] Moriarty, R. T., Kimball, R. C., Gay, J. H. The Management of Corporate Banking Relationships [J]. *Sloan Management Review*, 1983 (1): 3 –15.

[294] Morgan, G. *Riding the Waves of Change: Developing Managerial Competencies for a Turbulent World* [M]. London, Jossey – Bass, 1988.

[295] Moran, M. *Do It Wrong Quickly: How the Web Changes the Old Marketing Rules* [M]. Upper Saddle River, NJ: IB M Press, 2008.

[296] Morgan, R. & Hunt, S. The Commitment – Trust Theory of Relationship Marketing [J]. *Journal of Marketing*, 1994, 58 (3): 20 –38.

[297] Morris, D. & Herbert, M. Trends in International Collaborative Agreements [J]. *Journal of World Business*, 1987, 22 (2): 15 –21.

[298] Mossberg, L. *Att Skapa Upplevelser-FråN OK Till WOW*! [M]. Studentlitteratur, Lund, 2003.

[299] Mossberg, L. & Johansen, E. N. *Storytelling-Marknadsföľng I Upplevelseindustrin* [M]. Studentlitteratur, Poland, 2006.

[300] Mossberg, L. Extraordinary Experiences Through Storytelling [J]. *Scandinavian Journal of Hospitality and Tourism*, 2008, 8 (3): 195 – 210.

[301] Mowshowitz, A. Virtual Organization [J]. *Communications of the ACM*, 1997, 40 (9): 30 – 37.

[302] *Murphy*, *A. J. Retail Banking* [A]. Buttle, F. *Relationship Theory and Practice* [C]. Paul Chapman Publishing, London, 1996.

[303] Ng, K. Y. N*An Exploratory Study of Principal – Distributor Collaboration* [M]. ANZMAC, 2005.

[304] Neuborne, E. The Virtual Relationship [J]. *Sales and Marketing Management*, 2003, 155 (12): 20.

[305] Newell, F. Mangold, G. W., Faulds, D. J. Social Media: The New Hybrid Element of the Promotion Mix [J]. *Business Horizons*, 2009 (52): 357 – 365.

[306] Normann, R. & Ramirez, R. From Value Chain to Value Constellation: Designing Interactive Strategy [J]. *Harvard Business Review*, 1993 (78): 65 – 77.

[307] North, D. C. *Economic Performance Through Time*, *Stockholm*: *The Nobel Foundation* [Z]. Prize Lecture, (Unpublished Paper) in Economic Science in Memory of Alfred Nobel, 1993.

[308] Oakland, J. S. *Total Quality Management* [M]. Pitman Publishing, 1992.

[309] Oktik, N. The Importance of Autonomy and Financial Flexibility in Turkish Higher Education System [J]. Mugla Universitesi Sosyal Bilimler Dergisi, Guz, 2000 (1): 173 – 182.

[310] Olins, W. *Corporate Identity*: *Making Business Strategy Visible Through Design* [M]. Thames and Hudson, London, 1989.

[311] Oliver, R. L a Conceptual Model of Service Quality and Service Satisfaction: Combatable Goals, Different Concepts, Advances, In Services Marketing and Management: Research and Practice [J]. Edited by Swartz, T. A, Bowen, DA, And Brown, S. W. 1989 (2): 65 – 85. Greenwich City: JAI.

[312] Oliver, G. *Marketing Today* [M]. Prentice - Hall: Englewood Cliffs, 1980.

[313] Olsen, M. *Kvalitet I BanktjäNster* [D]. Stockholm.: Stockholm University, 1992.

[314] Osborn, A. *Applied Imagination* [M]. New York, Scribner'S, 1963.

[315] Osterman, P. The Impact of Computers on the Employment of Clerks and Managers [J]. *Industrial and Labor Relations Review*, 1986, 39 (2): 175 - 186.

[316] O'Reilly, T. What is Web 2.0? Design Patterns and Business Models for the Next Generation of Software [J]. *Communication & Strategies*, 2007 (1): 17 - 37.

[317] Palmer, Adrian. Cooperative Marketing Associations: An Investigation Into the Causes of Effectiveness [J]. *Journal of Strategic Marketing*, 2002 (10): 135 - 156.

[318] Palmatier, R. W., Dant, R. P., Grewal G., Evans, K. R. Factors Influencing the Effectiveness of Relationship Marketing: A Meta - Analysis [J]. *Journal of Marketing*, 2006, 70 (10): 136 - 153.

[319] Parasuraman, A., Zeithaml, V. & Berry, L. Reassessment of Expectations as a Comparison Standard in Measuring Consumer Perceptions of Service Quality: Implications for Future Research [J]. *Journal of Marketing*, 1994, 58 (1): 11 - 24.

[320] Parasuraman, A., Valarie A. Zeithaml, & Leonard L. Berry a Conceptual Model of Service Quality and Its Implications for Future Research [J]. *Journal of Marketing*, 1985 (49): 41 - 50.

[321] *Pare, T. Companies Discover the Consumer* [A]. *Fortune Patterson, A. and Brown, S. No Tale, No Sale: A Novel Approach to Marketing Communication* [C]. *The Marketing Review*, 1990, 5 (4): 315 - 328.

[322] Pastre, O. *Multinationals: Banks and Corporation Relationships* [A]. JAI Press, Greenwich, Connecticut, 1981.

[323] Pawar, B. & Sharda, R. Obtaining Business Intelligence on the Internet [J]. *Long Range Planning*, 1997, 30 (1): 110 - 121.

[324] Payne, A. *Advances in Relationship Marketing* [A]. Kogan Page. Payne, A. & Clark, M. *Marketing Services to External Markets* [C]. Wiley, 1995.

[325] Payne, A. & Frow, P. A Strategic Framework for Customer Relationship Management [J]. *Journal of Marketing*, 2005, 69 (10): 167 – 176.

[326] Pfeffer, J. & Nowak, P. Joint Ventures and Interorganizational Interdependence [J]. *Administrative Science Quarterly*, 1976, 21 (9): 398 – 418.

[327] Pelton, L., Strutton, D. & Lumpkin, J. *Marketing Channels: A Relationship Management Approach* [M]. New York: IRWIN, 1997.

[328] Perrin, M., Valla, J – P. *Francelce Company Cases* [A]. *In IMP Group, HåKansson, H. (ed.), International Marketing and Purchasing of Industrial Goods – An Interaction Approach Chichester* [C]. John Wiley & Sons Ltd, 1982.

[329] Perry, C. M., Cavaye. A., Cotte, L. Technical and Social Bonds Within Business-To-Business Relationships [J]. *Journal of Business & Industrial Marketing*, 2002, 17 (1): 75 – 88.

[330] Petty, R. D., Andrews J. C. Covert Marketing Unmasked: A Legal and Regulatory Guide for Practices That Mask Marketing Messages [J]. American Marketing Association, 2008, 27 (1): 7 – 18.

[331] Pine, J., Gilmore, J. H. *The Experience Economy, Goods and Services Are No Longer Enough* [M]. Boston: Harvard Business School Press, 1999.

[332] Philipson, S. *Workers' Subsumption of the Work Process-A Case Study, Forthcoming*, 2010.

[333] Porter, M. *Competitive Strategy* [M]. Free Press. Porter, M., Fuller, M. Coalitions and Global Strategy, In Porter, M. (ed.), Competition in Global Industries, Boston: Harvard Business School Press, 1986.

[334] Porter, M. *The Competitive Advantage of Nations* [M]. London: Macmillan, 1990.

[335] Poulsson, S., H. G. & Kale, S. H. The Experience Economy and Commercial Experiences [J]. *The Marketing Review*, 2004, 4 (3): 267 – 277.

[336] Powell, W. Neither Market Nor Hierarchy: Network Forms of Organization [J]. *Research in Organizational Behaviour*, 1990 (12): 295 – 336.

[337] Powell, W. W. Learning from Collaboration [J]. *Californian Management Review*, 1998, 40 (3): 228 – 240.

[338] Price, I., Matzdorf, F., Smith, L., Agahi, H. The Impact of Facilities on Student Choice of University [J]. *Facilities*, 2003, 21 (10): 212 – 222.

[339] Quality Assurance Agency for Higher Education. Guidelines for Preparing

Programme Specifications [J]. *Gloucester*, 2000.

[340] Quality Assurance Agency for Higher Education. Code of Practice for the Assurance of Academic Quality and Standards in Higher Education: Assessment of Students [J]. *Gloucester*, 2000.

[341] Quelch, J. A., Klein, L. R. The Internet and International Marketing [J]. *Sloan Management Review*, 1996, 37 (3): 60 - 75.

[342] Rafiq, M., Ahmed, K. *The Marketing Mix Reconsidered* [R]. Salford: Proceedings of the Marketing Education Group Conference, 1992.

[343] Rayport, E. & Sviokla, J. Managing in the Marketspace [J]. *Harvard Business Review*, 1994, 72 (6): 141 - 150.

[344] Reidenbach, E. & Pitts, R. *Bank Marketing - A Guide to Strategic Planning* [M]. London: Prentice - Hall, INC, 1986.

[345] Reichheld, F. F. *The Loyalty Effect. The Hidden Force Behind Growth, Profits, And Lasting Value* [M]. Boston: Harvard Business School Press, 1996.

[346] Reichheld, F. F., Schefter, P. E - Loyalty: Your Secret Weapon on the Web [J]. *Harvard Business Review*, 2000, 78 (4): 105 - 113.

[347] Richards, G. *The Experience Industry and the Creation of Attractions, In Cultural Attractions and the European Tourism* [M]. Oxfordshire: CABI Publishing, Oxfordshire, 2001.

[348] Ries, A., Trout, J. *Positioning: The Battle for Your Mind* [M]. London: Mcgraw - Hill, 1986.

[349] Rigall, J. A New Study: How New Newcomers Select Banks [J]. *American Bankers Association Banking Journal*, 1980 (7): 93 - 94.

[350] Robicheaux, R. A., El - Ansary, A. I. A General Model for Understanding Channel Member Behavior [J]. *Journal of Retailing*, 1975, 52 (12): 13 - 30.

[351] Roberts, J. S., Schyve, P. From QA to QI: The Views and Roles of the Joint Commission [J]. *The Quality Letter*, 1990.

[352] Roffe, I. M. Conceptual Problems of Continuous Quality Improvement and Innovation in Higher Education [J]. *Quality Assurance in Education*, 1998, 6 (2): 74 - 82.

[353] Rosenberg, L., Czepiel, J. A Marketing Approach for Customer Retention [J]. *The Journal of Consumer Marketing*, 1984 (1): 44 - 51.

[354] Rosson, P. J. Time Passages: The Changing Nature of Manufacturer - Overseas Distributor Relations in Exporting [J]. *Industrial Marketing and Purchasing*, 1986, 1 (2): 48 -64.

[355] Rotter, J. B. A New Scale for the Measurement of Interpersonal Trust [J]. *Journal of Personality*, 1967, 35 (4): 651 -665.

[356] Rotter, J. B. Generalized Expectancies for Interpersonal Trust [J]. *American Psychologist*, 1971 (26): 443 -452.

[357] Rowley, J. Measuring Quality in Higher Education [J]. *Quality Assurance in Higher Education*, 1996, 2 (3): 237 -255.

[358] Roy, A., Chattopadhyay, S. P. Stealth Marketing as a Strategy [J]. *Business Horizons*, 2010 (53): 69 -79.

[359] Ruddall, B. H. Contemporary Systems and Cybernetics [J]. *Kybernetes*, 1999, 28 (8): 864 -880.

[360] Rust, C. The Impact of Assessment on Student Learning [J]. *Active Learning in Higher Education*, 2002, 3 (2): 145 -158.

[361] Rust, G. & Bide, M. *The <Indecs> Metadata Framework Principles, Model and Data Dictionary*, June 2000. Available at: http: //www. doi. org/topics/

[362] Rust, R., Zahorik, A., Keiningham, T. *Service Marketing* [M]. New York: Harper Collins College Publishers, 1996.

[363] Ryu, K. and Jang, S. Influence of Restaurant'S Physical Environments on Emotion and Behavioral Intention [J]. *The Service Industries Journal*, 2008, 28 (8): 1151 -1165.

[364] Schein, E. Organizational Culture and Leadership [M]. San Francisco: Jossey - Bass, 2004.

[365] Schlegelmilch, B. B. & Oberseder, M. Half a Century of Marketing Ethics: Shifting Perspective and Emerging Trends [J]. *Journal of Business Ethics*, 2010 (93): 1 -19.

[366] Schneider, B., Bowen, D. E. *Winning the Service Game* [M]. Boston: Harvard Business School Press, 1995.

[367] Schneiderman, B., Plaisant, C. *Designing the User Interface* [M]. 4th. Harlow: Pearson Addison Wesley, 2004.

[368] Scully, J., Byrne, J. *Odyssey* [M]. New York: Harper & Row, 1987.

[369] Sellers, P. Getting Customers to Love You [J]. *Fortune*, 1989: 38 - 49.

[370] Selwyn, M., Davidson, C. Making Marriages of Convenience [J]. *Asian Business January*, 1991: 26 - 29.

[371] Sharmain, S. *What is the Role of the Internal Audit Function in Establishing and Ensuring Effective Coordination Among the Audit Committee of the Board of Directors*, Executive Management, The Internal Auditors, And the External Auditors, The IIA Research Foundation, University of Central England Business School, Audit Management and Consultancy Department, Birmingham, UK, 2005.

[372] Shekhar, S. Understanding the Virtuality of Virtual Organizations [J]. *Leadership & Organization Development Journal*, 2006, 27 (6): 465 - 483.

[373] Sherman, S. Are Strategic Alliances Working? [J]. *Fortune*, 1992.

[374] Sherman, S. Generalized Expectancies for Interpersonal Trust [J]. *American Psychologist*, 1971 (256): 443 - 452.

[375] Sheth, J. N. & Kellstadt, C. H. The Future of Relationship Marketing [J]. *Journal of Services Marketing*, 2002, 16 (7): 590 - 592.

[376] Shupe, D. A. Productivity, Quality, And Accountability in Higher Education [J]. *Journal of Continuing Higher Education*, 1999, 47 (1): 2 - 13.

[377] Stacy, R. *Learning Organizations and Emergent Strategy*, *In Stacy*, *R.* (ed.), Strategic Thinking and the Management of Change - International Perspectives on Organizational Dynamics, Kogan Page, 1993.

[378] Stowell, M. Quality in the Marketing Progress [J]. *Quality Progress*, 1989.

[379] Sparling, K. *Quality Assurance in Marketing - Setting Action Standards for Better Results*, Spethmann, B. Marketers Tap Into Tech, *Advertising Age* New York January 25, Mcgraw - Hill Book Company, 1993: 30.

[380] Sprott, D. E. The Policy, Consumer, And Ethical Dimensions of Covert Marketing: An Introduction to the Special Section [J]. *Journal of Public Policy & Marketing*, 2008 (27): 4 - 6.

[381] Sproull, L, Kiesler, S. *Connections*: *New Ways of Working in the Networked Organization* [M]. Cambridge: The MIT Press, 1991.

[382] Srikanthan, G., Dalrymple, J. Developing Alternative Perspectives for Quality in Higher Education [J]. *International Journal of Education Management*,

2003, 17 (3): 126 – 136.

[383] Starkey, M. W. , Williams, D. , Stone, M. The State of Customer Management Performance in Malaysia [J]. *Marketing Intelligence & Planning*, 2002, 20 (6): 378 – 385.

[384] Stone, M. , Woodcook, N. , Wilson, M. Managing the Change from Marketing Planning to Relationship Management [J]. *Long Range Planning*, 1996, 29 (5): 675 – 683.

[385] Subramani, M, R. , Rajagopalan, B. Knowledge – Sharing and Influence in Online Social Networks Via Viral Marketing [J]. *Communications of the ACM*, 2003, 46 (12): 300 – 307.

[386] Sudharshan, D. *Marketing Strategy – Relationships, Offerings, Timing & Resource Allocation* [M]. New Jersey, Prentice – Hall, Inc, 1995.

[387] Sung M. & Yang S. Toward the Model of University Image: The Influence of Brand Personality, External Prestige and Reputation [J]. *Journal of Public Relations Research*, 2008, 2 (4): 357 – 376.

[388] Sundbo, J. Sorensen, F & Fuglsang, L. *Dagligdagens Ferie-Paradis. Vision for Udviklingen Af Nykobing Falster Med Oplevelsesokonomi Som Grundlag*. Roskilde Universitetscenter. http: //cof. ruc. dk/download/visionnykobingf. pdf

[389] Sylvestro, R. , et al. *Patterns of Measurement of Service Performance: Empirical Results* [A]. Teare, R. , Moutinho L. & Morgan N. , (eds), *Managing and Marketing Services in the* 1990's [C]. Cassell Educational Limited Takala, 1990.

[390] T. and Uusitalo, O. An Alternative View of Relationship Marketing: A Framework for Ethical Analysis [J]. *European Journal of Marketing*, 1996, 30 (2).

[391] Teague, P. E. Suppliers: The Competitive Edge in Design [J]. *Purchasing*, 1997, 122 (7): 5.

[392] Tischler, L. Join the Circus [J]. *Fast Company*. Available at: http:// www. fastcompany. com/magazine/96/cirque-du-soleil. html [Accessed 20/1/2010].

[393] Thorelli, H. Networks: Between Markets and Hierarchies [J]. *Strategic Management Journal*, 1986 (7): 37 – 51.

[394] Townsend, A. M. , Hendrickson, A. R. , Demarie, S. M. *Meeting the Virtual Work Imperative*, *Communications of the ACM*, 2002, 45 (1): 23 – 26.

[395] Travica, B. *The Design of the Virtual Organization: A Research Model*

[R]. Association of Information Systems Americas Conference, Indianapolis, IN, August, 1997.

[396] Trusko, B. E., Pexton, C., Harrington, H. J., Gupta, P. *Improving Healthcare Quality and Cost With Six Sigma* [M]. London: FT Press, Prentice Hall, 2007.

[397] Turton, R. *Behaviour in a Business Context* [M]. London: Chapman & Hall, 1991.

[398] Ulaga W. and Eggert, A. Value – Based Differentiation in Business Relationships: Gaining and Sustaining Key Supplier Status [J]. *Journal of Marketing*, 2006, 70 (1): 119 – 136.

[399] UNDP. Human Development Report, UNDP, Kazakhstan, 1997, www. undp. kz/infobase/ [Accessed 20/4/2009]. UNDP (2002). Human Development Report, Kazakhstan, 2002. www. undp. kz/infobase/ [Accessed 20/4/2009].

[400] United States Agency of International Development. Quality Primary Health Care, September 2007. Available at: http: //centralasia. usaid. gov [Accessed 20/4/2008].

[401] Unzicker D., Clow K. E. & Babakus E. The Role of Organizational Communications on Employee Perceptions of a Firm [J]. *In Journal of Professional Services Marketing*, 2002, 21 (2): 87 – 103.

[402] Vandermerwe, S., Taishoff, M. *SKF Bearings Series: Market Orientation Through Services Restructuring the Before and After Market* (A Case Study) [A]. Vandermerwe, S., Lovelock, Ch., Taishoff M. *Competing Through Services: Strategy and Implementation* [C]. London: Prentice Hall, 1994.

[403] Van Riel, A. C. R., Liljander, V., Jurrie, P. Exploring Consumer Evaluations of E-services: A Portal Site [J]. *International Journal of Service Industry Management*, 2001, 12 (4): 359 – 377.

[404] Van Riel, C. B. M. *Principles of Corporate Communication* [M]. London: Prentice Hall, 1995.

[405] Van Riel, C. B. M., Balmer, J. M. T. Corporate Identity: The Concept, Its Measurement and Management [J]. *European Journal of Marketing*, 1997, 31 (5): 340 – 355.

[406] Varadarajan, P. R., Cunningham, M. H. Strategic Alliances: A Synthesis of Conceptual Foundations [J]. *Journal of the Academy of Marketing Science*,

1995, 23 (4): 282 -296.

[407] Vargo, S. T., and Lusch, R. F. Evolving to a New Dominant Logic for Marketing [J]. *Journal of Marketing*, 2004, 68 (1): 1 -17.

[408] Vazzana, G. S., Winter, J. K. Can TQM Fill a Gap in Higher Education? [J]. *Journal of Education for Business*, 1997, 72 (5): 313 -316.

[409] Venktraman, N. Beyond Outsourcing: Managing IT Resources as a Value Center [J]. *Sloan Management Review*, 1997: 51 -64.

[410] Vega, G., Brennan. L. Isolation and Technology: The Human Disconnect [J]. *Journal of Organizational Change Management*, 2000, 13 (5): 468 -481.

[411] Von Bertalanfy, L. *General Systems Theory*, *Foundations*, *Development and Application* [M]. New York: George Braziller, 1968.

[412] Von Hippel, E. *Sources of Innovation* [M]. Oxford: Oxford University Press, 1988.

[413] Von Hippel, E. Sticky Information and the Locus of Problem Solving: Implications for Innovation [J]. *Management Science*, 1994, 40 (4): 429 -439.

[414] Vieira, L. A. Relationship Marketing and the Philosophy of Science: A Tribal Journey Through Relationship Quality [J]. *Journal of Relationship Marketing*, 2010, 9 (2): 83 -97.

[415] Voss, C. and Zomerdijk, L. Innovation in Experiential Services - An Empirical View [J]. *Innovation in Services*, 2007.

[416] Vygotskij, L. *Thought and Language* [M]. The M. I. T. *Press*, 1962.

[417] Massachusetts Wakefield, K. L. & Blodgett, J. G. Customer Response to Intangible and Tangible Service Factors [J]. *Psychology & Marketing*, 1999, 16 (1): 51 -68.

[418] Wang, Z. Organizational Effectiveness Through Technology Innovation and HRM Strategies [J]. *International Journal of Manpower*, 2005, 26 (6): 481 -487.

[419] Webster, Jr., Frederick, E. The Changing Role of Marketing in the Corporation [J]. *Journal of Marketing*, 1992 (56): 1 -17.

[420] Wehling, B. The Future of Marketing: What Every Marketer Should Know About Being Online [J]. *Vital Speeches on the Day*, 1996.

[421] Wellman, B., Salaff, J., Dimitova, D., Garton, L., Gulia, M., Haythornthwaite, C. Computer Networks as Social Networks: Collaborative

Work, Telework, and Virtual Community [J]. *Annual Review of Sociology*, 1996 (22): 213 - 238.

[422] Wells, V. K., Chang, S. W., Oliveira - Castro, J., Pallister, J. Market Segmentation from a Behavioral Perspective [J]. *Journal of Organizational Behavior Management*, 2010, 30 (2): 176 - 198.

[423] Wikipedia (2010), http: //en. wikipedia. org/wiki/experience.

[424] Williamson, O. *The Economic Institutions of Capitalism* [M]. New York: Free Press, 1985.

[425] Wilson, A. *The Marketing of Professional Services* [M]. New York: Mcgraw - Hill, 1972.

[426] Wind, Y. *Models for Marketing Planning and Decision Making in Beuell V. P. (ed.), 2nd*, [M]. New York: Mcgraw Hill, 1986.

[427] Winslow, R., Stout, H. Insurers Select Mckesson Unit to Speed Claims [J]. *Wall Street Journal*, 1992.

[428] Wisniewski, M., Wisniewski, H. Measuring Service Quality in a Hospital Colposcopy Clinic [J]. *International Journal of Health Care Quality Assurance*, 2005, 18 (3): 217 - 228.

[429] Woodcook, N. Does How Customers Are Managed Impact on Business Performance? [J]. *Interactive Marketing*, 2000, 4 (1): 375 - 389.

[430] World Health Organization. *Hit on Kazakhstan: Profile on Healthcare in Transition* [R]. WHO Regional Office for Europe, Copenhagen, 1994.

[431] Wyckham, R., Fitzory, P., Mandry, S. Marketing of Services [J]. *European Journal of Marketing*, 1975 (9).

[432] Wyckoff, D. *The Tools for Achieving Service Quality* [A]. *Managing Services, Marketing, Operations and Human Resources* [C]. New York: Prentice - Hall, 1992.

[433] YOK. Turkiye'nin Yuksekogretim Stratejisi (Taslak Rapor), www. yok. gov. tr/duyuru/2006/ys_20060703. htm [Accessed 8/5/2009].

[434] YOK. Yuksekogretim Kurulu Hakkinda - Tarihce, www. yok. gov. tr/content/view/343/219/lang. tr_TR [Accessed 23/5/2009].

[435] Yorke, M. Subject Benchmarking and the Assessment of Student Learning [J]. *Quality Assurance in Education*, 2002, 10 (3): 155 - 171.

[436] Zamora, O. & Escoriza, J. A. *Aspiring Customer Satisfaction* [D].

Vaxjo University, Sweden, 2007.

[437] Zeithaml, V. A. & Bitner, M. J. *Services Marketing, Integrating Customer Focus Across the Firm* [M]. New York: The Mcgraw – Hill Higher Education Inc, 2000.

[438] Zeithmal, V. A., Parasuraman, A., Berry, L. *Delivering Quality Service* [M]. New York: The Free Press, 1990.

[439] Zineldin, M. *Re – Designing Banking Services Concepts, Issues, and Bank – Company Relationships* [M]. Stockholm University, Department of Business Administration, Stockholm, 1993.

[440] Zineldin, M. Bank – Company Interactions and Relationships: Some Empirical Evidence [J]. *International Journal of Bank Marketing*, 1995, 13 (2).

[441] Zineldin, M. *Recent Development of Banking Services – Causes and Consequences* [M]. Almqvist & Wiksell International, 1995.

[442] Zineldin, M. Bank – Corporate Client Partnership Relationship: Benefits and Life Cycle [J]. *International Journal of Bank Marketing*, 1996, 14 (3): 14 – 22.

[443] Zineldin, M., Johannisson, B., Dandridge, T. *Strategic Relationship Management: A Multi – Dimensional Perspective* [M]. Almqvist & Wiksell International, 1997.

[444] Zineldin, M. Towards an Ecological Collaborative Relationship Management [J]. *European Journal of Marketing*, 1998, 32 (11 – 12): 1138 – 1164.

[445] Zineldin, M. Total Relationship Management [J]. *Student Litteratur*, 2000.

[446] Zineldin, M. Co-opetition: The Organization of the Future [J]. *Marketing Intelligence & Planning*, 2004, 22 (7): 780 – 787.

[447] Zineldin, M. The Quality of Healthcare and Patient Satisfaction: An Exploratory Investigation of the 5Qs Model at Some Egyptian and Jordanian Medical Clinics [J]. *International Journal of Health Care Quality Assurance*, 2006, 19 (1): 60 – 92.

[448] Zineldin, M., Jonsson, P. An Examination of the Main Factors Affecting Trust/Commitment in Supplier – Dealer Relationships [J]. An Empirical Study of Swedish Wood Industry, The TQM Magazine, 2000, 12 (4): 245 – 265.

[449] Zineldin, M. Total Relationship Management (TRM) and Total Quality

Management (TQM) [J]. *Managerial Auditing Journal*, 2000, 15 (12).

[450] Zineldin, M., Bredenlow, T. Performance Measurement and Management Control: Quality, Productivity and Strategic Positioning – A Case Study of a Swedish Bank [J]. *Managerial Auditing Journal*, 2001, 9 (16).

[451] Zineldin, M. Quality and Customer Relationship Management (CRM) [J]. *The TQM Magazine*, 2005, 17 (4).

[452] Zineldin, M. The Royalty of Loyalty: CRM, Quality and Retention [J]. *Journal of Consumer Marketing*, 2006, 23 (7): 430 –437.

[453] Zineldin, M. Beyond Relationship Marketing: Technologicalship Marketing [J]. *Marketing Intelligence & Planning*, 2000, 18 (1): 9 –23.

[454] Zineldin, M. Total Relationship Management (TRM) and Total Quality Management, (TQM) [J]. *Managerial Auditing Journal*, 2000, 15 (1 –2): 20 –28.

[455] Zineldin, M. Managing in the @ Age, Banking Service Quality and Strategic Positioning [J]. *Measuring Business Excellence*, 2002, 6 (4): 38 –43.

[456] Zineldin, M. Developing and Managing a Romantic Business Relationship: Life Cycle and Strategies [J]. *Managerial Auditing Journal*, 2002, 17 (9): 546 –558.

[457] Zineldin, M. The Quality of Health Care and Patient Satisfaction: And Exploratory Investigation of the 5Qs Model [J]. *International Journal of Health Care Quality Assurance*, 2006, 19 (1): 60 –92.

[458] Zineldin, M., Philipson, S. Kotler and Borden Are Not Dead: Myth of Relationship Marketing and Truth of the 4P'S [J]. *The Journal of Consumer Marketing*, 2007, 24 (4): 229 –241.

[459] Zineldin, M. The Royalty of Loyalty: CRM, Quality and Retention [J]. *Journal of Consumer Marketing*, 2006, 23 (7): 430 –437.

[460] Zineldin, M., Akdag, H. C., Vasicheva V. Measuring, Evaluating and Improving Hospital Quality Parameters/Dimensions – An Integrated Healthcare Quality Approach [J]. *International Journal of Health Care Quality Assurance*, 2011, 24 (8): 654 –662.

[461] Zineldin, M., Akdag, H. C. & Vasicheva, V. Assessing Quality in Higher Education: New Criteria for Evaluating Students' Satisfaction [J]. *Quality in Higher Education Journal*, 2011, 17 (2): 231 –243.